河北省“十四五”职业教育规划教材

城市轨道交通行车组织

第2版

主　编　张静静　牛凯兰
副主编　常秀娟　赵　利　陈玉艳
参　编　王　洋　安　飞　鲁奎西　陈珏孚

机械工业出版社

本书是职业教育城市轨道交通类专业教材，以项目形式编写，以城市轨道交通系统行车专业岗位所需的理论知识和操作技能为主，对城市轨道交通行车组织（主要是地铁和轻轨）进行了较详细、较全面的描述。全书共10个项目，主要内容包括行车组织基础、正线正常情况下的列车运行组织、车辆段的列车运行组织、ATC设备故障时的列车运行组织、车站联锁设备故障时的列车运行组织、特殊情况下的列车运行组织、施工及工程车的开行、行车调度工作、行车突发事件应急处理、列车全自动运行。

本书可供职业院校城市轨道交通运营管理专业、城市轨道交通专业群相关专业教学使用，也可作为行车调度员、行车值班员、站务员、列车司机、车辆段信号楼值班员等行车岗位人员的培训用书，同时可供城市轨道交通从业人员学习参考。

为便于教学，本书配有电子课件，凡选用本书作为授课教材的教师均可登录机工教育网（www.cmpedu.com）免费注册、下载电子课件。编辑咨询电话：010-88379201。

图书在版编目（CIP）数据

城市轨道交通行车组织/张静静，牛凯兰主编. —2版. —北京：机械工业出版社，2024. 5（2026.2重印）

ISBN 978-7-111-75822-8

Ⅰ. ①城… Ⅱ. ①张… ②牛… Ⅲ. ①城市铁路–行车组织–职业教育–教材 Ⅳ. ①U239.5

中国国家版本馆 CIP 数据核字（2024）第 097960 号

机械工业出版社（北京市百万庄大街22号 邮政编码100037）
策划编辑：师 哲 责任编辑：师 哲
责任校对：梁 园 李 杉 封面设计：张 静
责任印制：邓 博
涿州市般润文化传播有限公司印刷
2026年2月第2版第3次印刷
184mm × 260mm • 15.25印张 • 376千字
标准书号：ISBN 978-7-111-75822-8
定价：49.00 元

电话服务 网络服务
客服电话：010-88361066 机 工 官 网：www.cmpbook.com
010-88379833 机 工 官 博：weibo.com/cmp1952
010-68326294 金 书 网：www.golden-book.com
封底无防伪标均为盗版 机工教育服务网：www.cmpedu.com

前　言

我国正在加快建设交通强国，交通成为中国式现代化的开路先锋，这是党中央赋予交通运输人的历史使命。“交通强国，城轨担当”，城市轨道交通是现代大城市交通的发展方向。截至 2024 年底，我国内地累计有 58 个城市共投运城市轨道交通线路 12160. 77km。随着城市轨道交通线路的大量兴建，对运营工作岗位的工作人员需求增多，而运营工作中最核心的岗位是行车调度员、行车值班员、站务员、列车司机、车辆段信号楼值班员等与行车组织相关的岗位，城市轨道交通行车组织是这些岗位从业人员必须具备的素质和技能。

本书是在调研大量企业、校企深度合作项目的基础上完成的，是创新发展行动计划城市轨道车辆应用技术专业国家级教学资源库的核心成果之一，是在长期与石家庄轨道交通集团有限公司、合肥轨道交通集团有限公司、上海申通地铁股份有限公司等企业联合开展订单班培养、现代学徒制的基础上，经过多年教学实践凝练而成的。

本书深入贯彻《国家职业教育改革实施方案》（“职教 20 条”）、《高等学校课程思政建设指导纲要》（教高〔2020〕3 号）、《职业院校教材管理办法》（教材〔2019〕3 号）等文件精神，融入教育、教学和教材开发理念，将岗课赛证综合育人和课程思政理念有机融入学习项目和工作任务中。本书主要有以下特点：

一、融通岗课赛证，创设真实情境，对接岗位工作过程

本书遵循学生成长规律和认知特点，充分分析城市轨道交通行车相关岗位需求，对接行车岗位职业技能标准、培训标准和鉴定标准，全国职业院校技能大赛城轨智能运输赛项要求和城市轨道交通站务职业技能等级证书技能点，融通“岗课赛证”，基于企业真实任务，设计了行车组织基础、正线正常情况下的列车运行组织等 10 个项目。

二、融入新知识、新技术、新工艺、新规范，了解轨道交通技术前沿

全自动运行新技术的应用，使正常行车更加智能化的同时，对行车组织人员的行车组织能力也提出了更高的要求。本书项目十列车全自动运行，介绍了城市轨道交通行业的前沿技术。

三、融入劳模精神，践行思政育人

通过与合作企业共建案例资源库，在书中融入全国劳模、五一劳动奖章获得者等先进典型模范的经历，引导学生认同“平凡岗位，大有作为”的劳模精神，为实现“毕业即就业”的零距离对接奠定了扎实基础，提升了职业认同感，真正落实了“德技双修”。

四、适应“互联网+职业教育”发展需求，推动线上线下混合教学

本书配套建设了丰富的数字化资源，为学习者提供丰富的素材和多种学习模式，制作了在线开放课程，方便教师开展“线上+线下”混合式教学，为学习者构建了立体化的学习空间。

本书由河北轨道运输职业技术学院张静静、牛凯兰任主编，河北轨道运输职业技术学院常秀娟、赵利、陈玉艳任副主编，石家庄市轨道交通集团有限责任公司运营分公司王洋、河北交通职业技术学院安飞、石家庄市轨道交通集团有限责任公司运营分公司鲁奎西、无锡汽车工程高等职业技术学校陈珏孚参与编写。本书编写分工为张静静编写项目一、项目四、项目七，牛凯兰编写项目六，常秀娟编写项目二，赵利、陈珏孚编写项目八，陈玉艳编写项目九，常秀娟、王洋、安飞编写项目三，牛凯兰、常秀娟编写项目五，张静静、赵利、鲁奎西编写项目十。

在本书编写的过程中，各编写人员深入地铁现场参加培训、调研，得到了上海、石家庄、西安、成都、北京等地地铁专家及工程师的支持和帮助，在此表示衷心的感谢。

由于编写人员实践经验有限，本书难免有疏漏和不足之处，敬请读者和行业前辈提出宝贵意见，以便今后修订和完善。

编　者

二维码索引

（续）

名称	图形	页码	名称	图形	页码
驾驶模式转换—列车出库出段		35	调车作业单填写		65
驾驶模式转换—雨天换ATP 及掉码恢复		35	列车的出入段作业		71
调度自动化控制方式		36	调车作业实施		74
调度集中控制方式		39	ATS 故障下的行车组织		93
调度监督控制方式		40	ATP 故障下的行车组织		94
车站接发列车		44	ATO 故障下的行车组织		96
列车折返方式		46	行车日志和路票		100
车辆段出场作业		61	行车手信号		104

（续）

（续）

名称	图形	页码	名称	图形	页码
计轴区段红光带时的行车组织		192	站台单档滑动门关门故障处置		198
引导接车		192	站台整侧滑动门关门故障处置		198
列车站台火灾的应急处置		196	整侧站台门无法关闭故障处置		198
列车在区间发生火灾应急处理		196	列车在区间迫停时乘客疏散救援处置		198
单档站台门故障处理		197	列车单个车门故障处置		208
站台整侧滑动门开门故障处置		197	CBTC 系统		218
整侧站台门无法开启故障处置		198			

目　录

项目一

行车组织基础

知识要点

1. 车站的设置、作用及分类。
2. 车站的线路、通信信号、乘客服务设施。
3. 行车工作的基本要求、基本制度及行车组织基本方法。

项目任务

1. 了解城市轨道交通的运营组织方式。
2. 了解城市轨道交通运营线路、车辆、通信信号、车站设备，对城市轨道交通运营情况有基本认识。
3. 了解行车组织规章作用和内容。

项目准备

1. **场地、工具准备：**城市轨道交通实训场地、城市轨道交通线路图（以某条城市轨道交通线路为例）、城市轨道交通运营时刻表（以某条城市轨道交通线路为例）、行车组织规章等。

2. **人员安排：**学生在老师的带领下参观城市轨道交通系统的实训场地或真实的城市轨道交通车站、列车、线路等；以小组（每 5 人为一组）为单位，分别搜集车站资料、列车资料、线路资料、运营时刻表、行车组织规章等。

相关理论知识

在系统学习行车组织专业知识和技能之前，对城市轨道交通系统的运营设备、运营环境、行车组织方法、基本要求等进行较全面的学习，建立一定感性认识，有助于对城市轨道交通系统行车组织工作的深入学习和掌握。

行车设备

一、城市轨道交通系统的构成

城市轨道交通系统是一个庞大而复杂的系统，技术层面涵盖计算机、建筑、机械、自动控制、通信信号等领域。从运营功能看，城市轨道交通设施、设备分属于3大系统：列车运行系统、客运服务及安全保障系统、检修保障系统。

1）列车运行系统：涵盖车站、线路、车辆、牵引供电、通信、信号等。

2）客运服务及安全保障系统：涵盖车站照明、自动扶梯、自动售检票设备，广播、导向及乘客信息系统，消防、乘客监视、防灾报警系统，车站通风与噪声控制系统，车站站台门及车站空调服务设施等。

3）检修保障系统：为保障行车安全、客运设备良好，保证乘客安全运输工作不间断地进行而设置的检修设施及设备，如停车、架车机、镟轮机、洗车设备等。

在实际应用中，城市轨道交通运营企业通常将各系统按专业分类，使设施设备的分类与各专业单位相对应，以便日常工作和管理，协同作业。例如，车辆部、通信信号部、专门负责组织行车的车务部、负责运营服务的客运服务和票务部等。下面主要介绍与列车安全运行有关的设备设施系统。

1. 线路与车站

（1）线路　线路通常由钢轨、道床、路基3部分组成。轨道线路可铺设在隧道、高架桥和地面，供列车运行，如图1-1所示。

图1-1　高架桥及地面轨道线路图

按照行车组织的要求，各车站可根据行车要求设置不同用途的线路，采用不同类型的钢轨、轨枕、道岔。线路按其在运营中的作用分为正线、辅助线、车场线。城市轨道交通运营正线一般采用60kg/m钢轨，车场线采用50kg/m钢轨，正线采用焊接型长钢轨。在隧道内的道床一般采用混凝土整体道床；高架线路可采用整体道床也可采用碎石道床；地面一般采用碎石道床，对路基进行强度处理，并通过采用高性能的弹性扣件以减轻列车运行时的振动和噪声。城市轨道交通线路的正线及折返线统一采用9号道岔，车场线除试车线采用9号道岔，其余均采用7号道岔。

1）正线。正线是连接车站并贯穿或直股伸入车站的线路。正线为载客运营线路，包括区间正线和车站正线。正线中车站两端墙间内方的线路为站内线路，简称站线；两相邻车站相邻端墙间的线路范围称为区间。城市轨道交通线路的正线一般为全封闭线路，按双线设计，采用右侧行车制。正线与其他交通线路相交时，一般采用立体交叉。

2）辅助线。辅助线是为保证正线运营而配置的线路，是为列车提供折返、停放、检查、转线及出入段作业的线路。辅助线包括折返线、渡线、联络线、出入段线、存车线等。

① 折返线。折返线是指在线路两端终点站或中间站，为能开行折返列车而设置的专供

改变列车运行方向的线路。城市轨道交通线路中，全线的客流分布一般不太均匀，通常需要根据行车交路的要求，在终点站与中间车站或中间站与中间站之间开行折返列车，这些可折返的车站需配置折返线。折返线的形式应能满足折返能力的要求。常见的折返线形式如图 1-2所示。

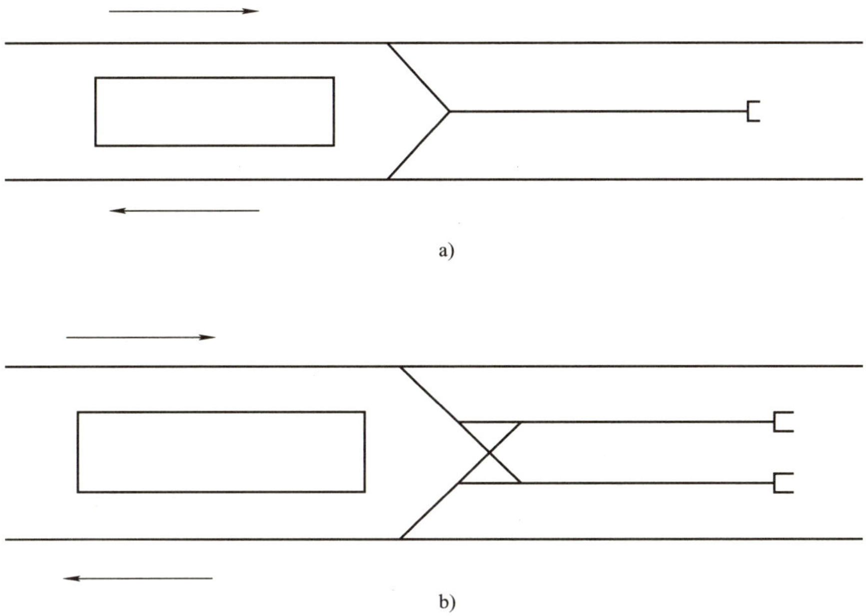

图 1-2　折返线

a）单折返线　b）双折返线

② 渡线。渡线可满足改变列车进路的需要，也可改变列车运行方向。但在中间站利用渡线进行区间列车折返时，需占用正线进行作业，故对行车组织要求十分严格，且列车运行间隔时间受其制约将加大，导致线路通行能力下降，安全可靠性存在隐患。所以，在列车运行速度较高、运行间隔时间较短、运量较大的线路不宜采用渡线作为折返方式。常见的渡线形式如图 1-3 所示。

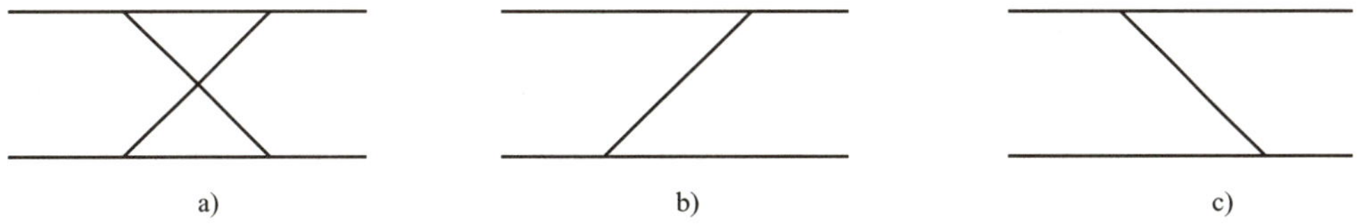

图 1-3　渡线布置示意图

③ 联络线。在城市轨道交通网络中，同种制式的线路实现列车过轨运行，一般通过线与线之间的联络线实现，联络线的位置在路网规划中确定，如图 1-4 所示。

④ 出入段线。出入段线是从车辆段到运营正线之间的连接线。车辆段出入线可设计为单线或双线，平交或立体交叉线路，具体方案要根据具体地理条件和远期线路通过能力需要来确定。

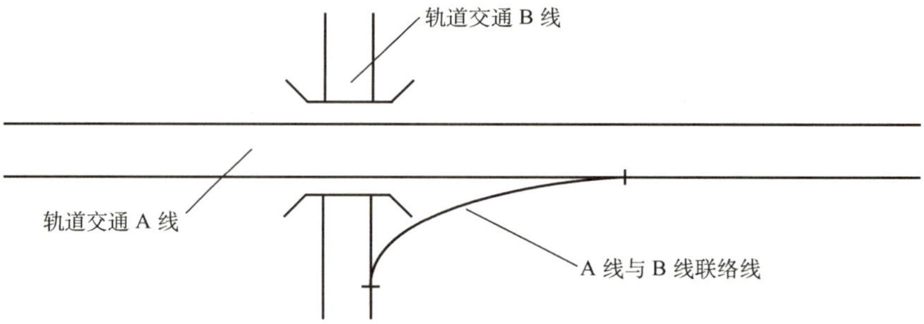

图1-4 联络线布置示意图

⑤ 存车线。存车线一般设置在终点站或区间车站，专门用于列车停放使用，并可进行少量检修作业。在正线运营过程中，列车运行间隔通常很小，如出现非正常情况，为使故障列车能及时退出正线运营而不影响后续列车运行，通常每隔3~5个车站应加设存车线和渡线。

3）车场线。车场线是场区作业、停放列车的线路。按作业目的和用途分为运用线和维修线。车场线主要是指车辆段内的线路。

（2）车站 车站是轨道交通客流的集散地，同时又是轨道交通运营设备集中设置的场所，主要包括线路、道岔、通信、信号、环控、自动售检票、自动扶梯、电梯、照明、给排水、消防、防灾报警（FAS）、设备监控（EMCS）等设备或系统，由出入口、通道、站厅层、站台层、设备用房、管理用房及生活用房等几部分构成。有些简易车站无站厅层。

1）按车站客流量大小可分为：大车站、中等车站和小车站。

① 大车站：高峰每小时客流量在3万人次以上。

② 中等车站：高峰每小时客流量在2~3万人次之间。

③ 小车站：高峰每小时客流量在2万人次以下。

2）按车站的运营功能不同可分为：始发（终到）站、中间站和换乘站。

① 始发（终到）站：一般设置在线路两端。除具有供乘客乘降的基本功能之外，还可供列车折返、停留、临时检修之用。

② 中间站：其主要作用就是供乘客乘降之用。但有些中间站还设有折返线、渡线和存车线等，可供列车折返和进行列车运行调整。

③ 换乘站：设置在两条及两条以上的轨道交通线路交叉点。除具有供乘客乘降的基本功能之外，其最大的特点是乘客可从一条线路换乘到另一条线路。有平面换乘和立体换乘之分。换乘站在最大程度上节省了乘客出站、进站及排队购票的时间，为乘客换乘提供方便。

3）按车站设置的位置可分为：地下站、地面站和高架站。

① 地下站：线路、主体建筑和设备设施设置在地下隧道的车站，又可分为浅埋式车站和深埋式车站两种。

② 地面站：线路、主体建筑和设备设施设置在地面的车站。

③ 高架站：线路、主体建筑和设备设施设置在高架桥上的车站。

4）按站台形式可分为：岛式站台车站、侧式站台车站和混合式站台车站。

① 岛式站台车站：上、下行线分布在站台的两侧。站台面积可以得到充分利用，管理

集中，车站结构紧凑，乘客换乘方便，如图 1-5 所示。

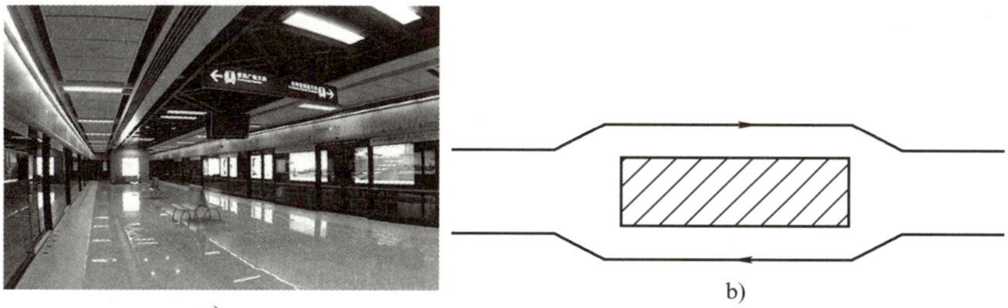

a)　　b)

图 1-5　岛式站台车站
a）照片图　b）示意图

② 侧式站台车站：站台分布在上、下行线一侧，列车进站无曲线，运行状态好。乘客乘降车互不干扰，不易乘错方向，站台横向扩展余地大，如图 1-6 所示。

③ 混合式站台车站：既有岛式站台，又有侧式站台的混合形式。一般多为始发/终到站，设有道岔和信号联锁等设备。

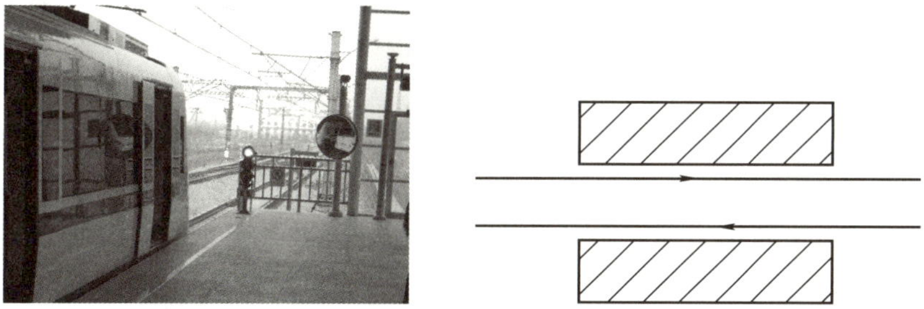

a)　　b)

图 1-6　侧式站台车站
a）照片图　b）示意图

2. 车辆及车辆段

（1）车辆　城市轨道交通系统中，车辆是最重要的组成部分，其技术含量较高，是直接为乘客提供服务的设备。

城市轨道交通车辆的种类主要有：客车、内燃机车和轨道车。客车也称电客车，它一般以电力牵引、动车组形式编组，主要任务是载客。内燃机车使用柴油机作为动力，一般用于轨道交通系统工程领域，但在特殊情况下（如接触网、供电大型故障时）可担任电客车救援、调动等任务。轨道车包括轨道检测车、接触网作业车、接触网检测车等，使用柴油机为动力，用于轨道交通系统工程领域。下面对客车进行简要介绍。

1）客车组成形式。客车有动车和拖车、带驾驶室车和不带驾驶室车等多种形式。例如深圳地铁有带驾驶室的拖车（A 车）、无驾驶室带受电弓的动车（B 车）和无驾驶室不带受电弓的动车（C 车）共 3 种车型。以 3 辆车为一组列车单元，6 辆车为一列车编组，排列为：—A＊B＊C=C＊B＊A—(其中“=”为半自动车钩，“＊”为半永久牵引杆)，这样就能保证列车两端均带有驾驶室，中间各车采用贯通式车厢，如图 1-7 所示。

图 1-7 贯通式车厢客车

2）客车车辆基本构造。客车由机械和电气两大部分构成。

机械部分包括：车体、车钩及缓冲器、车门系统、转向架、空气制动、空调和通风。

电气部分包括：牵引及电制动系统、辅助系统、列车控制系统、列车故障诊断系统、列车通信系统和列车自动控制系统。

3）客车制动系统。制动系统保证列车在运行时按需要减速或停车，是保证列车安全运行必不可少的装置，动力车和拖车都设有制动装置。在车辆上，除了常规的空气制动装置外还有再生制动和电阻制动。

4）客车车辆与其他系统的关系。车辆与许多城市轨道交通系统有着密切的关系，包括土建、线路、供电、接触网、通信、信号、站台门、车辆段设备等。

（2）车辆段 城市轨道交通车辆段主要担负着一条或几条线路的城市轨道交通车辆的停放、检修、清洁等任务，有的车辆段还负责乘务人员的组织管理、出乘、换班等业务工作，并相应配备乘务值班室等设施。车辆段一般设有停车库（场）、检修库、洗车设备、运营管理用房等设施。另外还有测试列车综合性能的试车线，存放内燃机车、工程车的车库。

1）车辆段的主要功能：

① 列车的停放、日常检查、一般故障处理和清扫洗刷、定期消毒，根据需要进行车辆摘挂、编组、转线等调车作业。

② 车辆修理：月修、定修、架修与临修。

③ 车辆的技术改造或场修。

④ 车辆段内通用设施及车辆维修设备的维护管理。

⑤ 乘务人员组织管理、出乘计划编制、备乘换班的业务工作。

车辆段线路及车库如图 1-8 所示。

2）车辆段与联轨站相连接的主要形式：

① 车辆段位于线路端部。线路起（终）点站站后接车辆段，这种形式较好，车辆基地出入线与正线干扰少，有利于运营管理，如图 1-9 所示。

② 车辆段位于线路中间，有一站接轨与两站接轨两种方式。一站接轨，需要设立列车回转设备，如图 1-10 所示。两站接轨，列车出入车辆段可自然调头，车辆段内不需设列车回转设备，如图 1-11 所示。

图 1-8　车辆段线路及车库

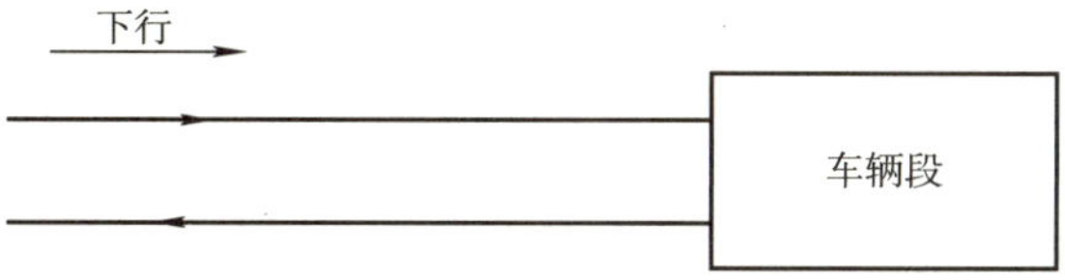

图 1-9　车辆段位于线路端部

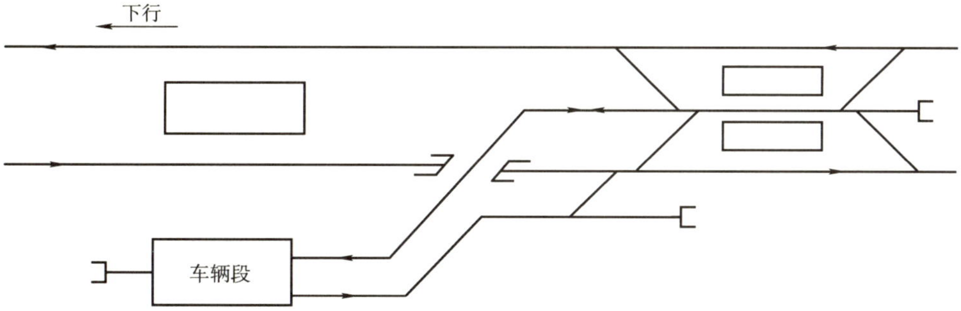

图 1-10　车辆基地一站接轨

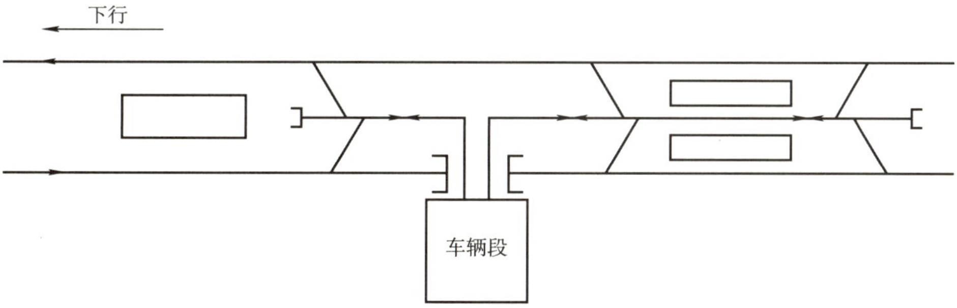

图 1-11　车辆基地两站接轨

3. 控制系统

（1）信号系统　信号系统用于指挥和控制列车运行，是安全行车的重要保证，也是列车通过能力和输送能力的决定因素之一，影响着城市轨道交通的行车速度和行车间隔时间。

联锁

信号系统通常包括3大部分：基础设备、联锁设备和列车自动运行控制系统（又称为ATC系统——Automatic Train Control System）。

信号系统基础设备包括（色灯）信号机、（电动）转辙机、轨道电路等。

道岔、进路和信号3者之间相互制约的关系称为“联锁”，实现这种联锁关系的设备叫联锁设备。确保只有当线路空闲，进路道岔位置正确并锁闭，敌对信号未开放时，防护该进路的信号机才能开放。一旦开放则该进路上的道岔位置不能转换，敌对信号不能开放。

联锁设备具有以下功能：轨道电路的处理、进路控制、道岔控制、信号控制、进路自动设置。值班人员通过控制台（LOW）控制现场设备，并通过表示盘（墙式大表示盘或显示器）所反映的现场设备状态来监视车站情况。控制台和表示盘可以设在本站，也可设在控制中心，通过遥控、遥测手段来实现监控。

计轴器的原理

ATC系统是一种能实现列车速度自动控制和列车运行间隔自动调整的信号系统。ATC系统取消了传统的地面信号，将机车信号作为主体信号，信号的含义发生了质的变化，传递给列车的是具体的速度或距离信息。ATC系统根据与先行列车之间的距离和进路条件，在车内连续地显示出允许的速度信息，或按设定的运行条件所能达到的允许速度信息，自动地控制运行速度，进行超速防护，以达到自动调整行车间隔的目的，并实现列车在车站的定位停车。ATC系统包括ATP（Automatic Train Protection）列车超速防护子系统、ATO（Automatic Train Operation）列车自动驾驶子系统和ATS（Automatic Train Supervision）列车自动监控子系统。

ATP子系统主要用于对列车驾驶进行防护，对与安全有关的设备或系统实行监控，实现列车间隔保护、超速防护等功能，其主要的工作原理是：不断地将一些如前方目标点的距离和允许速度等信息从地面传至车上，从而得出此时刻所允许的安全速度，以此来对列车实现速度监督及管理。

ATO子系统主要用于实现“地对车控制”，即用地面信息实现对列车驱动、制动的控制，自动调整列车的速度。使用ATO子系统的一大优点是缩短了列车间隔，提高了线路的利用率和行车的安全可靠性。

ATS子系统主要是实现对列车运行的监督和控制，辅助行车调度人员对全线列车运行进行管理。它给行车调度人员显示出全线列车的运行状态，监督和记录运行图的执行情况，在列车因故偏离运行图时及时做出反应（提出调整建议或者自动修整运行图），通过ATO的接口，向乘客提供运行信息通报（例如：列车到达、出发时间，运行方向，中途停靠站名等）。

（2）通信系统　通信系统是城市轨道交通运营的联络中枢，它的主要任务是及时传递运营各系统、各部门和控制中心间及其相互间的信息，以便及时采取行动确保整个系统正常运营。整个通信系统包括以下5个子系统。

1）传输系统。在城市轨道交通系统内，传输系统为设备系统提供传输信道，如为电话、广播、闭路电视图像、无线通信系统、供电远动系统（SCADA）、自动售检票系统（AFC）、环控系统（BAS）、防灾报警系统（FAS）、办公系统及其他自动化系统等提供必要的传输信道。

2）电话子系统。电话子系统由公务电话通信系统和专用电话通信系统组成。

① 公务电话通信系统：包括各车站、控制中心、各系统设备的维修单位、各管理单位以及管理指挥机关内部及单位之间的公务电话通信系统。

② 专用电话通信系统：包括调度电话、站间直通电话和轨旁电话。

调度电话：包括行车调度、电力调度、环控调度、专用调度和各车站、车辆运用单位等用户之间的直接通话。

站间直通电话：由专用通道传递，拎起直通，主要办理行车业务用。

轨旁电话：供有关专业人员及时报告运行线路发生的故障及其他紧急情况。

3）广播系统。该系统的主要作用是向乘客及时通报运营信息或播放音乐以改善候车环境；在故障等非正常情况下通报行车、客运安排，必要时也可紧急召唤检修、抢修人员。

4）电视监视系统。电视监视系统主要是供控制中心的调度人员和车站值班员实时、有选择地监视沿线各车站（主要是站台及站厅）的状况；监视客流动态以确保乘客进出站及乘降列车的安全和有序；监视列车在车站的作业情况以确保行车安全。该系统也供列车司机监控乘客乘降列车情况，一般情况下站台列车停车位置头部装有显示器，显示器由两台摄像机显示乘客上下列车及车门、站台门开闭情况。

5）无线通信系统。无线通信系统一般供在移动状态下工作的人员使用，例如，司机、检修人员及站务员等在工作中和调度及指挥机构取得联系时通话使用，必要时可以使用无线通信发布调度口头命令，指挥行车。无线通信系统包括列车无线调度电话、车辆段无线电话及应急抢险无线电话等若干部分。

4. 其他重要的设备系统

（1）供电系统　城市轨道交通供电系统担负着整个交通系统运行所需电能的供应与传输，是系统安全可靠运行的重要保证。一般取自城市电网，且大部分为城市电网一级负荷，要求比较高，以确保供电的可靠性。

城市轨道交通供电系统包括牵引供电系统、动力照明供电系统、电力监控系统、外部电源、主变电所。

1）牵引供电系统。牵引供电系统为电动客车运行提供电能，它由牵引变电所、接触网、钢轨等组成。目前我国各城市的地铁和轻轨采用的电压制式均在 750V 和 1500V 之间。接触网分为接触轨（又称为第三轨）和架空接触网两种。各城市轨道交通系统可根据各自实际情况采用不同的供电方式。如北京地铁即采用了 750V 接触轨供电方式，上海、广州地铁均采用了 1500V 接触网供电方式。

2）动力照明供电系统。动力照明供电系统为车站和区间各类照明、自动扶梯、风机、水泵等动力机械设备和通信、信号、自动化等设备提供电源，它由降压变电所和动力照明配电线路组成。

3）电力监控系统。电力监控系统的作用是保证控制中心能够对供电系统的主变电所、牵引变电所、降压变电所的供电设备运行状态实时进行监视、控制及数据采集。它由控制中心的主机、设在各变电所的远程控制终端以及连接终端与中心的通信网络 3 部分组成。

（2）环控系统　环控系统是采用 BAS（Building Automation System）这种先进的楼宇自动化系统对地铁车站及区间隧道进行环境监控的系统。BAS 对地铁车站及区间隧道内的空调通风、给排水、照明、电梯、自动扶梯、导向标识等机电设备进行全面运行管理和控制。当发生火灾等非正常情况时，能够及时迅速地进入防灾运行模式，根据火灾报警系统发送的着火点信息，自动调整送风和排风状态，进行通风排烟，这样极大地提高了城市轨道交通运营的智能化和安全性。

（3）防灾报警系统　防灾报警系统能够监测车站和隧道内的空气温度和车站烟雾浓度，监测防排烟设备和气体灭火设备的运行状态，当监测到火灾险情后，及时向控制中心、本站气体灭火系统、本站 BAS 发送报警信息。

（4）给排水系统

1）给水系统。目前我国城市轨道交通给水系统，大致可分为下列几类：生产、生活和消防共用的给水系统，生产、生活给水系统，消火栓给水系统，自动喷水灭火给水系统，空调冷却循环给水系统。

2）排水系统。排水系统主要处理系统的粪便污水、结构渗水、冲洗及消防等废水和车站露天出入口及洞口的雨水。一般包括主排水泵站、辅助排水泵站、污水泵站、局部排水泵站和临时排水泵站。

扩展阅读

行车组织发展方向

智慧城轨建设阶段性成果斐然

中国城市轨道交通协会本着“交通强国，城轨担当”的使命感，研究编制了《中国城市轨道交通智慧城轨发展纲要》（以下简称《纲要》）。自2020年3月12日《纲要》发布以来，智慧城轨建设展现出勃勃生机，取得了一批创新成果。

一、智慧赋能创新发展

重庆轨道，应用前期 CBTC 系统互联互通示范工程成果，顺利实施了“地铁4号线-环线-5号线”互联互通直快列车上线运行，全国乃至全球首次实现三线互联互通跨线运营，取得了关键技术从0到1的突破，位居世界第一。

在国家发展和改革委员会产业司指导下的北京“新一代网络化智能调度和智能列车运控系统”示范工程，已在试验线上成功运行，也取得了关键技术从0到1的突破，预示该项成果将领先欧洲若干年，引领世界城轨交通的发展。

广州、深圳、上海和哈尔滨等地铁公司建设的智慧车站系统，大幅提升乘客出行服务水平，同时10年全生命周期节省资金占初期投资的140%~150%，经济效益明显。

在国家发展和改革委员会基础司指导下的南京都市圈智慧市域快轨示范工程，探索5G公网专用取得突破，测试、验证、应用成效显著。这是全国第一个建立轨道交通行业5G+MEC 的公专网，也是全国城轨交通首创的5G公网专用生态，具有广阔的应用前景。

二、重点体系深化研究储备雄厚技术力量

为应对智慧城轨建设面临的前瞻性、创新性的挑战，夯实智慧城轨建设的理论和技术基础，中国城市轨道交通协会组织开展智慧城轨建设重点体系深化研究工作。以智能票务、智慧车站、智能调度、智能运维、智能建造等一大批智能智慧化项目在全行业广泛研发建设，对改善服务质量、提高运输效率、保证行车安全、提高企业管理水平发挥了重要作用，取得了显著的社会效益和经济效益。

三、先行先试工程成效初显

智能运输组织方面，广州市域快轨18和22号线，按照大运量、高密度运营服务要求，从设计标准、系统技术、土建技术等8方面进行了集成创新，建成了兼具高速度等级、大运量、高密度的轨道交通系统。

智能能源系统方面，宁波基于云平台的智能能源系统节能示范工程是践行国家“碳达峰、碳中和”战略的重要举措，其中“城市轨道交通新型牵引供电节能研究”已经获得中国节能协会科技进步一等奖。

智能技术装备方面，重庆自主化新型导轨式胶轮系统，创造性地转化电动汽车的动力蓄电池，应用永磁直驱、全自动无人驾驶、光伏系统、智慧车站、智能运维等开发成果，实现了我国自主化中低运量轨道交通制式的创新、关键系统及核心部件自主技术的创新和对传统运营模式的创新。

智能基础设施方面，郑州轨道交通BIM全生命周期管理示范工程，是国内首个应用BIM技术进行轨道交通全生态体系建设的项目，现已全面启动。

四、城轨云建设夯实“智慧底座”

城轨云和大数据平台以其新一代新兴信息技术的典范落地实施，构建智慧城轨发展的数据底座。

呼和浩特和太原城轨云示范项目顺利投入运营，宣告《纲要》重要组成部分的中国城轨云系列规范取得圆满成功。目前，北京、武汉、深圳、西安等20多个城市建立了城轨云平台，研究开发了覆盖《纲要》10个重点体系的应用系统。随着“1-3-5-2”城轨云相关技术标准体系的发布实施，城轨云建设范围的日愈扩大和应用技术的日愈成熟，其先进、可靠、高效、经济、绿色的显著优势必将得以充分发挥，为智慧城轨建设提供强有力的基础设施支撑。

《纲要》发布以来，我国城市轨道交通行业在智能化、智慧化方面迈出了坚实的步伐，取得了实质性进展，各种新技术的应用方兴未艾，诸多项目进展显著，为我国智慧城轨高质量稳定发展积淀了深厚的基础，智慧城轨建设必将迎来更加美好的未来。

二、行车组织概述

行车组织概述

1. 列车运行基本概念

（1）运营时刻表　运营时刻表是行车组织工作的基础，它规定了运营线路的每个运营周期（一般为每天）的起止时间、高峰期起止时间、各次列车占用区间的顺序、列车在一个车站到达和出发（或通过）的时刻、列车在区间的运行时分、列车在车站的停站时分、折返站列车折返作业时间及电客车出入车场的时刻。

运营时刻表也是城市轨道交通运行组织的一个综合性计划。如，车站根据运营时刻表所规定的列车到达和出发时刻，安排本站行车组织工作和客运组织工作；车辆维修部门根据运营时刻表在每天运营前要整备好运营需求的列车数；车辆运转部门根据运营时刻表的要求确定列车的派出时刻和乘务员的作息计划；线路桥梁、通信、信号、供电、机电等专业部门也根据运营时刻表的规定来安排施工计划和维修计划。

(2) 行车间隔及列车停站时间

1) 行车间隔。行车间隔是指列车更替时间，通俗地说是两列同方向载客列车的间隔时间。

2) 列车停站时间。列车停站时间是指列车停站作业时间，它的计算方法是从列车对标停妥时刻起至列车从本站发出（不再停下）的时刻止，对客车来说一般包括开、关门和乘客上、下车所需时间的总和。

影响列车停站时间的主要因素有：①车门、站台门的开关时间；②列车满员和乘客拥挤程度；③乘客或其物品挡住车门、站台门；④列车司机确认车门、站台门关好的时间。

列车停站时间一般在编制列车时刻表时根据设备能力和列车停站作业程序计算出最小值，有站台门的车站一般不少于20s，客流较大的车站可放宽至30~50s。

(3) 列车延误及晚点

1) 列车延误及晚点的定义。列车延误是指运营列车在某一位置（一般指车站）的时刻比照其在时刻表规定的时刻延后的现象。列车晚点是指列车延误发生在本列次终点站时且符合列车晚点范围的现象。

2) 列车晚点统计方法。各城市轨道交通企业在列车晚点统计方法上不尽相同，以下是深圳地铁公司列车晚点统计方法及正、晚点的界定：

① 列车晚点统计方法：比照运营时刻表单程每列晚点 N 秒（N 的取值为行车间隔的1/3，但最小值不低于120s）以下为正常，N 秒及以上为晚点。行车调度员（以下简称“行调”）应根据列车晚点情况及时采取措施，调整列车运行。因列车调整需要，在两端站晚发的列车不计为晚点，但在单程运行过程中晚 N 点秒及以上时为晚点。

② 列车正、晚点的界定：凡按列车运行图图定车次、时间准点始发、终到的列车全部统计为正点列车数；临时加开列车按正点统计；由于客流变化而抽调部分列车或加开列车，行调采取措施对部分列车调点时，该部分列车按正点统计。

3) 列车到、发、通过时刻的确认：

到达时刻：以列车在规定位置对正停稳为准。

出发时刻：以列车由车站（包括车场规定发车地点）前进起动（不再停下）时为准。

通过时刻：以列车最前部通过站线规定位置时为准。

(4) 列车种类及车次的规定　不同城市轨道交通系统根据各自运营实际，列车种类及车次的规定各不相同。下面以深圳地铁和天津轻轨公司为例来加以说明。

深圳地铁公司列车种类及车次的规定如下：

1) 客车车次：4位表示，前2位代表列车服务号，后2位代表行程，单数行程代表下行，双数行程代表上行。普通客车服务号为01~79；空客车服务号为80~89；调试车服务号为90~97；专列服务号为98~99。

2) 工程列车：3位表示，工程列车开行车次编号为501~549；轨道车开行车次编号为551~599。

3) 救援列车：开行车次编号为601~629。

天津轻轨公司列车种类及车次的规定如下：

1) 专运列车：车次号（TID）为001~099。

2）客运列车：车次号（TID）为 301～599。

3）回空列车：车次号（TID）为 601～699。

4）工程列车：车次号（TID）为 701～799。

5）试验列车：车次号（TID）为 801～899。

6）救援列车：车次号（TID）为 901～999。

（5）行车时间的规定　行车时间以北京时间为准，从零时起计算，实行 24 小时制。行车日期划分以零时为界。零时以前办妥的行车手续，零时以后仍视为有效。

2. 行车组织及指挥

（1）行车组织原则　行车组织工作必须坚持安全生产的方针，贯彻高度集中、统一指挥、逐级负责的原则；发扬协作精神。各单位、各部门要主动配合，紧密联系，协同动作，不断提高效率，安全、准时、高效地完成客运服务工作。

（2）行车组织机构及其主要工作

1）运营控制中心（OCC）。OCC 是城市轨道交通系统运营日常管理、设备维修、行车组织的指挥中心，设有主任调度员、行调、电调、环调，通过各调度员，对全线列车运营和设备运行情况进行总的监视、控制、协调、指挥和调度。OCC 也是城市轨道交通系统运营信息收发中心，所有与行车有关的信息必须通过 OCC 集散。

城轨岗位认知及职责

2）车场控制中心（DCC）。车场控制中心是车场管理、车辆维修组织和作业的控制中心，负责车场范围内的行车组织、维修施工管理，负责车辆日常检修、清洁、定修和临修工作控制，为轨道交通系统运营及设备维修施工提供数量足够和工况良好的客车和工程列车。

3）车场信号控制室。车场信号控制室设有微机联锁设备，集中控制车场范围内的进路、道岔和信号机，隶属车场调度员管理，车场信号控制室与其邻接车站通过进路照查电路，共同组织与监控列车进出车场。

4）车站。车站设有车控室，主要任务是接发列车，并做好乘客服务工作，遇突发情况进行应急处理，确保行车安全和乘客的人身安全。

为确保城市轨道交通系统的安全、高效运营，各部门、各单位间须各尽其责，协调配合，下级要服从上级，严格按规章制度执行。

行车工作由行调统一指挥，供电设备运作由电调统一指挥，环控和防灾报警设备运作由环调统一指挥，控制中心主任调度负责协调各工种调度工作，组织处理运营中发生的故障和事故。DCC 为二级调度机构，服从 OCC 统一指挥。车站行车组织工作由车站当班值班站长统一负责，行车值班员协助，值班站长必须服从行调的统一指挥，执行调度命令。客车上的员工由司机负责指挥，工程列车上的员工由车长负责指挥。正线发生行车设备故障，车站值班站长（值班员）应及时报告行调，由行调通知各相关专业调度、值班人员，并派人组织抢修。城市轨道交通运营行车指挥执行层次一般如图 1-12 所示。

3. 车站行车备品的种类及管理

（1）车站行车备品种类　车站行车备品包括员工劳动保护用品和专用器具两大类。

1）劳动保护用品包括安全帽、绝缘手套、沙手套、安全带、荧光背心、口笛、手电筒、强力探照灯及其充电用具、臂章等。

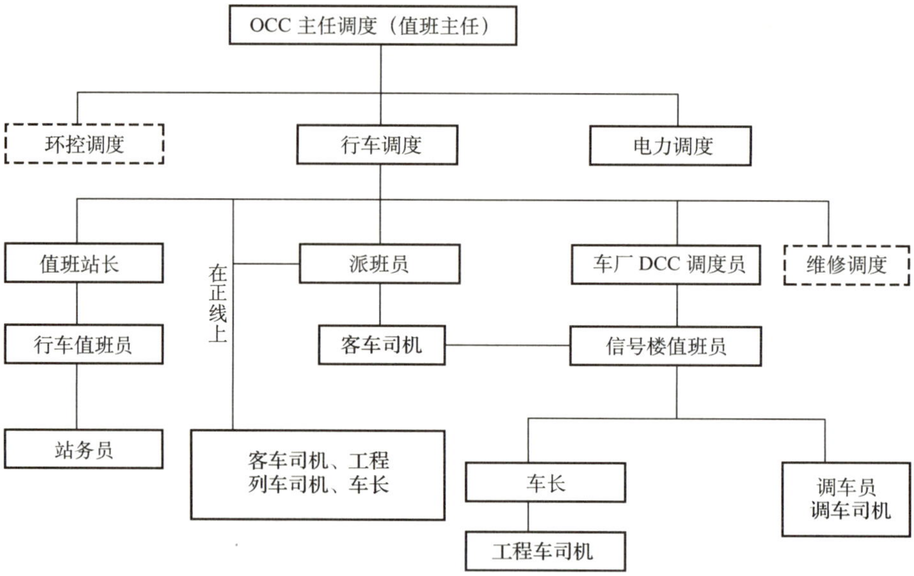

图 1-12　城市轨道交通运营行车指挥执行层次

（注：虚线框者有的轨道交通企业不设置）

2）专用器具包括钩锁器、手摇把、信号灯及其充电用具、信号旗、红闪灯及其充电用具、无线电台及其充电用具、手提广播、调度命令、行车凭证、下轨梯、拾物钳等。

（2）行车备品的存放　行车备品应按规定要求存放，具体按照各城市轨道交通企业制定的相关规定执行。

（3）行车备品的使用

1）正确穿戴劳动保护用品。

2）带电备品（如红闪灯）按照其使用说明提示进行使用。

3）使用过程中，要珍惜爱护，不得随意乱扔，不得损坏。

（4）行车备品的交接

1）每班交接班时应进行行车备品的交接，检查数量与性能及摆放状态。

2）具体交接手续应按相关规定执行。

4. 主要行车人员的基本要求

（1）行调　作为实现列车时刻表的实际组织者，行调肩负着控制整体系统、指挥列车运行、处理突发事件的重大责任。在值班调度主任的监督下，行调须指挥有度，发令明确，处事果断，遇变不惊，充分发挥调度指挥作用，防止行车事故，保持高水平的运营。当发生重大故障影响正常行车时要及时向值班调度主任汇报，并在值班调度主任的领导下进行工作。

（2）列车司机　身为行车组织的最前线执行人员，列车司机肩负着安全驾驶列车、快捷运送乘客、保证人身安全的重大任务。要求列车司机时刻牢记安全第一的方针，并严格执行时刻表，服从行调指挥，精心操纵列车，发现问题要及时向行调汇报，及时处理危机，为广大乘客提供优质的服务。

（3）车站行车值班员和站务员　车站人员要确保自动化设备和所提供的服务能满足乘客的需求，也要保障在车站管辖范围内乘客的安全；车站的运输服务工作需要与 OCC 紧密合作，车站人员随时准备执行行调的命令，协助行调完成行车组织工作，根据客流状况做出适当的安排措施。

（4）车辆段、停车场人员　车辆段及停车场人员是行车组织工作中重要的后勤保障人员，为正线列车安全运营提供状态良好的列车，要求各岗位人员认真做好列车检修、维护及准备工作。严格按列车时刻表做好调车及发车工作，以维持列车运营顺畅，并随时准备接受行调的特别调度安排，以应对特殊情况的需要。

5. 信号显示

信号是指示列车运行及调车作业的命令，有关行车人员必须严格执行。信号的显示方式及使用方法，应按各城市轨道交通企业的《行车组织规则》中的规定执行。有关人员必须熟记有关信号显示的规定，严格执行信号显示的命令，以保证行车安全和提高运输效率。

信号机类型及显示

信号分为视觉信号和听觉信号两大类。如信号机、信号灯、信号旗、信号标志牌等显示的信号，都是视觉信号。如口笛发出的音响和客车、工程车、轨道车的鸣笛声都是听觉信号。视觉信号分为固定信号、车载信号、手信号、信号标志牌。信号的基本颜色为黄、绿、红、白 4 色。

（1）固定信号

1）正线的固定信号。在采用 ATC 系统的正线上，一般区间不设地面信号机，各站不设进、出站信号机，只在道岔区段设进路防护信号机，线路尽头设阻挡信号机。

防护信号机的显示方式及显示意义如下：

① 黄灯——允许通行，进路上的道岔开通侧向；

② 绿灯——允许通行，进路上的道岔开通直向；

③ 红灯——禁止通行，列车须在该信号机前停车；

④ 黄灯+红灯——引导信号，允许列车以不超过规定速度越过该信号机，并随时准备停车。

阻挡信号机为单红显示，列车应在距信号机至少 10m 的安全距离前停下。

2）车辆段与停车场的固定信号。在车辆段（停车场）转换轨正线一端分别设置进、出段（场）信号机，进段（场）信号机由车辆段（停车场）控制，出段（场）信号机由控制中心和正线车站控制。车辆段（停车场）内另设红、白两显示调车信号机。

进段（场）信号机显示方式及显示意义如下：

① 黄灯——允许进车场，前方进路道岔开通侧向；

② 绿灯——允许进车场，前方进路道岔开通直向；

③ 红灯——禁止越过，列车须在该信号机前停车；

④ 黄灯+红灯——引导信号，允许列车以不超过规定速度越过该信号机进车场，并随时准备停车（有的城轨公司引导信号为红灯+白灯）。

出段（场）信号机显示方式及显示意义如下：

① 黄灯——允许出车场，前方进路道岔开通侧向；

② 绿灯——允许出车场，前方进路道岔开通直向；

③ 红灯——禁止越过，列车须在该信号机前停车；

④ 黄灯+红灯——引导信号，允许列车以不超过规定速度越过该信号机出车场，并随时准备停车。

调车信号机显示方式及显示意义如下：

① 红灯——停车，禁止列车越过该信号机；

② 白灯——允许列车越过该信号机调车。

任何信号机的灯光熄灭、显示不明或显示不正确时，均视为停车信号。

（2）车载信号　图 1-13 为车载信号面板布置。正中为速度表，采用模拟和数字两种方式显示速度值。模拟信号是一个双色模拟环，绿色表示当前速度，而红色表示当前线路允许的速度。列车司机应按车载信号的指示运行。

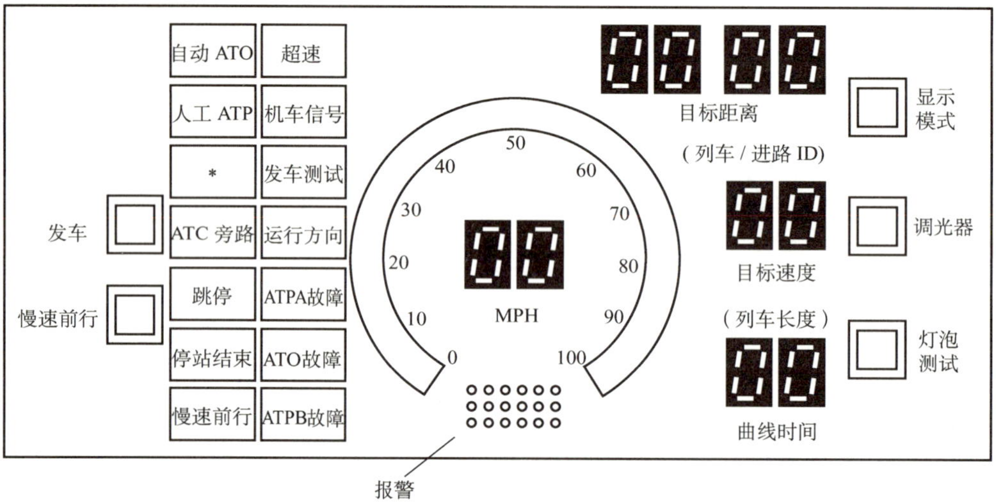

图 1-13　车载信号

（3）手信号　行车人员应严格遵守手信号的指示。手信号分为徒手信号、信号旗（昼间用的手信号）及信号灯（夜间用的手信号）；按用途分为列车手信号和调车手信号。在昼间遇降大雾、暴风雨雪及其他情况而导致视野不明朗时，由行调指示，使用夜间信号；任何不明确或不正确的手信号都应视为危险信号，司机必须立即停车。有关手信号的显示将在后面的有关项目中详细介绍。

（4）信号标志牌　在轨道旁设置有关信号标志牌，如停车标、接近车站预告标、限速标、鸣笛标、一度停车标等，以提示司机有关注意事项，确保行车安全，司机须严格执行。

6. 列车运行组织工作简述

城市轨道交通系统的正常运行需要多部门、多工种岗位人员密切配合，协同动作，须在统一领导指挥下进行工作，才能保证城市轨道交通运输的安全和高效。控制中心（调度所）就是为实现行车工作的统一组织指挥而设置的，控制中心的设备包括信号系统（ATS）、供电系统、环控系统、主机及显示屏、通信系统等。列车运行时由行调、电调、环调分别担任行车系统、供电系统及环控系统的调度指挥。

正常情况下，城市轨道交通系统的自动化系统均由系统主机按设定的模式运行，列车在司机的监护及必要的操作下正常行驶，同时运行的信息如列车位置、列车间隔及是否偏离设定的运行图、供电及环控系统运行状态在显示屏上实时显示，调度员可随时监视、掌握列车运行状态和有关系统运行状况。调度员还可以利用有线或无线通信系统随时和有关人员（如司机、行车值班员/值班站长、车场调度、维修调度、供电及环控等系统运营值班人员）通话了解有关情况。

发生一般的问题，如列车晚点，系统设备可自动调整运行。发生信号系统设备故障时，可根据故障问题的不同，在行调的统一指挥下，采用不同的列车驾驶模式和行车组织方法组织行车。列车驾驶模式和行车组织方法在后面的项目中有详细描述。遇有重大事故，如列车故障停运、线路故障停运、牵引供电设备故障停运等，则由各专业调度员按照预案或紧急抢修方案有序地指挥有关司机、车站行车值班员、牵引变电所值班员、环控值班人员、事故现场抢修人员等，采取必要的措施迅速进行抢修。有关车站按照指令进行客运组织工作，在确保乘客安全的前提下，尽快恢复设备和列车的正常运行。必要时一边抢修，一边组织行车作业，缩小事故影响范围，疏散滞留乘客。所有这些工作都要在调度指挥下，按指令操作。

三、行车组织规章

2019 年之前，城市轨道交通行车组织相关规章主要依据是《城市轨道交通运营企业管理办法》（建设部令第 140 号）。具体行车组织相关规章由各城市轨道交通运营企业根据企业采用的系统特征、所在城市的地理气候环境等要素特征制定。

2019 年 10 月 16 日，为进一步规范城市轨道交通行车组织工作，更好地保障城市轨道交通安全运行，根据《国务院办公厅关于保障城市轨道交通安全运行的意见》（国办发〔2018〕13 号）、《城市轨道交通运营管理规定》（交通运输部令 2018 年第 8 号）等有关要求，交通运输部印发了《城市轨道交通行车组织管理办法》（交运规〔2019〕14 号），使得各企业行车组织规章有了共同的标准。

1. 城市轨道交通行车组织规则

（1）《行车组织规则》的内容　《行车组织规则》是各城市轨道交通企业根据各自运营线路信号及有关设备系统运营使用功能和行车设备的配置及实际运营要求情况制定的，是一个企业行车管理的基本法规。

1）技术设备：包括车站设置原则、限界、速度限制、线路铺设要求、轨道、道岔及信号机的设置、列车自动控制系统、通信设备、供电设备、机电设备和车场等。

2）行车组织指挥系统包括行车组织原则、运营组织指挥机构及功能、运营指挥执行层次等。

3）行车闭塞法主要包括自动闭塞法和电话闭塞法。

4）列车出入场的有关规定。

5）接发列车作业有关规定。

6）列车运行有关规定主要包括列车运行方向的规定、列车车次的规定、列车编组规定、列车驾驶模式的规定。

7）列车折返作业的规定主要包括列车折返方法、折返线的使用、列车折返有关规定。

8）列车监控主要包括车次号的设置及使用规定、列车运行等级的设置、集中站控制条件、需下达调度命令的情况及下达方法和内容等。

9）非正常情况下的行车组织包括列车反方向运行规定、列车退行规定、列车推进运行规定、隧道内线路积水时的行车规定、地面站迷雾天气的行车规定、信号系统设备故障时的行车办法、客车故障处理、列车晚点时的运行调整、大客流时的行车组织办法、人工操纵道岔准备进路的规定等。

10）救援列车的开行：列车救援准则、救援连挂车作业规定、救援列车开行办法。

11）车场内调车作业要求。

12）运营前的准备及停营清场的规定：包括运营准备、停营清场要求。

13）设备的日常养护维修、施工及工程列车的开行规定、施工管理办法。

14）信号设备操作规定主要包括 MMI 操作规定、LOW 操作规定、LCP 盘的操作规定。

15）固定信号及手信号显示方式及显示意义的规定。

16）其他：包括隧道照明、标识、行车日期的划分、电动列车司机添乘要求、行车凭证及行车表簿的格式及填写要求等。

(2)《行车组织规则》的编制要求

1）《行车组织规则》是运营管理的基本法规，它规定了各部门、各单位在从事运营生产过程中，必须遵循的基本原则、工作方法、作业程序和相互关系。编制时必须使规程具有普遍性、全面性、原则性。

2）《行车组织规则》需明确运营工作人员的主要职责和必须具备的基本条件，并对工作流程做原则性说明。

3）各部门、各单位制定的有关技术业务方面规程、规则、细则和办法等都须符合《行车组织规则》。

4）随着城市轨道交通系统的不断发展，线路的不断延伸，信号管理模式的改变，《行车组织规则》也需不断充实和完善。

2. 行车调度工作规则

行车调度工作是城市轨道交通运输组织指挥系统的中枢，担负着日常行车指挥工作，组织各部门、各单位正确执行列车运行图，并安排各项施工检修作业，保证完成各项运输生产任务。为此调度指挥工作必须有一个统一的行车调度工作规则。

(1)《行车调度工作规则》的主要内容

1）行车调度的组织机构、职责范围和工作制度。

2）行车调度设备。

3）日常调度工作。

4）调度命令的下达程序及要求。

5）中央控制室 ATS 操作及故障处理。

6）施工计划的安排实施及运营前的多项准备。

7）非正常情况下的列车运行调整。

8）列车运行图的铺画规定。

9）运行记录、图表。

10）运营分析及信息传递。

11）调度员的培训工作。

(2)《行车调度工作规则》的编制要求

1）编制时应以《行车组织规则》为依据，内容不应与行车组织规则的规定相抵触。

2）在行车调度工作中，《行车调度工作规则》应对调度工作具有指导作用。

3）《行车调度工作规则》应根据线路、信号等设备的调整进行相应的修改。

4）行调及有关行车人员必须认真学习执行。

3. 车站行车工作细则

《车站行车工作细则》是根据《行车组织规则》制定的具体指导车站行车工作的工作细则，是加强车站技术管理，保证安全组织行车的重要技术文件；是车站编制、执行日常作业计划，组织接发列车、调车和各项技术作业以及有关技术设备使用的基本法规；是组织查定各项技术作业过程、时间标准，计算设备能力，进行日常运输生产分析、总结以及运输主管部门下达年、月度技术指标任务的主要依据。

（1）《车站行车工作细则》的主要内容

1）车站概况和技术设备：车站概况包括车站的位置、性质、等级和任务；技术设备包括股道、信号、联锁及闭塞、客运设备、自动售检票系统、通信、照明、供电等设备。

2）日常作业计划及生产管理制度。

3）车站行车组织工作包括正常运营期间及非正常情况下车站行车办法、调车工作组织。

4）车站客运组织工作包括正常运营期间及非正常情况下车站客运组织办法。

5）特殊运输工作组织。

6）检修施工管理。

7）行车备品管理及行车簿册填记要求。

8）设备故障时车站广播宣传的规定。

9）列车与车辆技术作业过程及其时间标准。

除此之外，还应附有有关部门提供的注有坡度的车站线路平面图，进站线路的平、纵断面图及其相关资料。

（2）《车站行车工作细则》的编制要求　《车站行车工作细则》的编制应树立为运输生产服务的观念，从全局出发，统筹兼顾，组织好运输各部门的联合劳动及与其他单位的协作，并应保证实现下列要求：

1）编制时应以《行车组织规则》为依据，细则中的规定不能与《行车组织规则》的规定相违背。树立安全第一思想，建立健全安全质量管理体系和各项安全作业制度，确保行车和人身安全。

2）《车站行车工作细则》的编制应以车站实际情况出发，制定的规定需符合车站工作要求，充分发挥现有设备的运用效能，从实际出发，更新改造限制能力的薄弱环节，不断提高作业效率，扩大设备能力。

3）《车站行车工作细则》的编制内容应是《行车组织规则》的规定在车站工作的具体细化，并根据车站实际情况作补充，用合理的劳动组织推行作业标准化，做到各项作业的连续性、均衡性，最大限度地平行作业，减少各种等待、干扰时间，加速车辆周转，实现安全、正点、畅通、优质、高效地为乘客服务。

（3）《车站行车工作细则》编制、修订的具体规定　《车站行车工作细则》由车站组织有关部门，根据《技术管理规程》、列车运行图、《行车组织规则》及其他有关规章命令并结合车站的具体情况进行编制，各相关单位要共同做好该项工作并及时提供有关资料。要求参与车站作业的所有人员必须熟悉并严格执行《车站行车工作细则》的有关规定。

各车站在遇有如下情形时，应组织有关部门对《车站行车工作细则》进行重新编制或修订：

1）新建线路的车站，在投入运营前应组织编制《车站行车工作细则》。

2）采用新技术设备时，车站在技术改造完成后，应组织重新编制《车站行车工作细则》。

3）《技术管理规程》、《行车组织规则》重新修改执行时，车站应组织重新编制《车站行车工作细则》。

4）车站作业组织方法有较大变动时，应组织重新编制《车站行车工作细则》。

5）当《技术管理规程》、《行车组织规则》、列车运行图、车站技术设备和技术作业组织办法变更时或上级有规章命令要求时，车站应结合车站具体情况及时修订《车站行车工作细则》。

4. 其他有关行车工作的规章

为确保城市轨道交通安全运营，除上述指导行车工作的有关规章制度外，还需有严密的与安全关系密切的一些制度。如交接班制度，明确了接班人员要提前到岗了解列车运行、车辆设备等运输情况及有关文件、命令、指示等事项，由有关行车工作的负责人主持交接班会议，布置有关行车事项，提出本班工作重点，明确完成任务的措施。

扩展阅读

地铁人的一天——线路检修工：冲锋在前的“钢轨卫士”

扣件、钢轨、道岔、道床，身处呼啸的地铁列车，我们或许没有在意过这些或熟悉或陌生的名词。但有这样一群人，他们不分白天黑夜、无惧酷暑严寒，常年抵御着昏暗隧道内的幽闭与单调，化身守护城市地铁线网的“钢轨卫士”。眼力、手力、脚力，是这群“钢轨卫士”练就的过硬本领，让我们跟随他们的脚步，去探寻线路检修工的日常。

一、多点作业——深夜奋战4个小时

零点已过，运营期间车来车往的隧道已停止繁忙。线路检修工穿戴好防护装备，开始进入隧道，线路巡视、道岔检修、轨道检查，是他们每日深夜奋战的工作任务，各种测量仪器、各类检修工具，是他们施展十八般武艺的随身武器。

二、线路巡检——长途跋涉使命在肩

每天承受上百列电客车的碾压，地铁钢轨的尺寸可能发生细微变化，线路检修工需头顶探灯，借助手中工器具仔细查找并处理各类隐患。四磅锤、扳手、螺栓、弹条扣件等，身背20多斤的巡道工具包，线路检修工在幽闭的隧道中抵御着周身环境的沉闷、单调，保持着高度集中的注意力。他们要精准抓住隧道里的各种结构和设备异常：隧道管片、疏散平台、联络通道、线缆管道、拱顶、轨底……每公里的线路巡检，脚步所至、目力所及，1680根长轨枕、6720根单趾扣件弹条、40对钢轨焊缝接头，各类型的线路标牌、轨号牌、钢轨涂油器与车挡，无不是巡道人员肩膀上的责任与使命，而这份沉甸甸的责任，将陪伴他们每晚巡完线路。

三、轨道例检——精密检测技能支撑

一本记录册，两把轨距尺，三人成伍，开始长达4h的隧道行程。每根轨枕为一步，每走十步一俯身，摆放轨距尺，计算超高，转动转盘，查看气泡，一组轨距及水平读数才得以确定。“-1，0，0，0…”响亮的读数声在隧道里回响。地铁线路动辄绵延数十公里，而对于线路检修工来说，轨距、水平、高低、方向、三角坑，各种几何尺寸容许的误差只能以毫米计。炎炎夏日，身着厚重的安全帽、绝缘鞋，线路检修工利用手中的仪器不间断进行着精密查验，衣服很快便被汗水浸湿。而这样的状态，他们要在闷热潮湿的隧道中坚持4h。要保障线路、道岔设备的平顺度以及轨道框架的状态良好，线路检修工不仅要及时发现、锁定问题、解决问题，更要定期武装头脑，开展线路整修培训与制度规程学习，如此才称得上是合格的“钢轨卫士”。从实操练手到理论练脑，从月度考试到季度练兵，线路检修工的岗位技能在日积月累中不断锤炼。

四、道岔检修——联调联试杜绝故障

道岔是电客车转换股道的重要设备，也是影响列车运行平稳度的重要环节之一。道岔失表导致的列车进路无法排列，是较为常见的行车故障，一次次标准化的道岔调试能够降低乃至杜绝此类故障。“三道缝、两密贴、一清理”是线路检修工心口相传的作业技法，而突破专业门槛，每月定期与信号检修人员开展道岔联调，则是通过相互查证、协调，维持道岔正常运行的又一重保障。“呼叫驻站人员，现完成丝茅冲站P2801#道岔尖轨与基本轨不密贴问题整治，现场静态观察已密贴，状态良好，请求操动一个来回查验作业效果，现场安全。”对讲机里，一次次定反位操动，直到确定操动道岔过程平顺无卡顿才舒一口气；轨距尺、支距尺、钢直尺下，一处处几何尺寸与缝隙大小在工班长的确认下都合乎标准，检修工悬着的心才得以放下。

五、黎明凯旋——线路守护转战接力

列车从一个站点驶向另一个站点只需几分钟，而承载列车的每一根枕轨、每一处道岔、甚至每一颗螺丝钉，在线路检修工看来，都意味着全力以赴。

六、白班值守——全方保障检修作战

夜班作业人员能够跑开双腿、甩开臂膀，是因为白班值班人员充当着数据大脑的角色。编制施工检修计划、制定排查表格，他们为夜班检修工理清作战计划；作业器具归架归库，物资耗材出入库盘点、计量器具定期送检，他们为夜班检修工提供战需粮草；排查管辖区段内关键点隐患、检查设备区安全、及时接报调度故障，他们为夜班检修工指明战斗阵地；收发传阅各类通知文本，开展岗位培训与应急演练，他们助力同事巩固、更新作业理念；他们以每天4次频率登乘列车全线巡视，实地观测轨道设备的工作状态。白班线路检修工，以多面手的角色为线路检修加注不同的活力与底色。

七、幕后整备——施工安全前置防护

夜幕冉升，地铁运营还未结束，线路检修工已经为新一天的检修任务忙碌了。准备施工物料，整理白班同事接报的各类故障，学习作业要点，每一项准备工作都有条不紊地展开。轨行区作业，安全风险多，所有作业人员得先迈过工前“两道关”：着装整备，规范穿戴安全帽、荧光衣、劳保鞋及防护手套；安全预想，不仅要做好劳动安全宣贯与施工前安全录音，还要将物料核对登记逐一执行到位。00:20，夜晚的检修作业依然从一场气氛严肃的工前安全、技术交底会开始：明确作业内容，清点作业工器具、人员签到、安全交底。今晚，一个班组多项作业，巡道、区间设备检查、道岔调试，线路检修工又将活跃在各自的阵营。

他们的工作没有一劳永逸，有的只是周而复始的巡视、精确到毫米的测量、一丝不苟的查验与配合默契的检修。他们用火眼金睛的专注力、一气呵成的熟练度与一往无前的定力，不断突破自身专业技能的界限，为地铁列车的每一次平稳运行注入线路检修工的光与热。

复习思考题

一、填空题

1. 城市轨道交通线路通常由__________、__________、__________3个部分组成。

2. 线路按其在运营中的作用分为__________、__________、__________。

3. 信号系统通常包括3大部分：基础设备、__________和列车自动运行控制系统。

4. __________、__________和__________3者之间相互制约的关系称为“联锁”，实现这种联锁关系的设备叫联锁设备。

5. 调度电话包括__________、电力调度、环控调度、专用调度所和各车站、车辆运用单位等用户之间的直接通话。

6. __________是行车组织工作的基础，也是城市轨道交通运行组织的一个综合性计划。

7. 行车组织工作必须坚持安全生产的方针，贯彻________、________、________的原则。

二、选择题

1. 城市轨道交通运营正线一般采用（　　）钢轨，车场线采用50kg/m钢轨，正线采用焊接型长钢轨。

A. 60kg/m　　B. 50kg/m　　C. 48kg/m　　D. 80kg/m

2. （　　）是为保证正线运营而配置的线路，是为列车提供折返、停放、检查、转线及出入段作业的线路。

A. 车场线　　B. 辅助线　　C. 正线　　D. 停车线

3. 下列关于列车自动运行系统及其子系统的功能，描述正确的有（　　）。

A. ATC系统是一种能实现列车速度自动控制和列车运行间隔自动调整的信号系统

B. ATP子系统主要用于对列车驾驶进行防护，对与安全有关的设备或系统实行监控，实现列车间隔保护、超速防护等功能

C. ATO子系统主要用于实现“地对车控制”，即用地面信息实现对列车驱动、制动的控制，自动调整列车的速度

D. ATS子系统主要是实现对列车运行的监督和控制，辅助行调对全线列车运行进行管理

E. 使用ATO子系统的一大优点是缩短了列车间隔，提高了线路的利用率和行车的安全

可靠性

4. 信号分为视觉信号和听觉信号两大类，如（　　）等显示的信号，都是视觉信号。

A. 信号机　　B. 信号灯　　C. 信号旗

D. 信号标志牌　　E. 鸣笛声

5. 下列关于防护信号机不同的颜色表示的含义表述正确的有（　　）。

A. 黄灯——允许通行，进路上的道岔开通侧向

B. 绿灯——允许通行，进路上的道岔开通直向

C. 红灯——禁止通行，列车须在该信号机前停车

D. 黄灯+红灯——引导信号，允许列车以不超过规定速度越过该信号机，并随时准备停车

6. 正常情况下的列车运行组织方式有（　　）。

A. 行车指挥自动化时的列车运行组织

B. 调度集中时的列车运行组织

C. 调度监督时的列车运行组织

D. 调度监督下半自动控制时的列车运行组织

E. ATC 设备发生故障时的行车组织

三、简答题

1. 试画出岛式站台、侧式站台的示意图。
2. 简述站线和区间的定义。
3. 简述行车组织机构及其主要工作。
4. 简述行调、车站行车值班员、站务员的工作职责。
5. 简述行车间隔、停站时间、列车延误、列车晚点的概念。

项目二

正线正常情况下的列车运行组织

知识要点

1. 基本行车闭塞法的种类及其行车办法。
2. 列车运行组织方式、行车组织原则。
3. 列车驾驶模式及各种驾驶模式的运用。

项目任务

1. 掌握不同列车运行组织方式下的行车组织方法。
2. 掌握不同列车驾驶模式下的列车行车凭证。

项目准备

1. **场地、工具准备**：列车运行控制系统、模拟沙盘、线路、信号机等行车设备模型、车站模型、列车模型、各种登记表簿、联系电话、调度命令等。

2. **人员安排**：学生按车站数分组，安排行调 1 人，每站设有值班站长 1 人、行车值班员 1 人、站务员 1 人。

相关理论知识

行车闭塞法

一、行车闭塞法

1. 行车闭塞法概述

（1）闭塞的概念　为了确保列车在区间内的运行安全，列车由车站向区间发车时，必须确认区间内没有列车，并需遵循一定的规律组织行车，以免发生列车正面冲突或追尾等事故。这种为保证列车运行的安全，在组织列车运行时，通过设备或人工控制，使连续发出列车保持一定间隔距离安全行车的办法，称为行车闭塞法，简称闭塞。

区间行车组织的基本方法一般有以下两种：一种是时间间隔法，即列车按照事先规定好的时间由车站发车，使前行列车和追踪列车之间必须保持一定时间间隔的行车方法；另一种是空间间隔法，即把线路划分为若干个段落（区间或分区），在每个段落内同时只准许一列列车运行，使前行列车和追踪列车之间必须保持一定距离的行车方法。我国的城市轨道交通线路以车站为分界点划分为若干区间，采用区间作为列车运行的空间间隔。

空间间隔法能严格地把列车分隔在两个空间，可以有效防止列车追尾和正面冲突事故的发生，确保列车运行安全。我国目前所采用的行车组织的基本方法是空间间隔法，通常所说的闭塞就是基于空间间隔的闭塞方法。

（2）闭塞区间的划分　在城市轨道交通线路上采用的闭塞方式不同，闭塞区间的划分也不相同。采用站间闭塞时，在单线上以两个车站的进站信号机机柱的中心线为车站与区间的分界线；在双线或多线上，分别以各线路的进站信号机机柱或站界标的中心线为车站与区间的分界线。两站间的线路区段称为站间区间。

采用大区间闭塞时，并非所有的车站都是闭塞区间的分界点，通常根据作业需要将某些大站（或重要车站）设置为闭塞区车站，两闭塞区车站之间的线路区段称为大区间，其他车站则为大区间内的闭塞分区分界点。

采用移动闭塞时，是以同方向保持最小运行间隔的前行列车尾部和追踪列车头部为活动闭塞区间的分界线。

区间与站内的划分，是行车组织工作的一项重要内容，也是划定责任范围的依据。列车进入不同地段时必须取得相应的凭证或准许。在我国，列车占用区间的凭证通常为车站出站信号机的准许显示或目标点和速度码。闭塞区间的划分如图 2-1～图 2-4 所示。

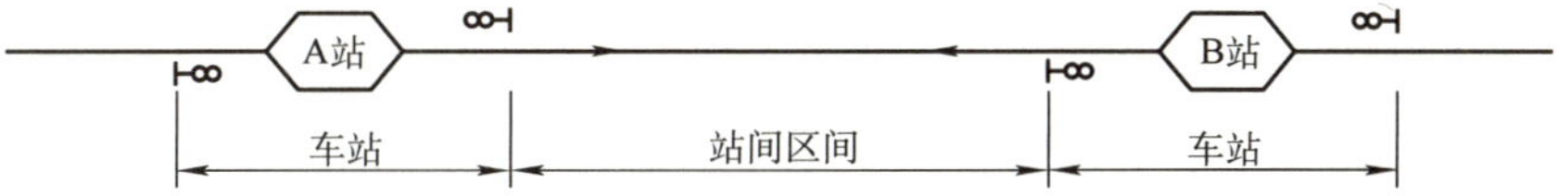

图 2-1　单线线路区间划分

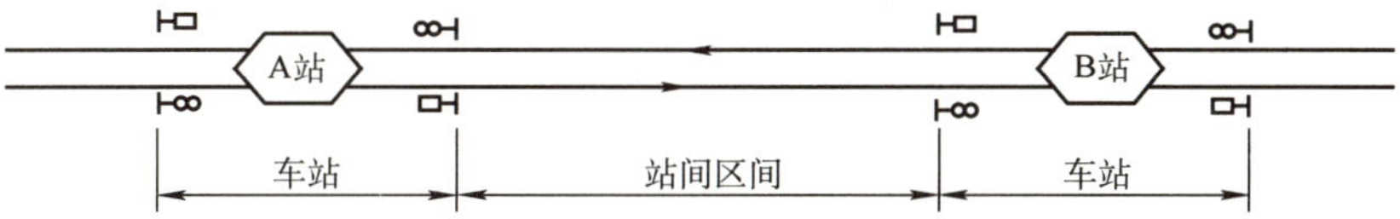

图 2-2　双线线路区间划分

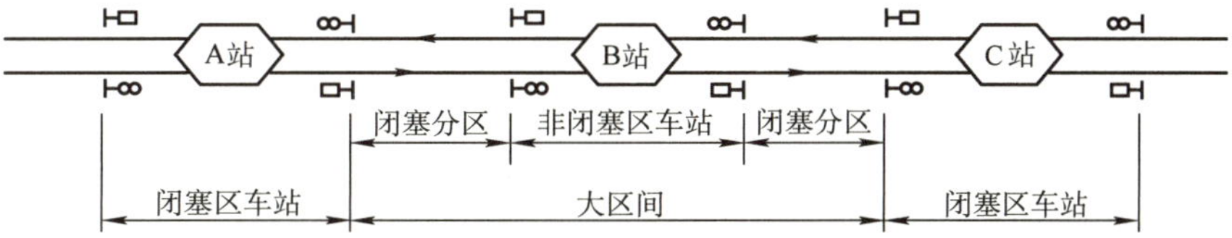

图 2-3　双线线路自动闭塞分区划分

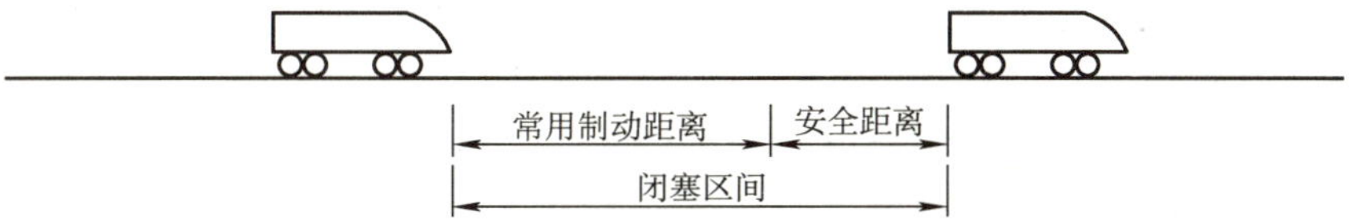

图 2-4　移动闭塞线路闭塞分区划分

闭塞方式

闭塞就是用信号或凭证，保证列车按照空间间隔制运行的技术方法。空间间隔制就是前行列车和追踪列车之间必须保持一定距离的行车方法。从各种不同的角度闭塞可以有各种不同的分类，总体来说可分为站间闭塞和自动闭塞两大类。

1）站间闭塞。站间闭塞就是两站间只能运行一列车，其列车的空间间隔为一个站间。按技术手段和闭塞方法不同，站间闭塞又可分为：电话闭塞、路签闭塞、路牌闭塞、半自动闭塞、自动站间闭塞。

2）自动闭塞。自动闭塞就是根据列车运行及有关闭塞分区状态自动变换信号显示，而列车司机凭信号行车的闭塞方法。其特征为：把站间划分为若干闭塞分区，有分区占用检查设备，可以凭通过信号机的显示行车，也可凭机车信号或列车运行控制的车载信号行车；站间能实现列车追踪；办理发车进路时自动办理闭塞手续，自动变换信号显示。

从保证列车运行而采取的技术手段角度来看，自动闭塞可分传统的自动闭塞和装备列车运行自动控制系统的自动闭塞两大类。

① 传统的自动闭塞。传统的自动闭塞属固定闭塞的范畴，一般设地面通过信号机，装备有机车信号，保证列车按照空间间隔制运行的技术方法是用信号或凭证来实现的。传统的自动闭塞通常称为自动闭塞，在此因为要与装备列车运行控制系统的自动闭塞加以区分，故冠以传统的自动闭塞之称。目前，传统的自动闭塞一般适用于列车最高运行速度在 160km/h 及以下的线路。

② 装备列车运行自动控制系统的自动闭塞。列车运行自动控制系统（简称列控系统）保证列车按照空间间隔制运行的技术方法是靠控制列车运行速度的方式来实现的。

从闭塞制式的角度来看，装备列车运行自动控制系统的自动闭塞可分为 3 类：固定闭塞、准移动闭塞（含虚拟闭塞）和移动闭塞。准移动闭塞说明它还不是移动闭塞，所以有时仍把它归入固定闭塞。

固定闭塞：列控系统采取分级速度控制模式时，采用固定闭塞方式。运行列车间的空间间隔是若干个闭塞分区，闭塞分区数依划分的速度级别而定。一般情况下，闭塞分区是用轨道电路或计轴装置来划分的，它具有列车定位和占用轨道的检查功能。固定闭塞的追踪目标点为前行列车所占用闭塞分区的始端，后行列车从最高速开始制动的计算点为要求开始减速的闭塞分区的始端，这两个点都是固定的，空间间隔的长度也是固定的，所以称为固定闭塞。

准移动闭塞：准移动闭塞方式的列控系统采取目标距离控制模式（又称连续式一次速度控制）。目标距离控制模式根据目标距离、目标速度及列车本身的性能确定列车制动曲线，不设定每个闭塞分区速度等级，采用一次制动方式。准移动闭塞的追踪目标点是前行列车所占用闭塞分区的始端，当然会留有一定的安全距离，而后行列车从最高速开始制动的计算点是根据目标距离、目标速度及列车本身的性能计算决定的。目标点相对固定，在同一闭塞分区内不依前行列车的走行而变化，而制动的起始点是随线路参数和列车本身性能不同而变化的。空间间隔的长度是不固定的，由于要与移动闭塞相区别，所以称为准移动闭塞。

虚拟闭塞：虚拟闭塞是准移动闭塞的一种特殊方式，它不设轨道占用检查设备，采取无线定位方式来实现列车定位和占用轨道的检查功能，闭塞分区是计算机技术虚拟设定的，仅在系统逻辑上存在有闭塞分区和信号机的概念。虚拟闭塞除闭塞分区和轨旁信号机是虚拟的以外，从操作到管理等，都等效于准移动闭塞方式。虚拟闭塞方式非常有条件将闭塞分区划分得很短，当短到一定程度时，其效率就接近于移动闭塞。

移动闭塞：移动闭塞是全球铁路及轨道交通信号界公认的最先进的信号系统，国际上已有不少城市开始采用这种新技术对现有的城市轨道交通列车控制系统进行更新，我国武汉轨道交通 1 号线、广州地铁 3 号线等城市轨道交通线路就采用了移动闭塞。该技术的应用，对保证行车安全、缩短列车运行间隔、提高线路通过能力均起到重要作用，也给运营部门带来良好的经济效益和社会效益。因此，采用移动闭塞方式是城市轨道交通发展的一种趋势。关于移动闭塞的内容将在以后详细介绍。

2. 传统的自动闭塞

（1）传统自动闭塞设备的特点及使用

1）传统自动闭塞设备的特点。传统自动闭塞设备可分为：三显示自动闭塞、四显示自动闭塞、多信息自动闭塞。

三显示自动闭塞是指通过信号机具有 3 种显示，能预告列车前方 2 个闭塞分区状态的自动闭塞。三显示自动闭塞分两个速度等级，一个闭塞分区的长度满足从规定速度到零的制动距离。

四显示自动闭塞是指通过信号机具有 4 种显示，能预告列车前方 3 个闭塞分区状态的自动闭塞。四显示自动闭塞分 3 个速度等级，2 个闭塞分区的长度满足从规定速度到零的制动距离。

多信息自动闭塞也称多显示自动闭塞，是对四显示及以上自动闭塞的统称。多于四显示时，往往地面通过信号机不具备多显示的条件，而以机车信号显示为主。

2）自动闭塞设备的使用。在采用传统自动闭塞方式时，车站进站信号机和出站信号机的开放，需车站值班员在控制台上操纵。

双线自动闭塞区段的车站发车时，车站值班员不需要办理闭塞手续，在发车进路准备妥当后，从控制台上确认区间空闲符合发车条件时，即可开放出站信号机发车。为使接车站做好接车准备，应向接车站通报列车车次、出发时刻及有关注意事项。

单线自动闭塞区段车站发车时，发车站得到行车调度员准许后，按下发车按钮，该列车运行方向的发车表示灯及接车站的接车表示灯亮灯，车站值班员即可开放出站信号机发车。列车到达后，接车站的接车表示灯和发车站的发车表示灯均熄灭，表示区间空闲。

（2）自动闭塞区间行车办法　采用传统的自动闭塞方式，列车进入闭塞分区的行车凭证为信号机的准许信号显示。

在三显示区段，列车进入闭塞分区的凭证为出站或通过信号机的黄色灯光或绿色灯光。为确保客运列车的安全，对客运列车及跟随客运列车后面在车站通过的列车，只准在出站信号机显示绿色灯光的条件下从车站出发或通过。

在四显示区段，列车进入闭塞分区的凭证为出站或通过信号机的黄色灯光、绿黄色灯光、绿色灯光。对客运列车及跟随客运列车后面通过的列车，进入闭塞分区的凭证为出站信号机的绿黄色灯光或绿色灯光，但特快旅客列车由车站通过时为出站信号机的绿色灯光。

三显示自动闭塞中，黄灯是注意信号，表示运行前方有 1 个闭塞分区空闲，1 个闭塞分区的长度能满足从规定速度到零的制动距离，可以越过黄灯后再开始制动。四显示自动闭塞中，绿黄灯是警惕信号，表示运行前方有 2 个闭塞分区空闲，2 个闭塞分区的长度满足从规定速度到零的制动距离，可以越过绿黄灯后再开始减速；黄灯是限速信号，列车越过黄灯时必须减速至规定的限速值，不然就难以保证在下一个红灯前可靠停车。

3. 移动闭塞

移动闭塞

在城市轨道交通中，移动闭塞是一种采用先进的通信、计算机、控制技术相结合的列车控制技术，所以国际上习惯称为基于通信的列车控制CBTC（Communication Based Train Control）系统。

（1）移动闭塞的概念　移动闭塞（Moving Block，简称 MB）是相对于固定闭塞而言的。固定闭塞有固定的闭塞分区，移动闭塞与固定闭塞相比最显著的特点是，取消了以通过信号机分隔的固定闭塞分区，列车间的最小运行间隔距离由列车在线路上的实际运行位置和运行状态确定，闭塞分区随着列车的行驶，不断地向前移动和调整，所以称为移动闭塞。

移动闭塞采用车地双向通信，并将前方列车的移动信息，经由车地通信安全地传给后续列车。在移动闭塞中，后行列车的追踪目标点为移动的前车的尾部。移动闭塞列车间隔是按后续列车在当前速度下所需要的制动距离，加上安全余量计算和控制的，确保不追尾。移动闭塞的行车凭证是后续列车收到的经由车地通信系统传过来的移动授权，该授权包括前方列车的速度和距离以及前方的线路坡度、曲线等线路信息，列车根据该移动授权方能继续前行，由于该移动授权是随前方列车的运行不断由车地通信系统传给后续列车的，因此闭塞分区是不固定的。

移动闭塞方式的列控系统与准移动闭塞方式的列控系统相同，采取目标距离控制模式（又称连续式一次速度控制）。但移动闭塞的追踪目标点是前行列车的尾部，也留有一定的安全距离，后行列车从最高速开始制动的计算点也是根据目标距离、目标速度及列车本身的性能计算决定的。目标点是前行列车的尾部，与前行列车的走行和速度有关，是随时变化的，而制动的起始点也随线路参数和列车本身性能不同而变化。空间间隔的长度是不固定的，所以称为移动闭塞。其追踪运行间隔要比准移动闭塞更小一些，移动闭塞一般是通过无线通信和无线定位技术来实现的。

（2）移动闭塞的基本要素　在移动闭塞技术中，闭塞分区仅仅是保证列车安全运行的逻辑间隔，与实际线路并无物理上的对应关系，因此，移动闭塞在设计和实现上与固定闭塞有比较大的区别。其中，列车定位（Train Position）、安全距离（Safety Distance）和目标点（Target Point）是移动闭塞技术中最重要的 3 个概念，可以称为移动闭塞的 3 个基本要素。

1）列车定位。在移动闭塞中没有轨道电路等设备作为闭塞分区列车占用的检查，被控对象基本处于动态过程中，只有了解所有列车的具体位置，以何种速度运行等信息，才能实施对列车的有效控制，所以列车定位技术在移动闭塞系统中就显得更为重要。

列车定位由地面设备和车载设备共同完成。列车定位信息的主要作用是：为保证安全列车间隔提供依据，CBTC 系统对在线的每一列车能计算出距前行列车尾部距离，或距进站信号点的距离，从而对它实施有效的速度控制；作为列车在车站停车后打开车门以及站台门的依据。

目前，在列车自动控制系统中得到应用的列车定位技术主要有：测速定位法、查询—应答器法、交叉感应线圈法、卫星定位法。测速定位法的原理是在车轮外侧安装光栅，按车轮旋转次数与转角计算出列车的位移。查询—应答器法是在线路上按一定间隔设置应答器，应答器内存储了其所在位置的公里标，列车上的查询无线经过时读取位置信息。交叉感应线圈法是在线路上敷设轨道电缆，将轨道电缆每隔一定距离交叉一次，利用交叉回线列车可测算出自己的位置。

另外，还有多普勒雷达法、无线扩频列车定位法、惯性列车定位法、航位推算系统定位法、漏泄波导法、漏泄电缆法等。

2）安全距离。安全距离是后续追踪列车的命令停车点与其前方障碍物之间的一个固定距离。障碍物可以是确认了的前行列车尾部的位置或者无道岔表示（道岔故障）的道岔位置。该距离是基于列车安全制动模型计算得到的一个附加距离，它保证追踪列车在最不利条件下能够安全地停止在前行列车的后方不发生冲撞。所以，安全距离是移动闭塞系统中的关键，是整个系统设计的理论基础和安全依据。

移动闭塞基本原理为线路上的前行列车经 ATP 车载设备将本车的实际位置通过通信系统传送给轨旁的移动闭塞处理器，并将此信息处理生成后续列车的运行权限，传送给后续列车的 ATP 车载设备。后续列车与前行列车总是保持一个“安全距离”。该安全距离是介于后车的目标停车点和确认的前车尾部之间的一个固定距离。在选择该距离时，已充分考虑了在一系列最坏的情况下，列车仍能够被安全地分隔开来。

如图 2-5 所示，安全距离是附加在列车常用制动距离上的一段富余量。列车行驶过程中，追踪列车 T_2 和前行列车 T_1 始终保持一个常用制动距离加上一个安全距离，即一个移动闭塞间隔，以确保在最不利的情况下，追踪列车和前行列车不发生碰撞。安全距离与线路状况、列车性能等因素有关。通常在系统设计阶段规定了系统能使用的最小安全距离，同时在满足运营时间间隔的前提下，采用比理论计算值大的安全距离，提高系统运行的安全性。

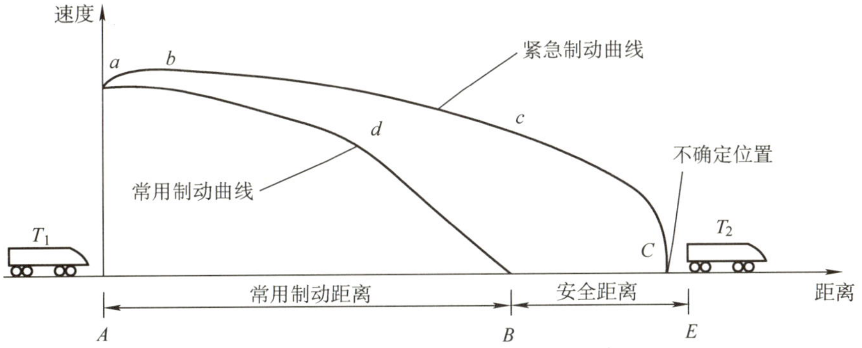

图 2-5　安全距离示意图

3）目标点。目标点是列车运行的行车凭证，如同固定闭塞系统中的允许信号，列车只有获得了目标点，才能够向前移动。目标点通常是设在列车前方一定距离的某个位置点，一旦设定，即表明列车可以安全运行至该点，但不能超过该点。移动闭塞系统就是通过不断前移列车的目标点，引导列车在线路上安全运行。

（3）移动闭塞系统的组成和特点

1）移动闭塞系统的组成。移动闭塞系统主要包括无线数据通信网、车载设备、区域控制器和控制中心等。如图 2-6 所示是典型的 CBTC 系统结构框图。地面和车载设备通过“数据通信网络”连接起来，构成系统的核心。

无线数据通信是移动闭塞实现的基础。通过可靠的无线数据通信网，列车将位置、车次、列车长度、实际速度、制动潜能和运行状况等信息以无线的方式发送给区域控制器；区域控制器追踪列车并通过无线传输方式向列车发送移动授权。车载设备包括无线电台、车载计算机和其他设备（如传感器、查询器等）。列车将采集到的数据（如机车信息、车辆信息、现场状况和位置信息等）通过无线数据通信网发送给区域控制器，以协助完成运行决策；同时对接收到的命令进行确认并执行。

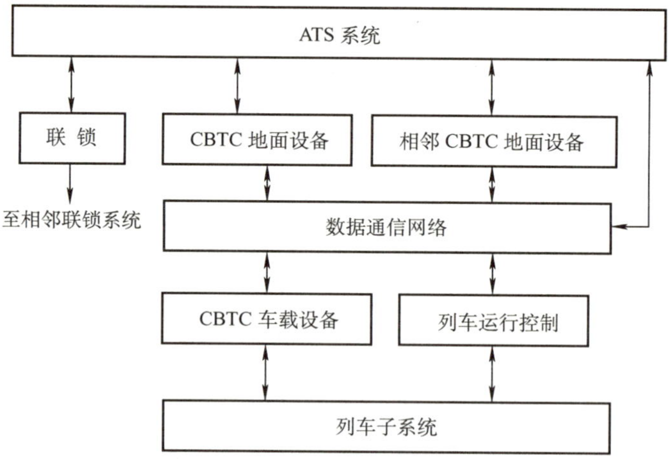

图 2-6 典型的 CBTC 系统结构框图

目前，国内轨道交通行业主要采用的是 Seltrac 移动闭塞系统，如武汉城市轨道交通1号线是第一个开通的移动闭塞式 ATC 系统。

典型的 Seltrac 移动闭塞系统主要由 3 个控制层次，共 5 个子系统构成，如图 2-7 所示。

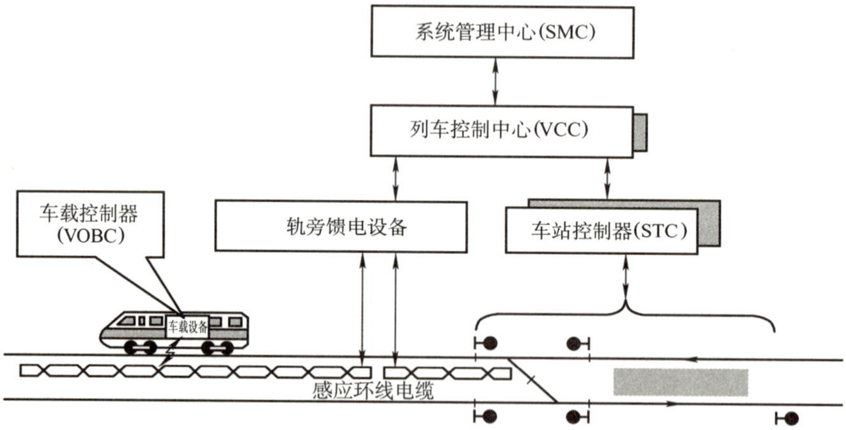

图 2-7 移动闭塞系统框图

① 管理层，由系统管理中心（SMC）子系统构成，主要实现 ATS 功能，对列车进行自动监督和实现调度管理。

② 操作层，由列车控制中心（VCC）子系统构成，负责计算列车的安全运行间隔。它综合来自车载控制器（VOBC）的列车位置、速度、运行方向信息和来自车站控制器（STC）的轨旁设备（如道岔等）的状态信息，实现列车的运行和轨旁设备的联锁，达到在

移动闭塞运行方式下控制列车安全运行的功能。

③ 执行层，由车站控制器（STC）、车载控制器（VOBC）和感应环线 3 个子系统构成，负责解释和执行 VCC 发来的控制命令，并向 VCC 报告所辖设备的状态信息。其中，STC 负责对轨旁设备（道岔、计轴器、站台发车表示器、站台门等）的控制和信息采集；VOBC 则对列车的运行进行控制并反馈列车的状态信息；而感应环线则是列车和 VCC 间通信的传输介质，同时系统利用环线电缆、环线电缆交叉以及 VOBC 中的转速计实现对列车的定位。

2）移动闭塞系统的特点。移动闭塞与传统的固定闭塞相比，具有以下特点：

① 线路没有固定划分的闭塞分区，列车间隔是动态的，并随前一列车的移动而移动。

② 列车间隔是按后续列车在当前速度下所需的制动距离，加上安全余量计算和控制的，这样可确保不追尾。

③ 制动的起点和终点是动态的，轨旁设备的数量与列车运行间隔关系不大。

④ 可实现较小的列车运行间隔。

⑤ 采用地车双向数据传输，信息量大，易于实现无人驾驶。

（4）移动闭塞系统的主要运行模式及行车办法　Seltrac 可以提供两种主要运行模式，即列车自动控制（Automatic Train Control，简称 ATC）模式和后退模式。

1）列车自动控制模式。在 ATC 模式下，系统根据 Seltrac 移动闭塞原理自动地控制列车，列车司机的干预最少。该模式是 ATC 系统和列车运营服务的常用工作模式。正常运营条件下，列车的运行由车辆控制中心进行控制，列车在 ATC 系统控制下自动地在整个线路上运行，列车司机仅对列车运行进行监视。ATC 系统将在车场边界转换轨处进行列车自检，并在自检成功后自动投入到正线运营当中。退出运营的列车将自动返回到车场边界转换轨，车场的列车自动监控子系统（Automatic Train Supervision，简称 ATS）从这里控制列车进入车场。

① 信息传输路径。ATC 模式下的信息传输路径如图 2-7 所示。

② 进路与道岔控制。在 ATC 模式下，VCC 负责列车的安全间隔和运行（安全运行还包括对道岔的操作）。VCC 按照 SMC 中执行的时刻表（或运行线）正确排列进路。当列车按所分配的进路前进时，VCC 将在列车前方预留相应的轨道及道岔，并在允许列车通过之前命令 SRC 转换道岔到所需位置。当 VCC 确认列车已从相关轨道及道岔出清，预留取消。一旦中心调度员在中心控制室的 VCC 终端上设置了人工进路预留（MRR）或者调度员人工单独预留道岔命令，系统就不会自动转换道岔。

③ 信号显示与计轴状态。在 ATC 模式下，信号机显示蓝色以提醒列车司机信号机防护区域是“自动”区域，人工列车（限制人工或非限制人工）禁止通过。在 ATC 模式下，ATC 系统不会在信号机上显示其他灯光。计轴器在 ATC 模式下仍然工作，但其检测的列车定位信息将不返回给 VCC，即计轴状态不参与 ATC 模式下的联锁逻辑。

④ 运行方式。列车可在 ATO 驾驶模式、人工保护驾驶模式以及无人驾驶模式下运行。在 ATC 模式下，VCC 对站台紧急停车按钮以及中央紧急停车按钮的按下进行响应。ATC 系统有能力使列车在线路的任何区域上双向运行。双向运行可以有效应对线路的任何部分由于特殊原因（如轨道阻塞）而采取的自动变更运行。与正向运营一样，反向运行时信号系统提供 ATP、ATO 及 ATS 的功能。

2）后退模式。后退模式可以使列车人工驾驶（限制人工或非限制人工）运行，是考虑到 ATC 系统设备故障，或没有配备 ATC 设备的列车要在正线线路上运行而设计的。当出现 VCC 严重故障、感应环线故障或者车载 VOBC 故障时，后退模式可以提供一种降级服务。此时，列车采用人工驾驶，按照轨旁信号机显示运行。

后退模式根据移动闭塞系统的故障影响分为全人工后退模式和局部后退模式。全人工后退模式下，单个或全部的 STC 将不受 VCC 控制，该 STC 控制下的所有正线区域均以自动闭塞运营；局部后退模式则是指 STC 控制的个别信号机防护的区段以自动闭塞方式运营，其余区域仍以移动闭塞方式运营。

① 后退模式的特点。后退模式下的行车是单方向的，用于使无通信列车进入固定闭塞下运营，在确保安全的前提下，达到一定的运输能力，系统中的 STC 设备可以为其控制区域内的列车提供地面信号，以保证列车安全运行。进路是由中央调度员或车站值班员采取设置人工进路的方式设置的，并将进路上有关道岔设到所要求的位置。

② 后退模式的功能。后退模式时，轨旁信号机平时点亮红灯，在人工办理了进路、联锁条件满足的情况下开放允许信号，在禁止信号“红灯”不能点亮的情况下不能开放任何允许信号。

在后退模式下，STC 根据区段占用状态和道岔位置等联锁条件来设置信号机的显示。因此，一旦调度员设置了人工进路，当列车占用了该进路计轴区段时，防护该进路的信号机将显示“红灯”。当列车出清该占用区段后，如果所有的道岔都处在“正常”进路所要求的正确位置，则该区段信号机自动开放，显示“绿灯”；如果所有的道岔都处在“变更”进路所要求的正确位置，则该区段信号机自动显示“黄灯”。当道岔处于锁闭状态时，信号机才能显示开放的信号（绿灯或黄灯）。

STC 根据中心 SMC（或处于局部后退模式的 VCC）的指令或 SMC 本地工作站控制指令转动道岔，并依据联锁条件设置信号机的显示。假如接近计轴区段并且道岔区段均空闲，则在 STC 将信号机成功设置为红灯后，命令道岔开始转动；当道岔转到规定位置并锁闭后，STC 检查所有的联锁条件，均符合时就将信号机设置为允许灯光显示。

如果 STC 收到道岔转换指令时接近计轴区段有车且道岔区段空闲，STC 则将信号机显示为“红灯”后 60s 计时；一旦计时结束，若道岔区段无车，则 STC 开始转动道岔，使其转到规定的位置。

③ 后退模式的转换。后退模式与自动模式的相互转换时机取决于行车调度员，而时间长短主要取决于列车司机、调度员以及系统中正在运行的列车数量。当 VCC 发生故障时，行车调度员开始干预，系统将在大约 60s 内从自动模式转入全人工后退模式。只有所有的人工预留进路均已取消，所有线路上正在以人工模式运行的列车都重新进入自动模式，并且行车调度员进行干预，系统才能启用全自动运行模式，否则系统将维持原局部人工运行模式或全人工运行模式。

4. 电话闭塞

电话闭塞是当基本闭塞设备不能使用时，由区间两端站的车站值班员利用站间行车电话以发出电话记录号码的方式办理闭塞的一种方法。

电话闭塞不论单线或双线，均按站间区间办理。由于没有机械、电气设备控制，全凭制度约束来保证行车安全，因此办理手续必须严格。为保证同一区间在同一时间内不会用两种闭塞法，在停用基本闭塞法改按电话闭塞法或恢复基本闭塞法时，均需行车调度员下达调度命令后方准采用，行车凭证为路票。

当遇有下列情况时，需改用电话闭塞法行车：

1）基本闭塞设备发生故障时：

① 自动闭塞设备发生故障或停电，包括区间内两架及其以上信号机故障或灯光熄灭。

② 移动闭塞采用全人工后退模式。

2）无双向闭塞设备的双线区间反方向发车或改按单线行车时。无双向闭塞设备的双线区间反方向发车只能改按电话闭塞进行。

当无双向闭塞设备的双线区间的一条正线因施工或其他原因封锁，另一条正线改按单线行车时，虽然该正线正方向闭塞设备能使用，但由于该正线的反方向无闭塞设备，如果对该线路正方向与反方向运行的列车采用不同的闭塞方法，不但增加了行车调度员发布变更或恢复基本闭塞法命令的次数，而且车站办理时容易发生错误。因此，双线改按单线行车时，上、下行运行的列车均需改用电话闭塞。

3）列车由区间折回。

4）施工列车或轨道车运行。

遇列车调度电话不通时，闭塞法的变更或恢复，应由该区间两端站的车站值班员确认区间空闲后，直接以电话记录办理。

扩展阅读

地铁武昌站“40min”，行车值班员眼不停手不歇

地铁武昌火车站是4号、7号线换乘站，春节假期最后一天，车站迎来返程客流高峰。上午11时起，随着多趟铁路列车集中到达，与国家铁路接驳的地铁站也热闹起来。武汉地铁4号线武昌火车站车控室内，行车值班员唐琪目不转睛地盯着监控屏幕，观察各个出入口、通道、安检口的客流变化情况，通过对讲机指挥站厅岗人员。

C出入口是唐琪重点关注的地方，她说：“因为下火车的旅客绝大多数从C口进站乘地铁，他们拎着大包小包坐电梯下来，我们必须实时关注，一旦出现人员聚集，马上采用迂回铁马护栏，帮助乘客有序排队。”C出入口旁边早就摆好铁马护栏，只需将其中几个变换方向，就能立刻使用。

客流是有规律的，特别是与火车站接驳的地铁站，每天会接到中国国家铁路集团有限公司传来的列车时刻表，辅助加强客流引导。11时40分，第一波客流高峰结束，行车值班员40min内眼观六路、耳听八方，一刻不停地协调处理各种事情。

目前武汉地铁与武昌火车站、汉口火车站、武汉火车站、武汉东站、天河机场均有接驳，假期最后一天由于大量乘客返程，地铁“四站一场”接驳站点客流恢复明显。为了方便乘客快速进站乘车，2号线汉口火车站进站通道、进站闸机、站台等处增设临时岗位或增派工作人员，疏导乘客快速进站，如遇携带大件行李或行动不便乘客实行“一对一”或“多对一”帮扶。4号线武汉火车站、5号线武汉站东广场东西进站口均设置双安检点位，客流高峰时段启用备用安检点，有效分散客流，提升乘客进站效率。

二、列车运行模式的基本特征及运用

目前地铁车辆的 5 种列车驾驶模式的特征及运用如下。

列车运行驾驶模式

1. ATO 模式（列车自动驾驶）

（1）基本特征　ATO 模式是优先级最高的驾驶模式，通过 ATC 信号系统实现。在该种模式下，两站间的列车自动运行，列车的运行不取决于列车司机。列车司机负责监督 ATP/ATO 指示，列车状况，所要通过的轨道、道岔、信号的状态，必要时加以干预。

（2）基本运用　正线的正常运行（包括折返线和试车线）。

2. AR 模式（自动折返）

（1）基本特征　AR 模式包括列车的自动换向和有折返轨的自动折返。其中，有折返轨的自动折返又可分为人工折返和无人折返。

（2）基本运用　在折返站和具有换向功能的轨道区段使用。

3. SM 模式（受 ATP 监控的人工驾驶）

（1）基本特征　SM 模式是次优先级的驾驶模式，正常情况下培训时采用，或当 ATO 设备故障，但车载和轨旁的 ATP 设备良好时必须采用。在 SM 模式下，列车司机必须根据显示屏显示的推荐速度驾驶列车，当实际速度在推荐速度-1km/h 到推荐速度 4km/h 范围时，会有声音报警；当实际速度大于推荐速度 4km/h 时，ATP 产生紧急制动，列车司机要负责监督列车状况，所要通过的轨道、道岔、信号的状态。列车司机以 SM 模式驾驶时，要保持按下警惕按钮，否则会产生紧急制动。列车司机以 SM 模式驾驶列车进站，车停在停车窗内，ATP 给出门释放命令后，列车司机手动开门。

（2）基本运用　①ATO 故障时的降级运行；②运行时轨道上发现有障碍物（如人）；③列车在下雨时在地面站行驶。

4. RM 模式（限制人工驾驶）

（1）基本特征　RM 模式是较低级的驾驶模式，在该模式下，列车由司机驾驶，司机负责监督 ATP/ATO 指示显示，列车状况，所要通过的轨道、道岔、信号的状态，速度不能大于 25km/h，ATP 只提供 25km/h 的超速防护。

（2）基本运用　①车辆段运行；②联锁、轨道电路、ATP 轨旁设备故障；③列车紧急制动以后。

5. URM 模式（非限制人工驾驶）

（1）基本特征　URM 模式是故障级驾驶模式，在该模式下，列车的运行完全由司机负责，没有 ATP 的监控。国内部分地铁车辆采用 URM 模式时，列车前进最高速度可达 80km/h，后退最高速度可达 10km/h。

（2）基本运用　①车载 ATP 设备故障，不能使用；②车辆部分设备检修和调试。

在城市轨道线路上，司机可根据线路、设备状态及运营要求，以任何一种驾驶模式驾驶列车运行。

以国内城市轨道交通某种车型为例，各种驾驶模式的特性和运用见表 2-1。

表 2-1　各种驾驶模式的特性和运用

模式	定义	基本特性	运用
ATO	列车自动驾驶模式	自动控制两站间的列车运行。列车司机负责监督 ATP 及 ATO 的显示，列车运行状态，通过的轨道、道岔和信号的状态，必要时加以人工干预	地铁正线的正常运行方式
SM	受 ATP 监控的人工驾驶模式	列车运行由列车司机驾驶，列车的运行速度受 ATP 监控，如果列车的极限速度超过了 ATP 允许速度，则列车产生紧急制动而停车。列车司机负责驾驶列车，监督 ATP 的显示	ATO 故障时（但车载和轨旁的 ATP 设备良好）降级运营
RM	受限制的人工驾驶模式	列车运行由司机驾驶，列车的运行速度不能大于 25km/h，如果超过，则列车产生紧急制动而停车。列车司机负责列车运行安全	列车在车辆段范围内运行（试车线例外），或联锁、轨道电路、ATP 轨旁设备、ATP 列车天线发生故障及列车紧急制动后运行
URM	非限制人工驾驶模式	切除 ATC 后才起作用，使用时必须经过行调的批准，列车运行由司机控制，车辆本身不再有限制速度监督	车载 ATP 设备故障或联锁故障后采用降级的行车组织办法时使用
AR	自动折返模式	自动控制列车折返，司机可以不在列车上及不加干预进行列车折返作业。司机负责检查自动折返前乘客已经下车，车门已经关闭，才操作位于站台端墙处的自动折返按钮	在设有自动折返功能的折返站计划采用的方式

驾驶模式转换——改变进路闭塞法

驾驶模式转换——列车出库出段

驾驶模式转换——雨天换 ATP 及掉码恢复

三、列车运行组织方式

1. 行车组织原则

1）在 ATC 系统正常的情况下，客运列车（简称客车）以 ATO 模式驾驶，列车司机需在客车出库或交接班时输入乘务组号。在有 ATS 计划运行图时，客车进入正线运行时自动接收目的地及车次信息；在没有 ATS 计划运行图时，客车在正线运行时，列车司机或行调需输入目的地码和车次号信息。

2）正常情况下正线上列车司机凭车载信号显示或行调命令行车，按运营时刻表和 DTI 显示时分掌握运行及停站时间。

3）非正常情况下行车时，列车司机应严格掌握进出站、过岔、线路限制等特殊运行速度。

4）客车在运行中，列车司机应在前端驾驶，如推进运行时由副列车司机或引导员在前端驾驶室引导和监控客车运行。

5）在车场范围内指挥列车或车场调车的信号以地面信号和调车专用电台为主，手信号旗/灯为辅。

6）调度电话、站车无线电话用于行车工作联系，须使用标准用语。

7）客车司机可使用客车广播系统向乘客进行信息广播。遇信息广播故障时，可使用人工广播，若人工广播也不能使用时，报告行调，按行调的指示办理。

8）当客车发生晚点时，行调应根据客车晚点情况及时采取措施，调整客车运行。

2. 行车调度概述

1）调度机构是轨道交通系统日常运输工作的指挥中枢，凡与运输有关各部门、各工种都必须在调度的统一组织指挥下，进行日常生产活动。调度机构的基本任务是科学地组织客流，合理地运用设备，组织运输有关各部门、各工种协同作业，确保实现列车运行图，努力完成运输生产任务，提高运输效率和经济效益。值班调度主任是调度班组工作的组织者和领导者，其主要工作职责是传达、贯彻和执行上级有关文件、命令及指示，负责完成本班组各项运输指标，主持接班会，布置有关注意事项，检查安全生产情况，掌握列车运行图执行情况，负责检修、施工和救援工作的把关，主持事故分析会等。

2）行车调度是调度机构的核心工种。行调担负着指挥列车运行、贯彻安全生产、实现列车运行图、完成运输计划的重要任务。行调是列车运行的组织指挥者，负责监控或操纵列车运行控制设备，掌握列车运行、到发情况，发布调度命令，检查各站、段执行和完成行车计划情况，在列车晚点或运行秩序紊乱时采取有效措施尽快恢复按图行车，发生行车事故要迅速采取救援措施，并向上级和有关部门报告，以及填写各种表报等。

3. 行车指挥自动化时的列车运行组织

调度自动化控制方式

行车指挥自动化是利用电子计算机控制调度集中设备，指挥列车运行的一种自动远程遥控设备。在行车指挥自动化时，自动闭塞为基本闭塞法。

行车指挥自动化子系统的主要功能如下。

1）由基本列车运行图或计划列车运行图生成使用列车运行图。

2）自动或人工控制管辖范围内各车站的发车表示器、道岔以及排列列车进路。

3）跟踪正线列车运行，显示各车站发车表示器开闭、进路占有和列车车次、列车运行状态等。

4）自动或人工进行列车运行调整。

5）自动绘制实际列车运行图和生成运营统计报告。

（1）列车运行组织　在行车指挥自动化情况下，由电子计算机通过调度集中设备实现当日使用列车运行图、列车进路自动排列和列车运行自动调整，指挥列车运行。控制中心ATS 通常储存数个基本列车运行图，经过加开或停运列车等修改后的基本列车运行图称为计划列车运行图。使用列车运行图是当日列车运行的计划，由基本列车运行图或计划列车运行图生成。行调通过显示盘与工作站显示器，准确掌握线路上列车运行和分布情况、区间和站内线路的占用情况以及发车表示器的显示状态和道岔开通位置等。行调也可应用人工功能，通过工作站终端键盘输入各种控制命令，控制管辖线路上的发车表示器、道岔及排列列车进路，进行列车运行调整。

在行车指挥自动化情况下，列车占用区间的行车凭证为列车收到的速度码，凭发车表示器显示的稳定白色灯光发车，如发车表示器故障无显示，凭行车调度员的命令发车。追踪运行列车间的安全间隔由 ATP 子系统自动实现。

（2）控制中心ATS　行车指挥自动化子系统（ATS）包括控制中心ATS设备、车站ATS设备和车载ATS设备3部分。控制中心ATS设备是一个实时控制系统，由调度控制和数据传输电子计算机、工作站、显示盘和绘图仪等构成，电子计算机按双机备份配置；车站ATS设备由列车与地面间数据传输设备和电气集中联锁或微机联锁设备等构成。车载ATS设备由列车与地面间数据传输设备等构成。

（3）列车正线运行　列车正线运行可采用以下几种驾驶模式。

1）列车自动驾驶ATO模式。列车出发前，在列车进路已设置完毕、车门及站台门已关闭的条件下，列车司机可操作列车进入自动驾驶模式。车载ATO系统根据从线路上接收到的速度码，自动控制列车加速、巡航、惰行、制动，控制列车按要求停车，并自动控制车门、站台门的开启。车门、站台门的关闭是由列车司机按压关门按钮完成的。列车司机主要监督车载ATP/ATO设备的状态显示，并注意列车运行所经过的线路状况（如道岔、信号机），必要时可人工进行干预，以保证行车安全。列车在站台停车时如果超出了停车区域，则车门和站台门均不能打开。

2）ATP监控的人工驾驶SM模式。在ATO设备故障，但车载和轨旁的ATP设备良好，列车发车前，列车进路已设置完毕、车门及站台门已关闭的条件下，列车司机操作列车进入ATP监控的人工驾驶（SM）模式。列车由列车司机驾驶，运行速度受“列车超速防护（ATP）系统”的实时监督。当列车运行速度接近ATP限制速度时，系统对列车司机给出声、光报警信号，提醒列车司机注意。如果列车司机未采取措施，列车的运行速度超过了限制速度，并达到了列车“紧急制动曲线”确定的速度，ATP系统将对列车实施紧急制动。一旦产生紧急制动，不能进行人工缓解，必须待列车停稳并经特殊操作后才能重新起动列车。到站停车时，与采用ATO驾驶模式的列车停站规定相同。

3）限制人工驾驶RM模式。列车司机根据信号显示等要求，操作列车进入“限制人工驾驶模式”，一般设定的限制速度为25km/h，若列车运行速度超过ATP限制速度，产生紧急制动。在此模式下运行，列车司机对列车运行安全负责。此运营模式主要作为联锁设备故障情况的降级运行模式及列车在车辆段内的运行模式。

4）非限制人工驾驶URM模式。在此模式下ATP系统将不起任何作用，列车运行的安全完全由调度员、车站值班员和列车司机人为保证。列车司机必须使用特殊的钥匙开关才能进入该模式。

（4）列车出入段　车辆段内的列车驾驶模式采用限制人工驾驶（RM）模式。所有设备正常的情况下，列车按照设计的模式运行。因车辆段没有安装轨旁ATP设备，且联锁设备为6502电气集中联锁或微机联锁，与ATP设备没有接口关系，列车在车辆段范围内只能用RM模式运行，车载ATP提供25km/h的超速防护。

列车出入段的程序如下：

1）列车整备完毕列车状态符合正线服务后，报告车场信号值班员列车整备完毕。

2）确认出场信号开放，按该列车出车场时刻以RM模式驾驶列车出库，整列离开库门前限速5km/h。库大门前、平交道口应一度停车，确认线路状况良好后动车。

3）列车运行到转换轨一度停车，待显示屏收到速度码，“ATO”灯亮后，列车司机确认进路防护信号开放，以ATO/SM模式运行至车站。

（5）列车运行调整

1）自动列车运行调整。在执行自动列车运行调整功能时，ATS系统根据使用列车运行图对早、晚点时间在一定范围内的图定列车自动进行列车运行调整。自动列车运行调整通过控制列车的停站时间和列车的运行等级来实现。列车运行等级的自动降低或升高可实现列车运行速度的自动控制。列车运行等级的设置如下：

① 运行等级1。ATS限速等于ATP限速，列车在ATS限速正负2km/h范围内调速。

② 运行等级2。ATS限速等于ATP限速，但经过惰行标志线圈后，在列车速度高于30km/h时，惰行进站停车；在列车速度低于30km/h时，提速至30km/h运行。

③ 运行等级3。除ATP限速为20km/h和30km/h外，ATS限速等于75%的ATP限速，例如，在ATP限速为65km/h时，ATS限速为48km/h。

④ 运行等级4。ATS限速等于65%的ATP限速。

针对列车运行偏离列车运行图的各种可能，ATS系统设置了太早、很早、早点、太晚、很晚、晚点及最大、最小停站时间参数。表2-2为某城市轨道交通企业ATS系统上述各参数的现行取值。系统计算列车实际到站时间与列车图定到站时间的差值，并将此差值与上述8种参数进行比较，根据比较结果确定列车运行调整方法。

表2-2　列车运行调整比较参数取值

参数	取值/s	参数	取值/s
太早	90	太晚	90
很早	60	很晚	60
早点	10	晚点	10
最大停站时间	60	最小停站时间	20

① 在早于“太早”和晚于“太晚”时，系统不能进行自动列车运行调整。

② 在“早点”与“晚点”之间时，系统不进行列车运行调整。

③ 在“太早”与“很早”之间时，列车降低一个运行等级，调整列车停站时间。

④ 在“很早”与“早点”之间时，列车运行等级不变，调整列车停站时间，停站时间改为图定停站时间加上早点时间，但调整后的列车停站时间不大于列车最大停站时间。

⑤ 在“晚点”与“很晚”之间时，列车运行等级不变，调整列车停站时间，停站时间改为图定停站时间减去晚点时间，但调整后的列车停站时间不小于列车最小停站时间。

⑥ 在“很晚”与“太晚”之间时，列车升高一个运行等级，调整列车停站时间。

2）人工列车运行调整。凡列车早点早于“太早”、晚点晚于“太晚”或列车运行秩序较紊乱时，控制中心ATS可执行人工功能，由行车调度员进行人工列车运行调整。

在列车早点早于“太早”和晚点晚于“太晚”时，可在不退出自动功能情况下执行人工功能进行列车运行调整，此时，人工功能优先于自动功能。但执行人工功能时设定的列车停站时间和列车运行等级仅对经过指定车站的指定列车一次有效。当指定列车经过指定车站后，系统将自动恢复对经过该站的后续列车进行自动列车运行调整。

在列车运行秩序较紊乱时，应退出自动功能，进行人工列车运行调整，待列车运行基本恢复正常后，再进入列车运行调整的自动功能。人工列车运行调整的主要方法如下。

① 列车跳站停车。列车跳站停车分为列车载客跳站停车和列车空驶跳站停车两种。列车载客跳站停车应严格掌握，客流较大的车站原则上不应组织列车跳停通过，仅在由于车辆或其他设备故障、发生事故，车站因乘客滞留造成拥挤等原因引起列车运行秩序紊乱，以及

特殊需要时，方准列车载客跳停通过。安排列车跳站停车应考虑越站乘客是否有返回乘坐的列车，末班列车不办理列车载客跳停通过。为了缓解客流压力或因列车晚点影响后续列车运行时，准许始发列车空驶跳停，但不宜连续两个空驶列车跳停。组织列车跳站停车时，行调要加强预见性和计划性，提前下达命令。列车司机和车站有关人员应对乘客作好宣传解释工作，车站应维持秩序，组织好乘客乘降，保证乘客安全。

列车跳站停车的设置可由行调在工作站上进行，也可由行调命令列车司机在当次列车上进行，前者称为中央设置，后者称为列车设置。中央设置对允许跳停车站有所限制，并且不能设置一列车在两个车站连续跳停。列车设置对允许跳停车站没有限制，并且具有连续设置跳停功能。

在行车组织上，为保证一定的服务水平和行车安全，规定如下。

- 一般情况下不采取列车跳站停车措施。
- 图定首、末班客运列车不办理列车跳站停车。
- 同一车站不允许连续两列车跳停通过。
- 除特殊情形外，客流较大车站不准列车跳停通过。

② 扣车。当一条线路的列车由于车辆及其他设备故障或某种原因不能正常运行，造成换乘站站台上乘客拥挤时，行调应采取扣车措施，即将另一条线路的上下行列车扣在换乘站附近的各个车站，以缓和换乘站的压力。扣车时间一般应控制在10min内，如果堵塞线路的列车在短时间内不能恢复正常运行，可组织扣下的列车在换乘站通过。同时，行调应发布畅通线路各站停售跨线票的命令。

行调实施扣车应在列车到达指定站台停稳，并在发车表示器闪光前完成。如多列车分别在各站进行扣车时，行调应及时命令列车司机在指定车站扣车。实施扣车后，如要终止列车停站，行调应进行催发车。

③ 设置列车运行等级。除系统自动调整列车运行等级外，行调还可人工设置列车运行等级，即由初始设定的运行等级改设为其他运行等级。列车运行等级的设置可由行调在工作站上进行，也可由行调命令列车司机在当次列车上进行。行调设置只对指定列车一次有效。

4. 调度集中时的列车运行组织

调度集中是指挥列车运行的一种远程遥控设备。在调度集中时，自动闭塞为基本闭塞法。调度集中系统由调度集中总机、进路控制终端、显示盘与显示器、描绘仪、打印机和电气集中联锁设备等构成。

调度集中控制方式

调度集中的主要功能：

- 控制管辖范围内各车站的信号机、道岔以及排列列车进路。
- 显示各车站信号机开闭、进路占用和列车车次、列车运行状态等。
- 自动绘制实际列车运行图。

（1）列车运行组织　在调度集中情况下，由行调人工排列列车进路，指挥列车运行以及进行列车运行调整。行调通过进路控制终端键盘输入各种控制命令，控制管辖线路上的信号机、道岔以及排列列车进路；通过显示盘与显示器，准确掌握线路上列车运行和分布情况、区间和站内线路的占用情况以及信号机的显示状态和道岔开通位置等。

在调度集中情况下，列车进入区间的行车凭证为出站信号机的绿灯显示。如出站信号机故障，凭行调的命令发车。追踪运行列车间的安全间隔由自动闭塞设备实现。

（2）列车运行调整　为了实现按图行车，行调要努力组织列车正点运行，而组织列车正点始发又是列车正点运行的基础。对始发列车，行调应在列车出段、列车折返交路和客流情况等各方面进行具体掌握和组织，以确保正点始发。

在始发站列车正点始发的情况下，由于途中运缓、作业延误或设备故障等原因，难免出现列车运行晚点的情况。此时，行调应根据列车运行的实际情况，按恢复正点和行车安全兼顾的原则，根据规定的列车等级进行运行调整，尽可能在最短时间内使晚点列车恢复正点运行。

列车的等级依次为：专运列车、客运列车、调试列车、空驶列车和其他列车。在抢险救灾情况下，优先放行救援列车。对同一等级的客运列车，可根据列车的接续车次和载客人数等情况进行运行调整。列车运行调整的主要方法有：

1）始发站提前或推迟发出列车。

2）根据车辆的技术状况、列车司机驾驶水平和线路允许速度，组织列车加速运行、恢复正点。

3）组织车站快速作业，压缩列车停站时间。

4）组织列车跳站停车。

5）变更列车运行交路，组织列车在具备条件的中间站折返。

6）组织列车反方向运行。在双线线路上，如一个方向列车密度较大，而另一个方向列车密度较小，为了恢复正点运行，可利用有道岔车站的渡线，将列车转到列车密度较小的线路上反方向运行。

7）扣车。

8）调整列车运行时间间隔：当换乘站由于客流骤增造成作业困难时，行调可根据列车的运行情况，适当调整列车运行时间间隔，尽量避免各线列车同时到达换乘站。

9）在环形线情况下，当一条线路运行秩序紊乱时，要尽力维持另一条线路列车的正常运行，并通知各站组织乘客乘坐畅通线路方向的列车。

10）停运列车。

行调对列车运行调整方法的选择，取决于列车运行的具体情况。而在实际工作中，往往又可以是几种列车运行调整方法结合运用。

5. 调度监督时的列车运行组织

调度监督控制方式

调度监督是一种行调能监督现场设备和列车运行状态，但不能直接进行控制的远程监控设备。轨道交通系统采用调度监督组织指挥列车运行，通常是新线在信号系统尚未安装情况下投入运营时采用的过渡期调度指挥方式。为了实现调度监督，除控制中心的显示盘等设备外，需在车站安装出站信号机等临时联锁设备。在调度监督时，双区间闭塞为基本闭塞法。双区间闭塞法即以两个站间区间为一个闭塞分区，如上海地铁采用的行车闭塞法有：自动闭塞、半自动闭塞、双区间闭塞法。

调度监督的主要功能有：

1）显示各车站出站信号机开闭、区间闭塞、列车运行状态以及到站列车车次等。

2）储存和打印列车运行时刻和出站信号机开放时刻等运行资料。

在调度监督情况下，由车站行车值班员排列列车进路、开闭出站信号，行调通过显示盘，监督线路上各车站信号机开闭显示、区间闭塞情况和列车运行状态，组织指挥列车运行。

双区间闭塞法行车时，列车占用区间的凭证为出站信号机的绿灯显示，凭站务员手信号发车。追踪运行列车间的安全间隔按双区间要求，由双区间闭塞设备实现。

在按双区间闭塞法行车时，列车正线运行限速 60km/h。列车接近车站时，列车司机应加强对接近车站的瞭望，控制进站速度，遇有险情立即制动停车。列车进入通过式车站的限速为 40km/h，列车进入尽头式车站的限速为 30km/h。

在列车晚点或列车运行秩序紊乱时，行调应及时进行列车运行调整，尽快恢复按图行车，列车运行调整方法可参见调度集中时的列车运行组织，此处不再赘述。应该强调，在调度监督时，载客列车一般不安排跳站停车，如因特殊情况需要跳站停车，应经公司主管领导同意，由行调发布调度命令执行。在调度监督过程中，如发现车站行车值班员或列车司机有违章作业情况，行调应及时下令纠正，确保行车安全。

6. 调度监督下半自动控制时的列车运行组织

在控制中心行车调度员的统一指挥下，由车站行车值班员操作车站微机联锁或电气集中联锁设备或临时信号设备控制列车运行。早期建成的城市轨道交通至今仍采用这种列车运行组织方式，一些新线由于信号系统尚未安装调试完毕，在过渡期采取这种方式进行行车组织。调度监督下的半自动控制可实现的功能如下：

1）利用车站信号控制系统具有的联锁功能，车站行车值班员可对进路排列、道岔转换、信号开放实行人工操作。

2）控制中心可实时反映进路占用、信号及道岔等的工作状态，对线路上的列车运行进行监护。

3）控制中心可储存信号开放时刻、道岔动作、列车运行等各类运行资料，并可根据需要调用。

4）车站可根据中央指令对列车运行进行调整。

5）计算机自动绘制或人工绘制列车实际运行图。

扩展阅读

地铁人的一天——行调：地铁的“最强大脑”

如果将地铁行车网络比作人体的神经系统，那么行调便是“最强大脑”。他们是长沙地铁运营的一级指挥，担负行车指挥、施工组织、突发行车事件应急处置的重任，在地铁安全运营中起着举足轻重的作用。

23:30，一天的运营渐近尾声，行调通过无线调度台与末班车司机保持密切沟通，不仅要确认列车清客完毕，更要与司机确认折返路径，直至列车安全返回车辆段或停车场。

00:30，末班车顺利回段，施工组织紧接而来。行调要进行施工布置，确认接触网停电状态等安全条件。凌晨 1:00 左右，线网施工陆续展开，站台门月检、轨道探伤、道岔季检……任何细小的疏漏都可能影响当天的正常运营。近 4 个小时的作业，每一个环节的卡控，每一项指令的发布，他们都如履薄冰，发令与操作执行严格的“双人确认”。

凌晨4:00，在组织完数十批次的施工作业后，行调又开始了运营前的安全检查。“呼叫全线各站及段/场运调”，按下调度台群呼键，开始发布命令，“山塘站，现与你站核对施工结束情况……”1h的反馈、确认紧锣密鼓，调度台、对讲机内应答与指令声不绝于耳。凌晨5:00，行调一边通过闭路电视监控系统观察着站台情况，一边确认全线各站已完成运营前检查并满足出车条件。

早上5:10，轧道车从车辆段出发，为首班车探路。行调密切关注着轧道车行进状态，与司机保持联动，一旦出现影响行车安全的因素，立即启动相应应急预案，确保首班车在6:30前到达指定位置，保障乘客准点出行。

排列进路、核对车次，早高峰来临前，列车已在行调的严密铺排下依次上线。“注意控制速度，按时刻表运行”，7:30过后，客流逐渐增大，他们一边通过闭路电视监控系统留意站台情况，一边通过显示屏密切盯控列车行驶进度。对讲机里，行调根据客流适时调整列车停站时间。在大多数乘客行色匆匆的早高峰时段，他们不仅要保障客运安全，还要通过延长列车停站时间、加开空客车直达客流大站等方式，尽可能提升运力，满足市民出行需求。

站台客流从密集到稀疏，正线列车从首发到回段，施工作业从请点到销点，行调将庞杂的业务知识融会贯通，保障运营平稳有序。他们的阵地只有24h不间断显示的动态屏、一字排开的电脑与手边不时响起的调度台，日复一日地在紧张有序的工作环境中，用高度的严谨与专注，守护着市民乘客的安全出行之路。

四、车站行车作业

1. 基本要求

（1）执行命令听从指挥　严格执行单一指挥制，车站行车工作由车站行车值班员统一指挥。列车在车站时，所有乘务员应在车站行车值班员指挥下进行工作。车站行车值班员应认真执行行调的命令和上级领导的指示。

（2）遵章守纪按图行车　认真执行行车规章制度，遵守各项劳动纪律。办理作业正确及时，严防错办和忘办，严禁违章作业。当班必须精神集中，服装整洁，佩戴标志，保证车站安全、不间断地按列车运行图接发列车。

（3）作业联系及时准确　联系各种行车事宜时，必须程序正确、用语规范、内容完整、简明清楚，严防误听、误解和臆测行事。

（4）接发列车目迎目送　接发列车严肃认真，姿势端正。认真做好“看”“听”“闻”，确保列车安全运行。

（5）行车表报填写齐全　行车表报包括各种行车凭证、行车日志和各种登记簿。行车凭证有路票和调度命令等，登记簿有“调度命令登记簿”“检修施工登记簿”和“交接班登记簿”等。应按规定内容、格式认真填写各种行车表报，保持表报完整、整洁。

2. 作业制度

（1）行车值班员岗位责任制　车站行车工作实行单一指挥制，行车值班员是车站行车工作的组织者和指挥者。

行车值班员的岗位职责是：执行行调的命令和指示，统一指挥车站的行车工作。监视行车控制台的进路开通方向、道岔位置及信号显示，监视列车运行状态和乘客乘降情况。车站控制时，按列车运行图及行调下达的列车运行计划办理闭塞、排列进路、开闭信号、接发列车。填写行车凭证和其他各种行车表报。签认设备维修和施工登记。组织交接班工作。

（2）交接班制度　行车值班员交班时，应将列车运行和设备状态，上级指示和命令及完成情况等填记在“交接班登记簿”上，并口头向接班行车值班员交代清楚。行车值班员接班时，要了解列车运行情况，对行车设备、备品、表报进行检查后，签认接班。内、外勤行车值班员实行对口交接。

（3）检修、施工登记制度　行车值班员对各项检修及施工作业，应根据检修、施工计划，向检修、施工负责人交代有关注意事项后，方可登记。凡影响列车运行的临时设备抢修，要在与行调联系作业时间，并获同意后，方可登记。检修、施工作业结束后，行车设备经试验，确认技术状态良好，方可签认注销。

（4）道岔擦拭制度　道岔必须由专人负责定期擦拭。擦拭道岔，必须与行调联系，办理调控权下放手续。道岔擦拭时，车站控制室要有人监护，不准随意扳动道岔。擦拭道岔人员一律穿绝缘鞋，携带防护用具，擦拭前施放木楔，无关人员不得擅自进入道岔区，如需转换道岔，室内监护人员与现场擦拭人员应进行联系，说明道岔号码及定、反位，现场擦拭人员要离开道岔。道岔擦拭完毕，要认真清理现场，清点工具，撤除木楔，并检查有无妨碍列车运行及道岔转换的物品；试验道岔及确认良好后，与行调办理调控权上交手续，有关按钮由信号人员加封并作记录；填写“道岔擦拭登记簿”。

3. 接发列车作业

（1）接发列车作业环节　一般的城市轨道交通车站接发列车的基本程序为：办理闭塞、布置与准备进路、开闭信号、交接凭证、迎送列车、开通区间 5 个步骤。具体接发列车作业程序与信号联锁设备及其状态有关。

1）办理闭塞。闭塞的实质是同一区间在同一时间内只允许一列车占用。办理闭塞实际上就是使出发列车取得占用区间的许可权。

城市轨道交通系统一般都采用自动闭塞，即随着列车的运行，自动完成闭塞作用。

当基本闭塞设备故障须采用代用闭塞法——电话闭塞法时，办理闭塞主要由区间两端车站行车值班员通过行车电话发出电话记录号码来办理闭塞。

2）布置与准备进路：

① 进路的布置。在轨道交通系统中，接发列车的关键是正确及时地准备好列车进路，值班站长或行车值班员必须亲自布置和确认进路是否准备妥当。布置准备进路时，一定要确定车次和列车占用线路情况。如果车站一端有两个及以上列车运行方向或双线反方向行车时，还应确定方向。

② 准备进路。准备进路与联锁设备有关。

A. 装有列控系统（ATC）的 ATS 子系统能根据列车运行图自动排列进路、开放信号。当中央 ATS 系统故障，可通过集中联锁站车站 ATS 人工排列进路。

B. 联锁全部故障或停电时，需要人工手摇道岔准备进路。手摇道岔时，应到《车站行车工作细则》规定地点取得钥匙，打开钥匙孔盖上的锁，使钥匙盖向下方转动，露出手摇把孔。将手摇把插入孔内，用力摇动一定的圈数，听到“咔嚓”的声音后，即表示道岔已手摇到位，尖轨被锁闭。经过手摇的道岔不能自动恢复集中操纵。道岔转辙机底壳内的安全触点是非自复式触点，抽出手摇把后安全触点也不能接通，电动转辙机处于断电状态。即使恢复供电，该道岔的电动转辙机仍不能动作，使人工转换过的道岔不改变其开通方向，以保证进路正确。

当故障处理完毕或恢复供电后，须恢复使用正常联锁，停止手摇道岔。应由电务人员使用专用钥匙打开电动转辙机盖，经确认设备处于正常状态后，接通安全触点，使钥匙孔盖恢复原来位置，手摇把孔被覆盖，人工转换停止，对电动转辙机及钥匙孔盖加锁。当道岔操纵电路恢复后，即纳入集中操纵。

3）开闭信号。当集中联锁站接发列车进路准备好后，信号自动开放。由于轨道电路的作用，当机车或车辆第一轮对越过信号机后即自动关闭。引导信号（含人工引导信号）应在列车头部越过信号机（或引导人员）后及时关闭（或收回）。

4）交接凭证。这里所说的凭证，是指发车信号机显示的进路信号以外的“证件”，如路票、列车进入封锁区间的“调度命令”等。交接凭证时要认真检查是否正确，注意安全，一般应停车交付。收回凭证后，要确认凭证是否正确，并及时注销保管。

5）迎送列车。站台接发列车作业人员应在《车站行车工作细则》规定地点立岗迎送列车，注意列车运行状态，发现危及行车安全情况时，立即采取紧急措施。

车站接发列车

6）开通区间。与办理闭塞相对应，接发列车作业完毕后，电话闭塞须开通区间，使区间恢复空闲，保证不间断地接发列车。

（2）接发列车作业程序及用语　中央信号联锁故障，联锁站联锁设备良好，需人工在集中联锁站车站 ATS 上排列进路，列车在 ATP 保护下以 ATO 或 SM 模式驾驶运行，此时联锁站需办理接发列车作业。

1）联锁站的接车作业程序见表 2-3。

表 2-3　接车作业程序及用语

作业程序	作业程序及用语			说明事项
	值班站长	行车值班员	站台站务员	
一、听取预告	1. 根据“行车日志”和车站 ATS 显示，确认接车线路空闲 2. 听取发车站预告“××次预告”并复诵，通知行车值班员“排列××次接车进路”			
二、准备进路、开放信号	4. 确认接车进路防护信号开放正确后，复诵“进路防护信号好了”，并通知发车站	3. 听取值班站长“排列××次接车进路”后，在车站 ATS 上排列列车进路，确认进路防护信号开放好后口呼“进路防护信号好了”		

（续）

作业程序	作业程序及用语			说明事项
	值班站长	行车值班员	站台站务员	
	（办理发车作业程序）			（列车通过）
三、接车	5. 听取发车站报点，复诵并填写“行车日志”		7. 站台站务人员复诵“××次开过来，准备接车”，并立岗接车	
	6. 通知站台站务人员“××次开过来，准备接车”并听取汇报		8. 监视列车到达（通过）并注意站台乘客安全	
	9. 监视列车到达	10. 监视列车到达（通过）		
四、报点	11. 向发车站报点：“××次（×点）×分×秒到（通过）”，并填写“行车日志”			

2）联锁站的发车作业程序见表 2-4。

表 2-4　发车作业程序及用语

作业程序	作业程序及用语			说明事项
	值班站长	行车值班员	站台站务员	
一、发车预告	1. 根据“行车日志”和车站 ATS 显示，确认发车线路空闲，向前一车站预告“××次预告” 2. 填写“行车日志”			
二、准备进路、开放信号	3. 接到接车站准备好接车进路的通知，客车进站后排列列车发车进路 4. 通知行车值班员“排列×次发车进路” 6. 确认发车进路好后，复诵“进路防护信号好了”	5. 听取值班站长“排列×次发车进路”的命令后，排列发车进路。进路排列好后，口呼“进路防护信号好了”		
三、发车	7. 通知站台站务人员“××次发车进路好了”		8. 确认后 3 节车门关闭好后，向驾驶员显示“车门关闭好了”的手信号	
	11. 监视列车运行	10. 监视列车运行，直至列车出清联锁区	9. 监视列车运行并注意站台乘客安全	
四、报点	12. 向接车站报点：“××次（×点）×分×秒开”			
	13. 填写《行车日志》			
	14. 向行调报点：“××次（×点）×分×秒开”			

4. 列车折返作业

线路终点站的折返线、中间站的存车线以及其他列车面临运行交路需要的折返线路，会有列车折返作业。

列车折返方式

（1）列车折返方式　列车折返方式根据折返线的布置分为站前折返和站后折返两种。

1）站前折返。图 2-8a 是列车在终点站站前折返时的双渡线折返设备，图 2-8b 是列车在中间站站前折返时的单渡线折返设备。

采用站前折返方式，列车无空车走行，折返时间较短；乘客上下车同时进行，能缩短停站时间；此外，站线和折返线相结合，能节省投资费用。站前折返的缺点是出发列车与到达列车存在敌对进路交叉，影响行车安全；列车进出站通过道岔，致使列车速度受限制和乘客有不舒适感；乘客上下车同时进行，在客流量大的情况下，站台秩序会受到影响。

列车到发作业产生交叉干扰的条件是进路有交叉，并且占用进路的时间相同，两个条件必须同时具备才构成真正的进路交叉。在行车密度很大的情况下，采用站前折返方式，要完全消除到发列车的交叉干扰难度较大。

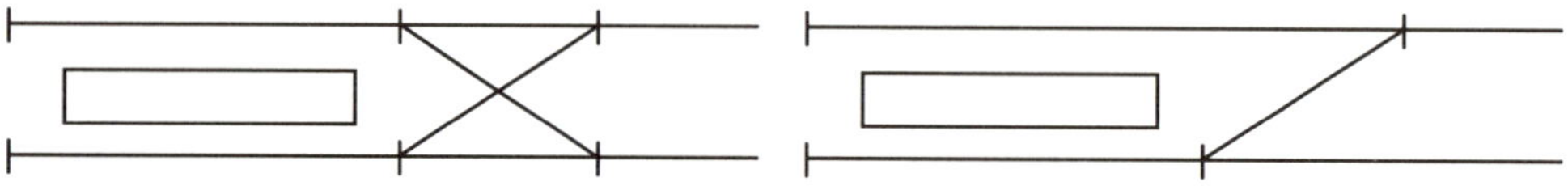

a)　　b)

图 2-8　站前折返时的折返设备

a）站前双渡线折返设备　b）站前单渡线折返设备

2）站后折返。图 2-9a 是列车在终点站站后折返时的尽端线折返设备，图 2-9b 是列车在中间站站后折返时的单渡线折返设备，图 2-9c 是列车在终点站站后折返时的环形线折返设备。

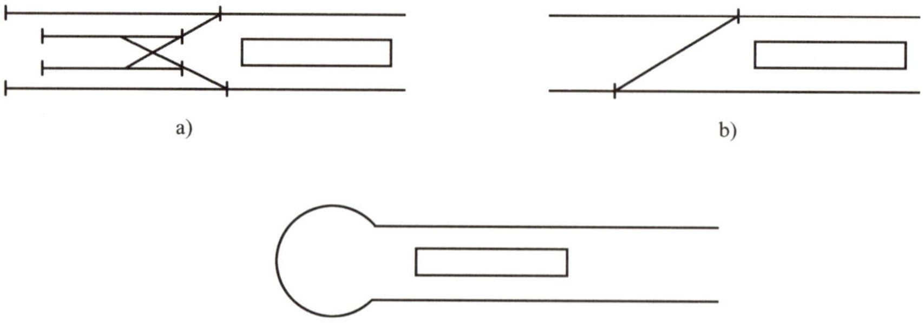

a)　　b)

c)

图 2-9　站后折返时的折返设备

a）站后尽端线折返设备　b）站后单渡线折返设备　c）站后环形线折返设备

采用站后折返方式，能避免采用站前折返时存在的缺点，出发列车与到达列车不存在敌对进路交叉，行车安全；而且列车进出站速度高，有利于提高旅行速度，因此，站后折返方式被广泛采用。站后折返方式的主要缺点是列车折返时间较长。

环形线折返设备能保证最大的通过能力，节约设备费用与运营成本。但它也存在一些缺点，如列车在小半径曲线上运行造成单侧钢轨磨耗，折返线不能停放检修列车，以及若用明挖法施工修建增大了开挖范围等。所以在线路的终点站常采用尽端线折返设备。采用尽端线折返设备，折返线既可供列车折返，也可供列车临时停留检修。

（2）折返模式　折返模式有 3 种，分别为列车自动折返、ATP 监控的人工驾驶和人工折返。

1）列车自动折返（AR）模式折返。列车自动折返（AR）模式仅在某些特定区段使用。对于站前折返，列车进入到达线站台即完成了折返作业，最后由此发车；对于站后折返，列车以允许的速度从到达停车线自动驾驶进入和驶出折返线，最后进入发车股道。当列车进入折返线停车时，列车自动转换前后驾驶室的控制权，原列车的后驾驶室控制列车前进。

2）ATP 监控的人工驾驶（ATO 或 SM）模式折返。ATP 监控的人工驾驶（ATOSM）模式折返时，对于站前折返，列车进入到达线即完成折返作业，最后由此发车；对于站后折返，列车在司机驾驶下从到达股道进入和折出折返线，最后进入发车股道。当列车进入折返线停车时，列车自动转换前后司机室的控制权，原列车的后司机室控制列车前进。

3）人工折返。在某些站的存车线及其他临时列车运行交路需要的折返线路，可按非自动转换模式折返。根据行车组织要求，可在车上配备 1~2 名列车司机。

扩展阅读

学习贯彻党的二十大精神，青城地铁在行动

党的二十大报告明确指出“增进民生福祉，提高人民生活品质。”，青城地铁始终秉承“新速度，心服务”的服务理念，以市民绿色出行需求为导向，采取更为便民、惠民的精准措施，持续丰富服务举措，强化服务意识，不断提升运营品牌影响力，为助力首府文明城市创建提供优质的交通服务环境，让更多市民感受到青城地铁带来的幸福感、获得感。

地铁全线网开通刷脸乘车功能，先后推出青城地铁 APP 银联闪付卡、Apple Pay、Huawei 手环等多种乘车支付渠道；43 个地铁车站实现 AED（自动体外除颤仪）全覆盖，确保紧急情况下得到有效处置；设置便民服务点，配备便民服务箱，提供雨伞 5 日内免费借用服务；开通“无障碍接续服务”，提供“特殊乘客”预约服务，乘客在遇到困难时，我们第一时间伸出援手，想尽一切办法帮助他们解决困难；根据节假日客流特点及客流匹配性，不断优化列车运行图，提升列车运行速度，提高市民出行效率；节日和大家共同庆祝，让乘客乘车途中感受到地铁的节日氛围，拉近与乘客之间的距离；积极响应民生诉求，响应率、解决率、满意率均达到了 100%。

青城地铁以党的二十大精神为引领，持续锤炼自身本领，抢抓发展机遇，以满足广大市民对绿色出行的需要为导向，用新的伟大奋斗创造新的伟业，一步一个脚印把党的二十大精神付诸行动、见之于成效，踔厉奋发贡献轨道交通力量，勇毅前行。

项目实施

一、调度集中控制下的列车运行组织

调度集中控制是指调度集中和行车指挥自动化两种情况。在调度集中情况下，由行调通过进路控制终端控制管辖线路上的信号机、道岔，直接排列列车进路，办理列车接发作业。在行车指挥自动化情况下，中央 ATS 能根据当前使用列车运行图及列车运行实际情况，自动办理与实时控制车站上的列车接发作业，即自动完成与接发列车有关的列车进路排列和发车表示器显示控制。因此，在上述两种情况下，车站的接发列车作业，实际上是由行车调度员集中办理或中央 ATS 自动完成，车站行车值班员通过行车控制台监视列车进路排列、信号显示和列车到发、通过情况以及列车运行状态是否正常等。

下面是一条正线行车自动化情形下的列车运行组织。

正常情况下，轨道交通的运行周期为：根据当天列车运行图规定的时间从车辆段存车线出来进入正线，按照 ATS 系统自动排列的进路投入运营，根据运行图规定的时刻到达沿线各站，完成运输任务，直到运营结束列车退出服务回到车辆段进行整备，整备完毕再次从车辆段出来进入正线投入运营服务为止。整个运行周期的行车组织主要由行车调度具体指挥，车辆段值班员、车站行车值班员、站台站务员及列车司机共同完成。

1. 人员安排

学生按车站数分组，安排行调 1 人，每站有值班站长、行车值班员、站务员各 1 人。

行调位于调度中心，监控整条线路的行车情况，各站行车值班员位于各站站控室，通过显示屏监控本站列车运行情况，各站站务员位于站台，迎送列车，对于站台门与车门不联动的车站设站台门操作员 1 名，负责站台门的开闭。

2. 任务实施

主要按运营前、运营中及运营结束后 3 个阶段，描述在 1 个列车运行周期中行调、行车值班员及列车司机的作业。

（1）运营前准备

1）行车调度员。每天运营前按规定时间行调根据“正线施工登记”检查当晚的所有维修施工及调试作业是否完毕及销点，线路巡视工作是否完成，确认线路出清并符合行车条件后进行下列运营前的准备工作。

① 试验道岔。每天运营开始前规定时间（注：各城轨公司根据设备情况对时间标准规定有所不同），行调通知各联锁站（一般指有道岔的车站）的行车值班员试验道岔，值班主任、行调观看 ATS 的人机接口（MMI）及行调模拟屏的显示。联锁站试验完毕，行调收回控制权。值班主任、行调使用 MMI 试验进路、道岔的操作，使有关道岔处于正确位置。如

果发现道岔不能正常使用，及时通知维修调度，派人检查抢修。

② 检查和准备。主要检查行车值班人员到岗情况，站台是否有异物侵入限界，行车设备是否正常，备品是否齐全、完好，当日运营车、备用车安排及列车司机配备等情况。

行调检查完毕后，于运营开始前规定时间通知电调接通牵引供电，牵引供电接通后，开始运营时间。同时行调需按车辆段调度提供的当日上线列车及备用车编辑无线调度台动态组以便调度。

③ 装入运营时刻表。由于城市轨道交通一般根据客流规律采用分号运行图，故在每天运营前规定时间控制中心值班主任在 MMI 上“装入”当天使用的运营时刻表，或按实际要求进行修改（增加或删除个别列车）。一般，周一至周五工作日 1 套运行图，周六、周日及节假日 1 套运行图。

④ 核对钟表时间。行调、电调在开始行车前与各站（含车辆段）、各变电所（站）核对日期和钟表时间（对表）；行调与车辆段派班员核对钟表时间、服务号和注意事项。

⑤ 调度首班车要求。开行首班车，应特别注意开行时间，严格按照运营时刻表组织行车，按时开出，防止晚点，首班车列车司机应加强瞭望，注意线路情况。

2）行车值班员和站务员。行车值班员和站务员位于车站，其工作内容是车站行车组织作业。

① 行车值班员。行车值班员从 OCC 中心接受控制权，在车站 ATS 的人机接口 MMI 上试验道岔，检查站台和线路出清情况，向行调汇报，并于首班客车发车前规定时间开始向乘客广播第 1 列车的到达时间及注意事项。值班站长或行车值班员与行调核对时间。

② 站务员。开行首班车前，车站各岗位工作人员要准时开门、开启电扶梯及照明、巡视车站等。

3）司机。运营前司机主要进行客车整备作业，具体整备作业内容按城市轨道交通企业的《客车司机手册》规定进行。一般，车辆段内线路不具备自动驾驶条件，客车出车辆段时，司机凭信号采用 RM 模式驾驶客车运行到转换轨停车，待机车显示屏收到速度码“ATO”灯亮后，司机确认进路防护信号开放，以 ATO 模式（部分线路以 SM 模式）运行进入正线车站投入运营。

（2）运营中作业

1）行车调度员。运营期间行车调度员应充分使用各项调度指挥设备，组织指挥列车按照计划运行图安全、准点运行，尽量均衡在线列车的运行间隔。运营期间行调主要进行以下几项作业：

① 运用调度电话与车站值班员、车辆段调度员、派班员保持联系，发布调度命令，实现对列车运行的调度指挥。

② 进行电力供应、环境控制、防灾救护及设备维修施工等的调度指挥工作。

③ 通过监视器监视各站的站厅、站台情况，发现异常可进行录像分析。

④ 通过行调模拟显示屏，掌握调度区域范围内信号系统设备（轨道电路、信号机等）状况，列车占用线路情况，各次列车运行位置的动态显示。必要时，可使用中央广播向全线车站发布列车信息。

2）行车值班员、站务员。

① 行车值班员。联锁站值班站长（或行车值班员）通过车站 ATS 的人机接口 MMI 监视列车运行情况。行车值班员通过监控设备观察站台情况，向站务员发布相关命令，如：自动售票机前排队过长，可通知站务员引导乘客到站台上其他售票机前购票；站台卫生、站台客流拥堵等都可通过对讲机通知站务员处理及疏导。

行车值班员通过环控监控设备监控站台环境情况，随时调整环境湿度和温度，当调整内容不在站控范围内时应与 OCC 中的环调联系，由环调控制。当出现紧急情况需紧急停车时（如车门夹人或物），行车值班员可通过车控室的紧急停车按钮实施紧急停车。爆发大客流时，行车值班员可操作相关设备开放站台所有闸机，疏导出闸客流。

② 站务员。在客车进站时，站务员原则上应站在站台扶梯口靠近紧急停车按钮处，应随时注意列车运行情况及站台乘客动态，防止乘客在列车关门时冲上车被夹伤，同时负责维护站台秩序，监督列车司机按规范动作关门。

当发生紧急情况需要停车时，站务员可按下紧急停车按钮实施紧急停车。一旦实施紧急停车，列车司机不得动车，只能由车控室授权才能动车。发车时，站务员（或列车司机）发现站台门异常，应通知列车司机并及时处理。当乘客上下车完毕，确认车门关闭状态良好，列车具备了发车条件后，方可向列车司机显示发车信号。

3）列车司机。

① 列车出库。列车整备完毕列车状态符合正线服务后，报告车场信号值班员列车整备完毕；确认出场信号开放，按该列车出车场时刻以 RM 模式驾驶列车出库，整列离开库门前限速 5km/h；库大门前、平交道口应一度停车，确认线路状况良好后动车；列车运行到转换轨一度停车，待显示屏收到速度码，“ATO”灯亮后，列车司机确认进入进路防护信号开放，以 ATO/SM 模式运行至车站。

② 正线运行。列车运行期间在“ATO”驾驶模式下，列车司机要注意观察列车显示屏信息、各指示灯和仪表显示、自动开关状态。列车运行中坚持不间断瞭望前方进路状态，发现线路、弓网故障及其他轨旁设备损坏或超限时，及时采取紧急措施，并报告行调。区间发生故障，尽可能维持到进站处理。遇故障列车需维持运行至终点站时，列车司机必须时刻确认列车运行状态，防止列车故障的进一步扩大。列车接近进站时，密切观察站台乘客状况，遇乘客较多或有越出站台黄色安全线，应及早鸣笛示警，遇危及列车运行或人身安全时，立即采取紧急措施。

列车故障或其他原因需临时停车，列车司机可通过列车紧急广播或人工广播安抚乘客。在车站如已知前方受阻延误等候开车时间较长，列车司机开启客室门，并配合站务人员作好宣传解释，减少不必要的乘客投诉。

③ 站台作业。在 ATO 模式下，列车进站自动对标停车后，列车显示屏出现相应侧车门释放信息，车门自动打开，无特殊情况（列车无故障或无接听行调电话）乘务员须在确认列车司机台气制动“施加”红色指示灯亮后立即到站台（司机室旁）立岗，监视站台乘客上下车情况和车辆的状态。

客车进站停车头部越过停车标时，根据越出站台的长度多少进行不同的处理。以国内部分城市轨道交通系统的规定为例，当司机室后第一个客室门对着站台，按规定开门；当客车停车位置越出站台 2 个车门及以下时，列车司机切除该车门开关防止该车门打开，再打开其他车门供乘客上下车。列车司机发现未到位停车时，应手动对位停车。

客车在站台区内的停车位置超出站台 3 个车门及以上时，必须报告行调，经行调同意，列车司机不开车门继续运行到前方站停车。此时行调应通知前方站，车站及时对站台广播，维持秩序。

《运营时刻表》中没有规定通过车站或无行调命令，列车司机不得驾驶客车通过车站。但当客车通过车站时，列车司机应及时广播通知乘客，以防恐慌。运营时间内，列车司机没有得到行调批准时，禁止使用 URM 模式驾驶。当 ATP 车载设备故障时只能用 URM 模式驾驶，则按规定程序及速度运行。

在站台门与车门联动功能不能使用的情况下，客车需配两名乘务员，一名任列车司机，负责驾驶客车和操作客车相关设备；另一名任站台门操作员，负责操作站台门的开关，协助列车司机瞭望进路，监督客车司机按规定速度运行。客车在投入客运服务前，须把开门状态开关打到手动位，客车在车站停稳后，站台门操作员先打开站台门，司机后打开客室门；在距开车时间规定时间时，先关站台门，后关客室门，确认无夹人夹物时，司机才能动车。

客车进站停车，当未到停车标停车时，司机确认运行前方无异常后，可以 RM 模式动车对位；当越过停车标 3 个车门以下时，司机应先切除 ATP 然后后退对位，此时，站台门操作员应立即对车厢广播安抚乘客，并使用无线电话通知车站维持好站台秩序。列车在该站开出前应恢复 ATP，随后应报告行调。

如果客车进站停车超越站台门 3 个车门及以上时，报告行调或由车站转报行调，按行调的指示执行。车站应及时对站台广播，做好乘客服务。如客车不开门继续运行到前方站时，行调应通知前方站。

（3）运营结束时和结束后的作业

1）行车调度员。每天运营结束后，行车调度要对当天的行车工作进行分析、总结。运营结束后，行调的作业主要包括以下几个方面：

① 打印当日计划、实迹运行图。

② 编写运营情况报告，如运营日报。主要内容有：当天完成运送客运量、客车开行情况、兑现率及正点率和月度累计指标等；运用客车数及投入使用客车数；客车加开、停运及中途退出服务的情况；耗电量和温度、湿度情况；客车服务情况，包括事故、故障和列车运行延误及处理；有关工程列车、试验列车运行方面的信息。

③ 进行客车统计分析，包括计划开行列数、实际开行列数、救援列次、清客列次、下线列次、晚点列数和正点率、运营里程（列公里）等。

2）行车值班员、站务员。车站在尾班列车开出前应在规定时间开始广播，通知停止售票和进站检票工作，检查确认付费区内乘客均已上车，确认无异常情况后才能向列车司机显示发车信号。

3）司机。运营结束后，客车进行回场作业。运营列车结束服务到达回场站后，广播通知乘客下车，确认全部乘客下车后，按站务员给的“好了信号”关门。完成折返，确认进路防护信号开放正确后，以 ATO 模式或 SM 模式（该模式可自行转换）驾驶列车至转换轨一度停车。用电台联系信号值班员，确认列车停放的股道和进路情况。确认入场信号黄灯亮后，司机驾驶列车入场。

二、调度监督下半自动控制的列车运行组织

城市轨道交通系统由于装备了列车自动控制 ATC 系统，ATC 系统的 ATS 子系统能根据列车运行图自动排列进路、开放信号。当中央 ATS 系统故障，可通过车站 ATS 的人机接口 MMI 办理接发列车作业。车站控制是指调度监督和改用电话闭塞法时两种情况。

1. 调度监督时的接发列车作业

在调度监督情况下，由于行调只能监督现场设备和列车运行状态，不能直接控制现场列车运行，因此调控权下放，由车站行车值班员运用车站 ATS 办理接发列车作业。

车站行车值班员办理接发列车作业必须按规定的程序和要求进行。车站接发列车作业的内容与程序如下：

（1）准备进路　有道岔车站的列车接发车进路可根据行调下达的列车运行计划预先办理。

（2）办理闭塞　发车站行车值班员用车站集中电话向接车站请求闭塞；接车站行车值班员接到请求闭塞电话后，确认前次列车已经到达前方站，确认接车区间空闲、接车进路畅通、有关道岔位置正确和确认影响接车进路的调车作业已经停止后，同意闭塞。

（3）开放信号　发车站行车值班员排列发车进路正确无误后，按压发车信号按钮。此时，发车站出站信号机为绿灯显示，发车表示灯变为红灯显示；接车站接车表示灯变为红灯显示以及闭塞电铃鸣响。

（4）列车出发　列车出发后，发车站行车值班员向接车站行车值班员和行调报点，填写“行车日志”；接车站行车值班员接到报点后填写“行车日志”。此时，发车站出站信号机变为红灯显示。

（5）列车到达　列车到达后，接车站行车值班员向发车站行车值班员和行调报点，填写“行车日志”，发车站行车值班员接到报点后填写“行车日志”。

（6）取消闭塞　在发车站请求闭塞、接车站同意接车和发车站尚未开放出站信号时，如因故需要取消闭塞，由发车站行车值班员用车站集中电话向行调请求取消闭塞，并通知接车站行车值班员。

（7）接送列车　列车在车站到发或通过时，站务员应按规章要求站在规定地点接送列车，密切注意列车运行状态以及乘客乘降情况，发现有危及行车安全和乘客安全的情况应立即采取有效措施妥善处理。

调度监督时的接发列车程序详见本项目中“接发列车作业程序及用语”。

2. 电话闭塞法时的接发列车作业

改用电话闭塞法或恢复基本闭塞法行车，必须要有行调命令。在停止使用基本闭塞法，改用电话闭塞法行车时，调控权下放，实行车站控制，即由车站行车值班员办理接发列车作业，由于电话闭塞法行车时无设备控制，为了防止因疏忽向占用区间发车，造成同向列车追尾，要求车站行车值班员在接发列车作业过程中，严格按照规定的作业程序和要求进行，以确保接发列车作业安全和能按调整后的列车运行计划不间断地接发列车。

电话闭塞法接发列车作业要求相邻站间办理电话闭塞，具体作业程序与办法如下：

（1）办理闭塞　由发车站向接车站请求闭塞，接车站在确认接车区间空闲、接车线路空闲、接车进路准备妥当后，向发车站承认某次列车闭塞。

对最初列车、反方向运行列车以及在车辆段与相邻站间运行列车发出承认闭塞的电话记录号码；对其余列车则可用电话闭塞解除法来承认闭塞。

所谓电话闭塞解除法是指接车站在前次列车已经由本站发出或进入折返线，接车进路已经准备妥当后，用车站集中电话通知发车站前次列车闭塞解除，作为对后次列车闭塞的承认。

（2）发出列车　发车站接到接车站承认闭塞的电话记录号码或电话通知后，列车凭出站信号机的绿灯显示发车。如出站信号机故障，以绿色许可证作为列车占用区间的行车凭证，向列车显示手信号发车。开放出站信号，应在确认接车站承认闭塞和发车进路正确无误后。

列车出发后，发车站关闭出站信号机，向接车站行车值班员和行调报点，填写“行车日志”。

（3）闭塞解除　列车到达或进入折返线，以及接车进路准备妥当后，接车站通知发车站前次列车闭塞解除，并向行车调度员报点，填写“行车日志”。

（4）取消闭塞　闭塞办妥后，因故不能接车或发车时，立即发出停车手信号进行防护，由提出一方发出电话记录号码作为闭塞取消的依据；如列车已经发出，但接车站因故无法接车，应派专人到进站方向站界附近，向驶近列车显示停车信号。列车由区间退回发车站时，由发车站发出电话记录号码作为闭塞取消的依据。取消闭塞应及时向行调报告。

（5）行车凭证　电话闭塞法行车时，如是反方向运行，列车占用区间的行车凭证是路票；在出站信号机故障时，列车占用区间的行车凭证是绿色许可证，凭站务员的手信号发车。

行车凭证由车站行车值班员负责填发，站务员负责与列车司机办理交接。

行车凭证在取得接车站承认闭塞，并确认闭塞区间空闲后方可填发。行车凭证填写，要求内容完整，字迹清楚，出现填写错误时，应重新填写。行车凭证在车站行车值班员确认无误并签名后，方可递交司机。

3. 站间电话联系法组织行车

目前，国内部分城市轨道交通系统为了提高正线通过能力，规定当正线信号联锁故障时，采用站间电话联系法组织行车，只有车辆段和与其相邻接的车站间的信号联锁故障时，方采用电话闭塞法组织行车。

采用站间电话联系法组织行车时，行调应及时向有关车站及列车司机发布命令：“从×时×分起，在××站至××站间采用站间电话联系法组织行车”；行调亲自或通过车站通知列车司机口头调度命令的内容。车站和行调共同确认第一趟发出的列车运行前方的车站和区间空闲，列车的行车凭证为行调的口头命令，不需交列车司机书面凭证，在确认发车进路准备妥当，并得到前方接车站同意接车的电话记录后，向列车司机显示发车信号，列车即可起动。列车采用 RM 驾驶模式运行，每一站间区间及前方站内线路只允许一趟列车占用。

三、列车折返作业

1. 调度集中控制时的列车折返作业

（1）行调　列车折返的调车进路由行调人工排列或中央 ATS 自动排列。在车站有数条折返线或渡线，即有不同的折返调车进路情况下，应在列车折返作业办法中规定优先采用的列车折返模式，明确列车折返优先经由的折返线或渡线。在办理列车折返作业时，如折返列车尚未起动，需临时变更列车折返模式，可在通知折返列车司机后，变更列车折返调车进路。

在人工排列列车折返进路时，折返列车凭调车信号显示进入折返线或折返停车位置。在自动排列列车折返进路时，折返列车凭发车表示器的稳定白灯显示进入折返线或折返停车位置。列车停妥后，司机应立即办理列车换向作业，然后凭道岔防护信号机的准许越过显示进入车站出发正线。

在列车人工驾驶时，列车进出折返线的速度根据有关规定由列车司机人工控制，在列车自动驾驶时，列车进出折返线的速度按接收到的速度码自动控制。

（2）司机（以站后无人折返为例）　折返时的作业主要是到达列车司机与折返列车司机进行交接，并组织列车进行折返。列车在折返站进行折返有人工折返和自动折返两种方式。

运营列车结束服务到达终点站停车标处，显示屏出现折返图标，AR黄灯亮，列车停稳，左侧车门打开，按压“AR”按钮，确认显示屏上的折返图标背景由蓝色变为黄色，“AR”黄灯灯灭。与折返列车司机交接完毕，根据站务员的清客完毕手信号及进路防护信号机的开放信号，关闭列车车门；进入司机室本务列车司机关闭主控钥匙，锁好司机室侧门；本务列车司机锁闭司机室侧门行至头端墙处，操作自动折返按钮（DTRO），列车自动起动进入折返线，并自动折返到对面站台，完成无人折返作业。

2. 车站控制时的列车折返作业

列车折返的调车进路由车站行车值班员人工排列。原则上，行车值班员应按优先采用的列车折返模式排列进路，如需变更列车折返模式，必须得到行调的同意。

折返列车进出折返线或折返停车位置的作业过程和速度控制，与调度集中控制时列车折返作业的办理相同。

拓展与提高

站中控模式转换的操作

1. 站中控的状态标识符

站中控状态标识符如图2-10所示。

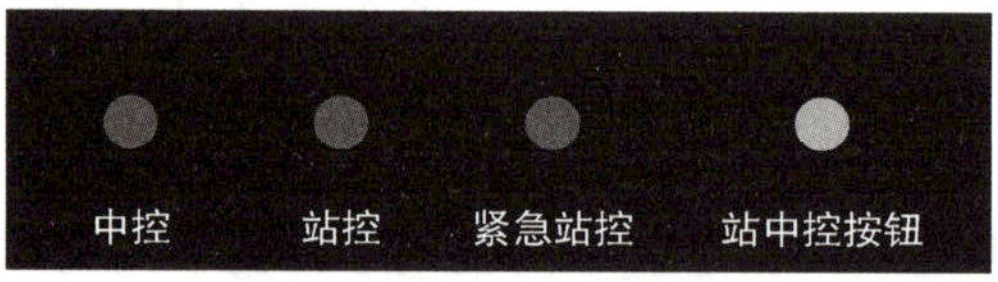

图2-10　站中控状态标识符

站中控状态使用实心圆点表示，每个圆点下方用“中控”“站控”或“紧急站控”来表示。

标识为“中控”的圆点，稳定绿色：当前控制模式为中控。标识为“站控”的圆点，稳定黄色：当前控制模式为站控。标识为“紧急站控”的圆点，稳定红色：当前控制模式为紧急站控。

2. 站中控模式转换操作

（1）车站行车值班员转换操作

车站请求站控，控制中心允许。

车站请求中控，控制中心允许。

车站非请求站控，车站强制切换到站控。

紧急情况下，车站直接切换到紧急站控。

（2）控制中心行调操作

控制中心请求站控，车站允许。

控制中心请求中控，车站允许。

控制中心非请求中控，强制切换到中控。

复习思考题

一、填空题

1. 这种为保证列车运行的安全，在组织列车运行时，通过设备或人工控制，使连续发出列车保持一定间隔距离安全行车的办法，称为行车闭塞法，简称__________。

2. 从各种不同的角度闭塞可以有各种不同的分类，总体来说可分__________和__________两大类。

3. 目前较先进的地铁车辆的列车驾驶模式主要有以下 5 种：__________、__________、__________、__________和__________。

4. __________是一种行调能监督现场设备和列车运行状态，但不能直接进行控制的远程监控设备。

5. 列车折返方式根据折返线的布置分为__________和__________两种。

二、选择题

1. 目前，我国城市轨道交通一般采用的闭塞方法是（　　）。

A. 固定闭塞　　B. 准移动闭塞　　C. 移动闭塞　　D. 电话闭塞

2. 在城市轨道交通中，移动闭塞是一种采用先进的通信、计算机、控制技术相结合的列车控制技术，所以国际上有习惯称为基于通信的列车控制系统（　　）。

A. MB　　B. ATP　　C. ATC　　D. CBTC

3. （　　）模式下，两站间的列车自动运行，列车的运行不取决于司机。

A. ATO 模式　　B. SM 模式　　C. RM 模式　　D. URM 模式

4. （　　）担负着指挥列车运行、贯彻安全生产、实现列车运行图、完成运输计划的重要任务。

A. 行调　　B. 行车值班员　　C. 值班站长　　D. 站务员

5. 严格执行单一指挥制，车站行车工作由车站（　　）统一指挥。

A. 行调　　B. 行车值班员　　C. 值班站长　　D. 站务员

三、判断题

1. 我国城市轨道交通目前所采用的行车组织的基本方法是基于时间间隔的闭塞方法。（　　）

2. 目标点是列车运行的行车凭证，移动闭塞系统就是通过不断前移列车的目标点，引导列车在线路上安全运行。（　　）

3. 调度电话、站车无线电话用于行车工作联系，须使用标准用语。（　　）

4. 车辆段内的列车驾驶模式采用非限制人工驾驶 URM 模式。（　　）

5. 同一车站允许连续两列车跳停通过。（　　）

四、简答题

1. 什么是闭塞？我国城市轨道交通采用哪几种闭塞法？
2. 线路区间是如何划分的？
3. 在各种闭塞制式中列车占有区间的凭证是什么？
4. 简述移动闭塞的含义、基本要素及其作用。
5. 简述移动闭塞系统的运行模式。
6. 哪些情况下停用基本闭塞法改用电话闭塞法？路票填写应注意什么？
7. 简述城市轨道交通列车驾驶模式及其特征。
8. 简述城市轨道交通的运营指挥层次。
9. 简述调度集中和调度监督的功能。
10. 调度集中时列车如何运行组织？如何进行运行调整？
11. 什么情况下车站需要进行接发列车作业？城市轨道交通车站接发列车作业环节是什么？
12. 简述采用电话闭塞时的接发列车程序。
13. 列车折返有哪几种方式？有哪些折返模式？

实践训练题

1. 练习行车自动化时运营前下列情况下的列车运行组织。

1）联锁站行车值班员操作。

2）控制中心行调工作。

3）站务员工作。

2. 练习行车自动化时运营中下列情况下车站行车值班员的作业。

1）个别自动售票机前排队过长，而站厅其他售票机空闲。

2）站厅某处卫生状况不良。

3）站台门或车门夹物或人。

4）爆发大客流时的作业。

3. 练习中央信号联锁故障，联锁站联锁设备良好时接发列车作业。
4. 练习改用电话闭塞情形下的接发列车作业。
5. 练习改用电话联系法下的接发列车作业。

项目三

车辆段的列车运行组织

知识要点

1. 车辆段的主要岗位设置。
2. 出入段作业的一般规定。
3. 调车工作概念、分类及基本作业要求。
4. 确保调车作业安全的相关规定。
5. 调车手信号的显示及音响信号的鸣示方式。

项目任务

1. 理解并掌握调车作业有关规定。
2. 熟知调车手信号的显示方式及显示意义。
3. 掌握列车出入段作业组织过程。
4. 掌握车辆段（基地）调车作业组织过程。

项目准备

1. **场地、工具准备**：实训场地、防溜器具、无线电话、信号旗（灯）、车辆、调车作业通知单。

2. **人员安排**：学生按工种分组，每组安排行调 1 人，车场调度员 1 人，信号楼值班员 2 人，扳道员、调车长、调车员各 1 人，车站行车值班员 1 人、站务员 2 人。

相关理论知识

车辆段的列车运行组织包括车辆段接发列车作业和调车作业。

一、车辆段行车组织的原则

1）车辆段内运作，必须贯彻“安全第一”的方针，坚持高度集中、统一指挥、逐级负责的原则，与行车有关的部门主动配合、紧密联系、协同动作，确保及时提供技术状态良好，数量足够的列车投入服务。

2）车辆段行车工作由车场调度员统一指挥，有关行车人员必须严格执行《行车组织规则》的有关规定。

3）编入列车的车辆应技术状态良好，符合《行车组织规则》中的规定。投入运用的车辆必须经车辆检调签认后，才能投入使用。

4）平板车装载设备不得超过车辆限界。

5）车辆段内作业应以接发列车为优先，其他作业不能影响列车出入车辆段；车辆段应合理运用设备安排接发列车、检修、施工、调车、试车、清扫等作业，确保畅通。

6）操纵车辆段计算机联锁控制台，应执行“一看、二点、三确认、四呼唤”的作业程序。车辆段值班员应做到一人操作，一人监控，共同确认，保证安全。

二、车辆段主要岗位设置

车辆段主要岗位设置，如图 3-1 所示。

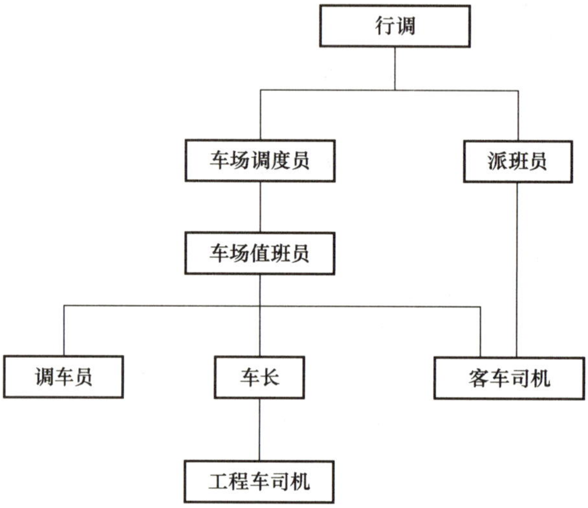

图 3-1　车辆段主要岗位设置

1. 车场调度员

车场调度员负责车场内行车运营秩序的组织和指挥，是车场内发生突发事件时的临时指挥者；负责指挥车场内列车、工程车的调车转轨作业，负责车场辖区内施工、检修作业的审批和办理工作，负责制定试车线调试、检修计划的工作。

2. 车场值班员

车辆段信号楼是车辆段内所有轨道线路的信号联锁设备的集中控制点，隶属车场调度员管理；负责车辆段信号联锁系统的控制及与之相连的正线车站共同组织列车进出车辆段。车辆段信号楼设前台值班员和后台值班员，负责排列车辆段内的调车作业和列车进出车辆段的运行进路。后台值班员负责监督和联系，前台值班员负责操作设备，实行双人确认制度做到一人操作，一人监控，共同确认，保证安全。

3. 派班员

车辆段设有派班室，派班员负责办理客车司机的出、退勤作业，负责编制客车司机派班计划表并组织实施，负责客车司机运行公里数的统计，遇突发事件根据列车交路及时调配好客车司机的派班，协助处理客车司机车辆段内的日常事务。

4. 客车司机

负责驾驶客车在正线上运营、车辆段内的调车作业、客车调试作业（包括试车线、正线）。

5. 车长

一般由工程车司机担任，在工程车（含轨道车、内燃机车、接触网作业车、磨轨车、网轨检测车等）正线开行时，负责指挥列车运行及检查监视车辆装载货物的安全，推进运行时的引导瞭望。

6. 工程车司机

指工程车值乘司机、调车员、车长和工程车司机学员的统称。

7. 调车员

一般由工程车司机担任，在车辆段调车作业时，负责指挥工程车辆的现场移动（客车凭自身动力转线作业除外）。调动客车牵引运行时，由工程车司机确认信号进路；推进客车运行时，由客车司机确认信号进路并通知工程车司机。

三、列车运转流程

列车运转流程如图 3-2 所示。

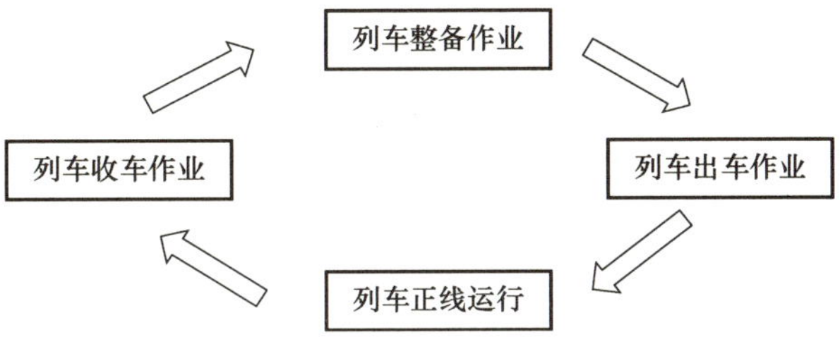

图 3-2　列车运转流程

1. 列车出车作业

列车出车作业主要包括编制发车计划、司机出乘、列车出库与出段 3 部分。

（1）编制发车计划　发车计划由车场调度员根据使用列车运行图、运营检修用车安排、车辆段线路存车情况等编制；内容包括列车车次、待发股道、运用车编号等。发车计划编制完毕后除应将计划下达给后台值班员外，车场调度员还应该将计划中列车车次、车号、有无备车、备车车号等内容上报给行调。

（2）司机出乘　司机应在充分休息的情况下出勤，按规定时间、在规定地点办理出勤手续，领取相关物品。在办理出勤手续时，应检查列车状态是否符合有关规定，经车场调度员签认。还需仔细查看行车告示牌上的行车命令、指示和安全注意事项以及本次列车出车股道，听取车场调度员传达的事项。出勤手续办妥后，司机应对值乘的列车进行出车前检查，检查合格后方能发车。

（3）列车出库与出段　列车起动前应确认信号开放与库门开启正常，并注意平交道口是否有人员、车辆穿越。

正常情况下，列车经由出段线出段，列车出段凭防护信号机的显示（绿色灯光或黄色灯光）。在出段线的有码区按人工 ATP 方式运行；在出段线的无码区按限速（20km/h）人工驾驶方式运行。信号楼值班员在该情况下办理列车发车作业时，应确认区间空闲，停止影响发车进路的调车作业。

2. 列车正线运行

从车辆运用角度，列车正线运行主要涉及列车运行交路、列车驾驶作业和司机正线交接。

（1）列车运行交路　列车正线运行的循环交路以及列车在两端折返站的到、发时刻和出段时间、顺序由列车交路图规定。

（2）列车驾驶作业　司机在值乘中应集中注意力，严禁违章行车。

（3）司机正线交接　司机在正线交接班时，接班司机应按规定、提前到指定地点出勤；交班司机应将列车技术状态、有关行车命令与注意事项交代清楚，并填写在司机报单上。

3. 列车收车作业

列车收车作业包括列车入段与入库、库内作业两部分。

（1）列车入段与入库　正常情况下，列车经由入段线入段。列车入段凭防护号机的显示，在入段线的有码区按人工 ATP 模式运行；在入段线的无码区按限速人工驾驶模式运行。信号楼值班员在办理列车接车作业时，应确认接车线路空闲，停止影响接车进路的调车作业。列车入库按调车作业有关规定进行，进入车库前应在车门外一度停车。

（2）库内作业　列车进入车库停稳后，司机应对列车进行检查，在确认列车无异常后携带车钥匙、司机报单及其他相关物品办理退勤手续；然后向司机长汇报当日工作情况，并听取日工作安排与注意事项。

4. 列车整备作业

列车整备作业包括列车清洗、列车检修和车辆验收 3 部分。

（1）列车清洗　列车清洗包括车辆内部的清扫、清洁和车身清洗等。

（2）列车检修　列车回库停稳、收车后，如无列车清洗等其他作业，车场调度员应及时与车辆检修部门办理车辆交接手续。

（3）车辆验收　信号楼接到车辆检修部门移交的车辆后，应指派专人对车辆技术状态进行检查，确认车辆技术状态符合正线运行要求后方能接收投入使用。

扩展阅读

武汉地铁按下 5G 智慧城轨“加速键”

2023 年 8 月，随着武汉地铁 19 号线全线隧道贯通，武汉地铁按下 5G 智慧城轨“加速键”，武汉乘“云”跨入世界级地铁城市。面对日益增长的出行需求，武汉地铁一直致力于探索智慧轨道交通建设，为乘客提供更好的出行体验。

在传统模式下，每条新建线路的20多个业务系统均独立建设信息化系统，建设成本高，资源利用率不足50%，“数据孤岛”现象严重，大量设备占用地铁车站宝贵的地下空间，亟须统筹规划、集约建设，避免重复投资和资源浪费。

面对现场环境复杂、作业条件有限、时间紧任务重等多重困难，湖北移动攻坚克难，紧抓交付进展和质量，耗时一个半月携手华为成功完成首段线路的网络开通和测试优化，并完成试车、网络调测、业务调测等关键应用验证。

传统地铁列车调度通信方式为TETRA，在实际应用中主要存在国外技术垄断、跨线路无法互通、仅支持语音通话等问题。武汉地铁19号线全线采用5G宽带集群方案，很好地解决了以上问题，并赋予其新能力。首先是全线国产化，5G宽带集群遵从国内标准，实现知识产权自主可控，保障了生产供应可持续、安全应用可信赖。其次，5G数字集群为整网统一规划、互联互通、统一运营。最后，5G数字集群支持语音、视频等通信方式，还可连接视频管理平台以及接入会议系统等，实现多方融合通信，方便联动指挥。

四、车辆段出入段作业

1. 接发列车作业一般规定

1）接发列车应灵活运用股道，做到不间断接车，正点发车，减少转线作业，备用车应停放在运用库线路发车的一端，升起弓，随时准备出车辆段。

2）当微机联锁系统故障，采用应急台排列接发列车进路时应按压引导总锁闭，并现场确认进路开通，人工准备进路时使用勾锁器加锁进路上的对向道岔。

3）采用应急台或人工准备接发列车进路办理接发列车作业时停止调车作业。

4）联锁设备正常时，应在邻站开车或车辆段开车点提前10min停止影响列车进路的调车作业，准备接发车进路和开放进场信号机。

5）原则上不得在非接发车线上办理列车接发作业。特殊情况应经车场调度员同意，得到行车调度改变行车组织办法的命令，采用排列调车进路锁定发车进路道岔（如联锁功能失效时，人工加锁进路对向道岔）。列车凭行车调度命令及车场调度员（或信号楼后台值班员）的发车信号出车辆段。

车辆段出场作业

6）列车进出检修库大门或通过平交道口前应一度停车确认安全后方可通过。

7）除列车进、出车辆段外，车辆段调度员、信号楼值班员应保证转换轨空闲。如需临时占用时，应报告行调批准，以保证正点发车，不间断接车。

8）列车出车辆段前，车辆段调度员应请求行调批准。信号楼值班员根据车辆段调度员的指示，方可办理列车出库的列车进路。办理首列列车出段进路前，应确认转换轨空闲，由远及近开放列车信号，列车凭出库信号机绿灯运行至进路信号机前，凭进路信号机“双绿”或者“绿”进入转换轨。同意列车进车辆段前，车辆段调度员、信号楼值班员应确认转换轨空闲，列车进车辆段，必须在转换轨防护信号机前一度停车，司机确认整列进入转换轨后，方可转为联锁模式。列车进入转换轨后，信号楼值班员应确认列车出清轨道电路后，方可报点。

9）车辆段调度员应与行调、车辆等部门加强计划联系，合理运用车辆段线路，保证畅通和车辆检修计划的兑现。

10）同意列车进车辆段，接车信号开放后，不得随意取消。特殊情况下必须取消时，应及时汇报行调，按《行车组织规则》规定办理。

2. 列车占用转换轨凭证规定

1）当车辆段微机联锁系统正常时，列车占用转换轨的凭证为出车辆段信号机的黄灯。

2）当车辆段微机联锁系统故障，开放不了出车辆段信号时，列车占用转换轨的凭证为出车辆段信号机的调车信号及信号楼后台值班员的允许出车辆段命令。

3）当车辆段微机联锁系统故障或邻站 ATS 工作站故障，开放不了出车辆段信号和调车信号时，改为电话联系（或区段闭塞）行车法组织行车，信号楼值班员得到行车调度改变行车组织办法的命令，与邻站办理发车作业，列车占用转换轨的凭证为行车调度命令（或路票）。

五、调车作业

1. 调车作业的定义

除列车在正线上的运行以外，凡因列车折返、转线、解体、编组和车辆摘挂、取送等作业需要，列车或车辆在线路上进行有目的的移动，都属于调车。按调车目的不同，城市轨道交通调车主要有折返调车、转线调车、解体调车、编组调车、摘挂调车和取送调车等。城市轨道交通的调车作业主要是在车辆段和折返站内进行。调车作业的动力是内燃机车或动车。车辆段调车作业的特点是作业量大且作业复杂，除折返调车外，其他各种类型的调车都有。

2. 调车方法

城市轨道交通调车作业方式分为以下两种：

（1）推送调车　推送调车是用机车将车辆调移至适当地点，停稳后再摘车的调车方式，其作业过程如图 3-3 所示。利用该方式调车，便于控制运行速度，作业安全。但车辆实现调移要经过推送和折返两个过程，因此，消耗的作业时间长，效率较低。当不许溜放作业时，应采用推送调车。

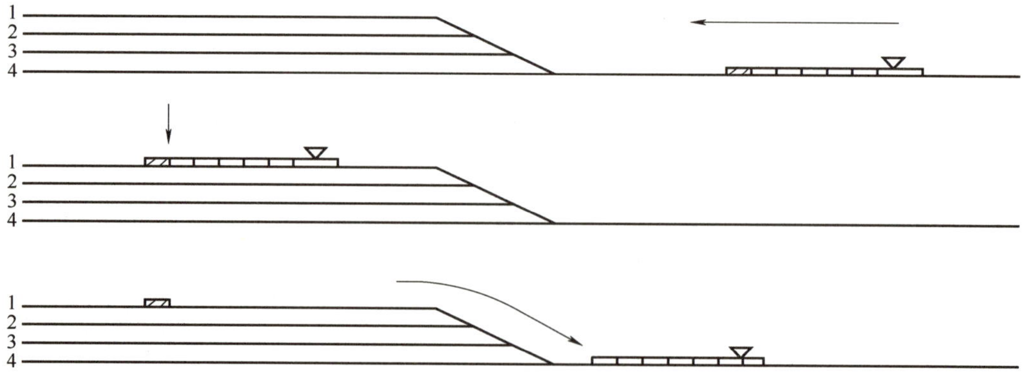

图 3-3　推送调车示意图

（2）溜放调车　利用机车调车通常以推送车列的方式行进，在达到一定速度后，按计划摘解车组，车组脱离车列自行溜出的调车方式为溜放调车方式。为此，在车列行进时，手动对车组摘钩，然后机车制动，以形成摘解车组与机带车列的速度差，即发生两者的脱离及车组溜出。为使溜出车组能溜至预定位置或实现安全连挂，由制动员对它施行手闸制动或铁鞋制动。其作业过程如图 3-4 所示。

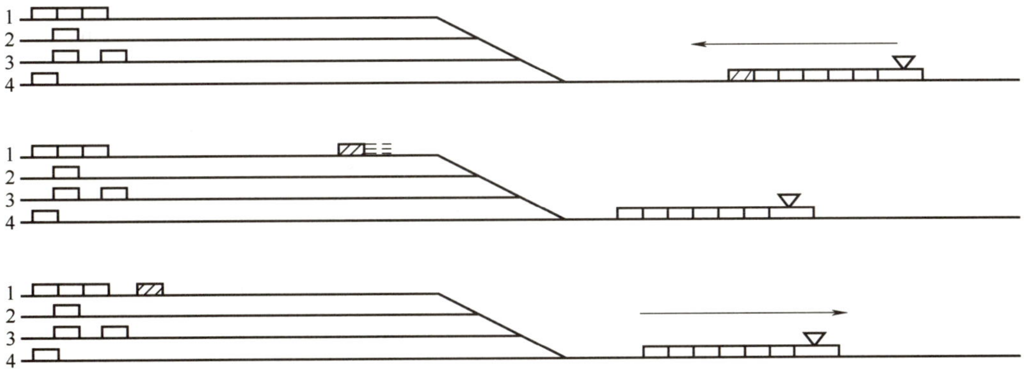

图 3-4　溜放调车示意图

正确把握车组的溜出速度是保证调车安全、提高调车效率的重要前提。溜出速度过低，车组不能溜至预定位置；速度过高，不仅机车的往返牵推过程延长，而且也难以对溜出车组实现制动操作，产生安全隐患。车组溜出速度的大小主要取决于溜行距离、溜行阻力及车辆自身的溜行性能。调车员要熟悉有关的线路及车辆情况，应具有准确测距、测速的技能。

与推送调车方式相比，溜放调车方式的分解行程短，可显著提高调车效率，在条件允许时应采用。

因为城市轨道交通车辆有许多精密仪器，所以一般不采用溜放方式进行调车作业，只使用推送方式进行调车作业。

3. 调车钩与调车程

构成调车作业过程的基本要素是调车钩与调车程。调车钩是指连挂或摘解一组车辆的作业，它是衡量调车工作量的基本单位。调车程是指连挂或摘解车辆加减速一次的移动，它是分析计算调车作业时间的最小单位。由于城市轨道交通通常是短距离调车，调车作业主要采用下面 3 种调车程。

（1）加速—制动型　即车辆被加速到一定速度后立即制动停车。

（2）加速—惰行型　即车辆被加速到一定速度后以惰力运行。

（3）加速—惰行—制动型　即车辆被加速到一定速度后，以惰力运行一段距离后制动停车。

4. 调车的功能

1）及时、正确地进行调车作业，保证电动列车按运行图的规定时刻发出，按运行图的要求安排使用列车。

2）及时取送需检修的车辆，保证检修车辆按时到位。

3）保证基地设备以及调车作业运行安全和人身安全。

4）确保其他物资运输的运行正常进行。

5. 调车指挥系统

1）车辆段调车工作由车场调度员统一领导，调车作业人员应按作业标准和调车作业计划单执行。

2）车场调度员应根据机车车辆、线路、设备检修计划和现场作业情况，合理、科学、正确地编制调车作业计划，组织调车人员安全、及时地完成调车任务。

3）调车作业由调车员单一指挥。调车员根据调车作业计划单，正确、及时地显示信号，指挥调车机运行，并注意行车安全。

4）调车司机应根据调车员的信号准确、平稳地操纵机车，时刻注意确认信号，不间断地瞭望，正确、及时地执行信号显示要求，负责调车作业安全。

5）车场值班员根据调车作业计划单和现场作业情况、机车车辆停放股道，正确、及时地排列调车进路、开放调车信号，随时监控机车车辆运行。

6. 调车作业基本要求

1）调车作业必须按照调车作业计划及调车信号机或调车信号的显示要求进行，没有信号不准动车，信号不清立即停车。

2）特殊情况使用无线电对讲机联络进行调车作业时，司机与调车人员必须保持联络畅通，联络中断时应及时采取停车措施，停止调车作业。

3）调车作业时，调车人员必须正确、及时地显示信号，司机要认真确认信号并且鸣笛回示。

7. 配合协作要求

1）调车作业是参加调车作业的相关人员如司机、调车员、车场值班员等之间相互配合、相互协作的过程。因此无论是车辆的动车、信号确认、进路确认还是注意事项，都必须在作业前明确。

2）车场值班员必须按规定正确、及时地安排调车进路，并且监视运行情况。

3）调车员必须看清计划，确认安全状态后，才准显示信号，不得盲目指挥、盲目显示信号。

4）司机必须要确认信号，瞭望四周情况后才能启动机车。

8. 终止作业条件

1）在调车作业中，调车员显示的信号得不到司机回示或认为速度过快以及有其他异常情况时必须立即显示停车信号。

2）司机在无法瞭望信号、信号中断、联络中断或者认为有异常情况时必须立刻停车。

3）车场值班员发现调车作业人员或作业过程有违反安全规定的情况时应立即采取措施，命令调车作业终止。

4）基地或车站管理人员发现有危及调车作业安全、设备安全、人身安全的情况时应立刻通知有关人员停止调车作业。

9. 手推调车

以人力推移车辆称为手推调车，通常是在短距离移动车辆时采用。正常情况下，原则上不使用手推调车。如确有必要采用手推调车，应得到车场调度员或安全主管部门批准，并有可靠的安全措施，如车辆能随时停住、无触电危险等，以确保人身安全和作业安全。

10. 调车作业计划

调车作业计划是进行调车作业的凭证与根据。调车作业计划是指调车工作的有关领导人（运转值班员或行车值班员）向调车作业人员以书面形式或口头形式下达的调车作业通知单，内容包括：起止时间，担当列车（机车）作业顺序，股道号、摘挂辆数（编组车号或车位），安全注意事项等。调车作业通知单见表 3-1。

调车作业单填写

表 3-1　调车作业通知单

编号：地运营记× × × ×

机车（客车）号码________　　　　班组________　　　　第________号

作业项目	作业时间	顺号	股沟车道种数	安全事项及其他交代
		1		制动系统是否正常：［□是，□否］ 悬挂系统是否正常：［□是，□否］ 接触网设备是否正常：［□是，□否］ 线路、道岔是否正常：［□是，□否］ 信号设备是否正常：［□是，□否］ 特殊运行速度限制： km/h 以内。 调试时驾驶模式： 存车情况： 其他事项：
		2		
		3		
		4		
		5		

车辆段调度员：　　　　　　　　　　　　年　　月　　日

调车员/值班员：________确认时间：________注销时间：________

司机/信号员：________确认时间：________注销时间：________

注：1.《调车作业单》一式四联，第一联交调车员，第二联交司机，第三联交车辆段值班员，第四联为存根。

2. 调车员、司机、值班员确认作业内容、安全事项清楚后签名。

3. 确认、注销时间填写具体时分，调车员或司机在第四联填写确认、注销时间。

4. 填写安全事项及其他交代栏时，需要提醒司机的事项在相应“□”内画“√”。如果“√”否，需要注明具体问题。存车情况需要标画铁鞋/木鞋具体位置。

车辆段调度员编制调车作业通知单时，需考虑周全，避免作业执行过程中变更计划。一旦需变更计划时，变更作业不超过三钩，可以口头方式布置，但须停车传达；接受变更计划的有关人员应复诵，车辆段调度员须确认其复诵无误；变更作业超过三钩时，须收回原计划，重新出具书面计划，以确保计划准确。

当一批作业（指一张调车作业通知单）不超过三钩时，允许以口头方式布置。由于口头布置没有书面依据，为确保作业人员之间协调一致，确保作业安全，有关人员必须复诵。随意变更计划，既不安全也影响效率。但调车作业涉及的因素较多，且多为不确定性因素，产生计划变更是难免的。如何正确了解和掌握情况，增强预见性，不变更或少变更计划，是对调车领导人的一项重要要求。

11. 调车手信号

手信号是行车有关人员在作业中进行指挥、联系等工作所采用的视觉信号。正确使用调车手信号，对保证调车作业安全，提高调车作业效率有着重要作用。行车有关人员显示手信号时，必须严肃认真，要位置适当，正确及时，横平竖直，灯正圈圆，角度准确，段落清晰，确保信号显示准确。行车人员应严格遵守手信号的显示要求，防止误认。

手信号分为徒手信号、信号旗（昼间用手信号）及信号灯（夜间用手信号）。在昼间遇降大雾、暴风雨雪及其他情况而导致视野不明朗时，由行调指示，使用夜间信号。

任何不明确或不正确的手信号都应视为危险信号，司机必须立即停车；紧急情况下没有任何信号旗或信号灯时，应急剧摇动双手或任意物件以令司机立即停车。

国内一些城市轨道交通企业规定的调车手信号的类别及显示方式见表 3-2。

表 3-2　调车手信号的类别及显示方式

序号	调车手信号类别	昼间显示方式	夜间显示方式
1	停车信号	展开的红色信号旗，无红色信号旗时，两臂高举头上，向两侧急剧摇动	红色灯光，无红色灯光时，用白色灯光上、下急剧摇动
2	减速信号	展开的绿色信号旗下压数次	绿色灯光下压数次
3	指挥列车或车辆向显示人方向来的信号	展开的绿色信号旗在下方左右摇动	绿色灯光在下方左右摇动
4	指挥列车或车辆向显示人反方向去的信号	展开的绿色信号旗上、下摇动	绿色灯光上、下摇动
5	指挥列车或车辆向显示人方向稍行移动的信号（包括连挂）	左手拢起的红色信号旗直立平举，右手展开的绿色信号旗在下方左右小动	绿色灯光下压数次后，再左右小动
6	指挥列车或车辆向显示人反方向稍行移动的信号（包括连挂）	左手拢起的红色信号旗直立平举，右手展开的绿色信号旗在下方上下小动	绿色灯光平举上下小动
7	3、2、1 车距离信号：表示推进车辆的前端距被连挂车辆的距离	右手展开的绿色信号旗下压 3、2、1 次，分别表示距停留车 3 车（约 60m）、2 车（约 40m）、1 车（约 20m）	绿色灯光平举下压 3、2、1 次
8	连挂作业信号	两臂高举头上，拢起的手信号旗杆成水平末端相接	红、绿色灯光（无绿色灯光用白色灯光代替）交互显示数次
9	试拉信号（连挂好后试拉）	左手拢起红色信号旗直立平举，右手展开的绿色信号旗在下方上、下小动，当车列启动后立即显示停车信号	绿色灯光平举上、下小动，当车列启动后立即显示停车信号
10	停留车位置信号：表示车辆停留地点	拢起的手信号旗，单臂于前下方左右小动	白色灯光左右小摇动
11	取消信号：通知前发信号取消	拢起的手信号旗，两臂于前下方交叉后，左右摇动数次	红色灯光做圆形转动后，上下摇动
12	道岔开通信号：表示进路道岔准备妥当	地下车站为绿色灯光高举头上左右小动；车场（或地上车站）为拢起的黄色信号旗高举头上左右摇动	绿色灯光（无绿色灯光时为白色灯光）高举头上左右小动

管理人员及行车有关人员检查工作或遇列车救援、发生紧急情况，没有携带信号旗或信号灯时，可用徒手信号显示。采用的徒手信号及显示方式见表 3-3。

表 3-3　徒手信号及显示方式

序号	徒手信号类别	显示方式
1	紧急停车信号（含停车信号）	两手臂高举头上，向两侧急剧摇动
2	3、2、1 车信号	单臂平伸后，小臂竖直向外压直，反复 3 次、2 次、1 次分别为 3、2、1 车信号
3	连挂信号	紧握两拳头高举头上，拳心向里，两拳相碰数次
4	向显示人方向稍行移动	左手高举直伸，右手平伸小臂左右摇动
5	向显示人反方向稍行移动	左手高举直伸，右手向下斜伸，小臂上下摇动
6	试拉信号	如本表第 4 或第 5 项，当列车刚起动立即显示停车信号（第 1 项）
7	好了信号	单臂向列车运行方向上以弧线做圆形转动

行车作业中采用的音响信号，长声为 3s，短声为 1s，间隔为 1s。重复鸣示时，须间隔 5s 以上。口笛鸣示方式见表 3-4。

表 3-4　口笛鸣示方式

序号	工作项目	鸣示方式	
1	发车、指示机车向显示人反方向移动	1 长声	——
2	指示机车向显示人方向移动	1 短 1 长声	· ——
3	指示发车	1 长 1 短声	—— ·
4	制动机减压	1 短声	·
5	制动机缓解	2 短声	· ·
6	取消	2 长 1 短声	—— —— ·
7	再显示	2 长 2 短声	—— —— · ·
8	停车信号	连续短声	· · · · · · ·

客车、车组、工程车、轨道车等列车的鸣示方式见表 3-5。

表 3-5　列车的鸣示方式

序号	名称	鸣示方式	使用时机
1	起动注意信号	1 长声 ——	① 列车起动或机车车辆前进时 ② 接近车站、鸣笛标、隧道、施工地点、黄色信号、引导信号、天气不良时 ③ 在区间停车后，继续运行时，通知车长 ④ 客车在检修及整备中，准备降下或升起受电弓

（续）

序号	名称	鸣示方式	使用时机
2	退行信号	2长声 —— ——	客车、机车车辆、单机开始退行
3	召集信号	3长声 —— —— ——	要求防护人员撤回时
4	呼唤信号	2短1长声 · · ——	① 客车或机车要求出入车场时 ② 在车站要求显示信号时
5	警报信号	1长3短声 —— · · ·	① 发现线路有危及行车安全的不良处所时 ② 列车发生重大事故及其他需要救援的情况时 ③ 列车在区间内停车后，不能立即运行通知车长时
6	试验自动制动机复示信号	1短声 ·	① 试验制动机开始减压时 ② 接到试验制动结束的手信号，回答试风人员时 ③ 调车作业中，表示已接受调车长所发出的信号时
7	缓解信号	2短声 · ·	试验制动机缓解时
8	紧急停车信号	连续短声 · · · · · · ·	司机发现邻线发生障碍，向邻线上运行的列车发出紧急停车信号时，邻线列车司机听到后，应立即紧急停车

12. 调车速度

调车作业要做到安全、迅速、准确，掌握调车速度是关键。进行调车作业的司机，必须严格按照有关规章和规定的限制速度和调车指挥人的信号操纵机车，在任何情况下，不准超速作业。调车指挥人除了注意观速、观距，及时准确地显示信号外，还要准确掌握速度，不准超过规定。若发现司机超速危及安全时，必须显示停车信号。

调车速度是根据调车作业的特点，调车时所经过线路、道岔的允许速度，调动特殊构造的车辆或装载特殊货物车辆的要求以及保证调动车列运行中的安全规定的。作业中还应根据带车多少、制动力大小以及距离远近等，由司机和调车指挥人员共同掌握。

1）调车作业时，无论是调车机车为动力的调动车辆，还是调动电动客车，均须在整列通风制动良好的条件下进行。在空线上调车，应遵守曲线半径、道岔型号等速度限制，在天气不良或地形影响，瞭望条件不良时，还应适当降低速度。

2）接近被连挂的车辆时，速度不得超过3km/h。这是安全连挂速度，不致损坏车辆。

3）进行调车作业时，要严格控制速度，按信号及行车标志牌行车。在尽头线上调车时，距线路终端应有10m的安全距离，遇特殊情况小于10m时，调车员应与司机联系，严格控制速度，并随时做好停车准备。调车速度见表3-6。

表 3-6　调车速度

序号	项目	速度/(km/h)
1	空线牵引运行	25
2	空线推进运行	15
3	调动装载超限货物的车辆时	10
4	在尽头线调车时	10
5	在维修线调车时	10
6	在运用库内停车线调车时	10
7	货物线上对位时	5
8	接近被连挂车辆 3、2、1 车时	10、5、3
9	接近被连挂车辆时	3

扩展阅读

长沙地铁周贤兵 匠心十余载 当好地铁信号护航员

在长沙，每天来来往往的地铁在城市里穿梭，它们安全、准时地在轨道上行驶，这背后离不开一群“地铁人”的守护。他们技术精湛，每天巡查几十辆列车，无惧寒暑地保护地铁的信号设备，其中有一位就是市轨道交通运营有限公司信号设备工程师周贤兵，他用专业的技能和技术守护着地铁的平安。

地铁信号设备种类多，检修精度高，应急处置时间短，设备电路故障的快速处理一直是周贤兵想要突破的难题。为此，不论走到哪里，他都随身带着一本记录工作灵感、研究思路和故障排查技巧的笔记本。千百次看似重复的实践中，周贤兵不断总结、不断尝试突破，想到任何方法、技巧，都要做好笔记。

他敬业奉献，在地铁 1 号线全线信号系统道岔隐患排查及整改行动中，发现设备隐患 80 多起，在冰雪保障中，他和团队冒着严寒，不分昼夜地扫雪除冰、排查故障，为保障列车安全运营提供了强有力的技术支撑。

作为信号检修员，他需要每时每刻查看列车自动控制系统的运行状况，做到有问题早发现、早解决。继电器是信号传输设备的重要元件，一旦发生故障，便无法及时接收和传输有效信号，造成列车晚点，甚至影响行车安全。长沙地铁 2 号线采用的进口 Q 型继电器，维修难度及成本都很高。面对设备故障率逐年升高的问题，周贤兵作为牵头负责人，成立了继电器维修工班，在 Q 型继电器维修任务中带领班组成员耗时半年，研究出继电器的维修方法与调整工艺，并搭建出继电器测试平台，完成了 900 余个 Q 型继电器的维修工作，为单位节省维修费用约 360 万元。

“问渠哪得清如许，为有源头活水来”，周贤兵始终认为不管做什么工作，都不能停下钻研学习的脚步，只有搞清楚设备的技术原理，才是保证工作效率、提高创新能力的“活水源头”，只有不停歇的进取和奋斗，才是他坚守的初心和努力的方向。

项目实施

一、列车出入段作业

1. 与控制中心联系得到许可

除列车进、出车辆段外，车辆段调度员、信号楼值班员应保证转换轨空闲。如需临时占用，应报告行调批准，保证正点发车，不间断接车。列车出车辆段前，车辆段调度员应请求行调批准。

1）确认出入车辆段空闲。根据《行车日志》或轨道电路占用表示灯确认出入车辆段空闲。

2）车辆段在得到控制中心“同意出车辆段”命令后，准备发车。在得到控制中心“要求入车辆段”命令后，准备接车。

每天运营前，车辆段调度员与检调协商出车辆段列车与入车辆段列车安排，减少交叉进路影响，并由检调编制《车辆运营日计划单》交车辆段调度员。车辆段调度员确认后，交车辆段派班员和值班员做好发车和接车准备。

2. 进路的布置、准备及确认

信号楼值班员根据车辆段调度员的指示，方可办理列车出库的进路。后台值班员必须亲自布置并听取进路准备妥当的报告。

（1）布置进路

1）布置内容。向有关人员讲清车次和占用线路（接入某股道或由某股道出发）。

2）布置要求。

① 按《车辆段运作手册》规定时间，及时布置进路。

② 使用公司《车辆段接发列车作业标准》规定的用语。如，“×××次×××道停车，开放信号”或“×××次从转换×××道进车辆段，×××道停车，准备进路”。

③ 受令人复诵。当两个及以上人员同时接受准备进路的命令时，应指定一人复诵。值班员要认真听取，核对无误后，方可命令“执行”。

（2）准备进路　前台值班员应严格按照后台值班员布置的接发列车命令，正确、及时地准备进路。前台值班员在操纵道岔、信号时，要执行“眼看、手指、口呼”制度，控制台操作时要“一看、二排、三确认、四呼唤”，严禁其他人操纵。

列车出车辆段时，排列发车进路，原则上先办理发车进路，再办理客车出库的调车进路。

列车入车辆段时，排列接车进路，原则上先办理客车入库的调车进路，再办理接车进路。

（3）确认　确认进路正确，道岔开通方向正确。当车辆段ATS设备正常时，通过确认控制台或显示屏光带正确；当车辆段ATS设备故障时，现场人工确认。

（4）报告　用标准用语向后台值班员报告。“确认转换轨×××道往×××道的接车进路”；转换轨×××道往×××道接车进路确认好”。

> 注意事项：
>
> 车辆段的列车进出车辆段一般要经过车库、到发线、转换轨、正线车站，因此出入车辆段一般由几条进路组成，在办理过程中，应严格遵守由远及近的办理规则。

3. 开放信号

接车前根据回段列车计划，距列车入段时间提前 10min 排列接车进路，开放接车信号机。

后台值班员在得到行调授权后依据列车运行图、列车运用计划及列车停放位置，排列发车进路。列车出库前 3min，后台值班员通知列车司机将列车驶入出或入车辆段线，待列车完全停于信号机前后，司机用直通电话与后台值班员取得联系，通知列车已驶入出或入车辆段线。

4. 交接凭证

正常情况下凭证是出车辆段信号机的允许显示。

5. 指示发车

当车辆段做好发车准备并具备发车条件后，后台值班员就向司机显示发车信号或用无线通知司机“×××次×××车×××道出车辆段信号好，开车”。

6. 接送列车

列车出、入车辆段接发列车人员接送、监视列车状态，及时处理危及行车和人身安全的问题。

（1）列车进车辆段和出车辆段的报告　后台值班员从车辆段 ATS 设备上确认列车整列出发或到达。

（2）列车进、出车辆段报点的规定　值班员应将列车的到达、出发时刻记入《行车日志》。为使行调掌握列车进出情况，值班员应及时向行调报告。

1）移动闭塞时，列车回车辆段，全列出清转换轨后，车辆段调度员应及时向行调报点；列车出车辆段，车辆段调度员无须向行调报点。

2）站间自动闭塞时，列车进出车辆段过程中，列车进入（出清）转换轨，车辆段调度员应及时向行调报点。

列车的出入段作业

列车出段作业流程见表 3-7。

表 3-7　列车出段作业流程

项目	作业程序		说明
	后台值班员	前台值班员	
1. 发车预告	1）根据《运营时刻表》、《施工行车通告》或行车调度、DTC 命令，向接车站预告“×××次×××车预告”，并听取复诵		电客车正常出车辆段此项可简化
	2）填写《行车日志》		
2. 准备发车进路，开放出车辆段信号	3）指示操作员：“×××次×××车×××道发车，开放信号”，听取复诵无误后命令“执行”	4）复诵：“×××次×××车×××道发车，开放信号”	应向操作员讲明进路
	6）通过控制台确认信号正确，回答：“×××道出车辆段信号黄灯好”	5）开放出车辆段信号时，手指、口呼×××道，按压始端按钮；“出车辆段”，按压进路终端按钮，确认光带，信号正确后，报告：“×××道出车辆段信号黄灯好”	

（续）

项目	作业程序		说明
	后台值班员	前台值班员	
3. 指示发车	7）告知司机“×××次×××车×××道出车辆段信号黄灯好，开车”		
	8）确认列车起动，通知接车站“×××次×××分开”		
	9）填写《行车日志》	10）监视列车出车辆段情况	
	12）答：“好”	11）通过控制台确认列车整列出车辆段，口呼：“×××次出车辆段”。注销占线簿	
4. 报点	13）向行调报点		
	14）复诵接车站报点“×××次×××分到”		
	15）填写《行车日志》		

注：电客车正常入段时，向行调报点可简化。

列车入段作业流程见表 3-8。

表 3-8　列车入段作业流程

项目	作业程序		说明
	后台值班员	前台值班员	
1. 听取发车预告	1）听取发车站开车预告并复诵“×××次×××车预告”		电客车正常入车辆段此项可简化
	2）确认入车辆段线空闲以及车辆段调度布置的电客车接车计划，征得车辆段调度员的同意，该列车接入×××道，填写《行车日志》		
2. 准备接车，进路开放信号	3）指示操作员开放信号“×××次×××车×××道停车，开放信号”，听取复诵无误后命令“执行”	4）复诵“×××次×××车×××道停车，开放信号”	列车从正线联络站进车辆段，应确认转换轨
		5）填写占线簿	
	7）监视控制台复检、确认信号正确。回答：“×××道接车信号黄灯好”	6）开放进车辆段信号时，手指、口呼，“进车辆段”，按压始端按钮：“×××道”，按压进路终端按钮。确认光带、信号显示正确后，报告：“×××道接车信号黄灯好”	

（续）

项目	作业程序		说明
	后台值班员	前台值班员	
3. 接车	8）听取发车站开车报点并复诵，通知车辆段相关工作人员“×××次×××分开”	9）复诵“×××次×××分开”	
	10）填写《行车日志》	11）监视列车进车辆段情况	
	13）回答“好”，并填写占线薄	12）通过控制台确认列车整列进入接车线后，口呼“×××次到达”	
4. 列车到达	14）向发车站发出“×××次×××分到”		
	15）填写《行车日志》		
	16）通知车辆段调度员列车到达，向行调报点		

注：电客车正常出段时，向行调报点可简化。

占线薄的格式见表 3-9。

表 3-9　占线薄的格式

占线薄					
序号	车次	股道	接车	发车	备注
1	0107	D16G	√		
2					
3					
4					
5					
6					
7					
8					

二、调车作业

1. 调车作业计划及准备工作

调车作业计划是调车作业的依据，做好调车作业计划的布置、交接、传达及准备工作，是安全、正确、及时地完成调车任务的重要保证。

1）编制调车作业计划。

2）车辆段调度员应亲自编制调车作业计划并制订安全防范措施及注意事项，向调车员交递书面计划及《机车、车辆动车需求计划单》和《调试、试验作业任务书》。调车员应根据调车作业计划亲自向司机交递和传达。作业完毕后及时收回《机车、车辆动车需求计划单》和《调试、试验作业任务书》。

3）车辆段调度员向信号楼值班员、司机、调车员传达计划时，接受计划的人员须认真复诵，确保清楚无误地掌握计划。

4）接计划人员接完计划后，需准确向本班人员传达，确保计划执行到位并充分发挥互控作用。

5）调车作业前的准备。

① 调车作业前，调车员应充分做好准备（按规定着装、佩戴防护用品，确认无线对讲机良好），并认真检查调车组其他人员准备情况。

② 对线路进行检查，确认进路、车辆底下和上部无障碍物。

③ 对车辆进行检查，内容包括车辆防溜措施情况、是否进行技术作业、是否有侵限物搭靠、装载加固是否良好、是否插有防护红牌（红灯）。

2. 调车进路准备与确认

调车用的进路称为调车进路。调车进路包括短调车进路和长调车进路，短调车进路指从起始调车信号机开始，到下一架阻挡信号机为止的一个单元调车进路。长调车进路由两个以上的单元调车进路组成。

1）信号设备正常时进路准备。进路的准备是由操作值班员按调车作业计划进行的，进路办理妥当后调车信号开放。集中联锁车站准备进路可以分段进行，但要注意先远后近，切不可由近及远，以免造成调车人员看到远方的调车信号未开放而动车，造成行车事故。

2）无联锁线路调车进路办理应该执行要道还道制。

3）进路部分信号设备故障时。能够使用的设备尽量使用，联锁设备良好的道岔可用单独操纵单独锁闭的方法，其他电气故障的道岔用人工扳动人工加锁。在办理进路过程中，要严格执行要道还道制度。

4）确认进路。牵引车辆运行时，前方进路的确认由司机负责；推进车辆运行时，前方进路的确认由调车指挥人负责，调车指挥人确认前方的进路有困难时，可指派调车组其他人员确认。

调车作业实施

3. 调车作业流程

联锁设备正常时调车作业流程见表3-10。

表3-10　联锁设备正常时调车作业流程

项目	作业标准		
	后台值班员	前台值班员	调车指挥人
接收计划	1）接收调车申请，确认机车车辆停留位置计划与实际相符，编制调车计划及安全注意事项 2）确认计划正确可行，向信号操作员、调车指挥人布置计划，传达重点注意事项		
布置计划	1）接收调车计划后，认真阅读和正确理解调车计划内容，了解现场具体情况	2）接收调车计划后，认真阅读和正确理解调车计划内容，了解现场具体情况	3）接收调车计划后，认真阅读和正确理解调车计划内容

（续）

项目	作业标准		
	后台值班员	前台值班员	调车指挥人
调车作业	2）接到司机整备作业完毕请求进路后，指示前台值班员："开放×××道往×××道的调车信号" 4）听取前台值班员复诵无误后命令"执行"	3）复诵"开放×××道往×××道的调车信号" 5）听到"执行"后，核对调车计划无误后开始操作	1）准备完毕后按计划呼叫信号楼"×××（次、号），请求×××道进路"
	7）通过显示屏监督前台值班员操作，确认信号开放正确后回答："好" 8）呼叫调车指挥人"×××（次、号），×××道进路准备好"	6）开放调车信号时，用鼠标指、口呼"×××道"，点压终端信号机按钮。确认光带、信号显示正确后，报告"×××道往×××道信号好"	9）复诵"×××道进路准备好，×××（次、号）明白"
	11）打钩（在计划第1、2钩右边打一钩），并记录计划的开始时间	12）打钩（在计划1、2右边打一钩），并记录计划的开始时间	10）按计划进行作业
	14）密切注视显示屏，监督列车、机车车辆运行。听调车指挥人作业完的汇报，将该钩计划用横线划掉	15）密切注视显示屏，监督列车、机车车辆运行动态，将该钩计划用横线划掉	13）一钩作业完毕及时汇报信号楼，并申请下钩计划进路
	16）按上述步骤，根据调车指挥人申请和作业计划布置下一钩进路	17）按上述步骤准备下一钩进路	18）重复以上步骤
注意事项	值班员应认真确认机车车辆的具体位置，通过显示屏确认机车车辆的位置与司机呼叫的位置相符后，再排列进路 值班员负责车辆段行车指挥工作，加强监督机车车辆动态，如有两列车或机车车辆运行有交叉时，提前通知扣停列车、机车车辆，要求司机/调车员提前减速停车 车辆段内所有作业，值班员发现或接到行车设备或与作业有关的设备发生故障或异常影响到行车安全或作业的正常进行时，应立即通知司机停车待令，等到故障或异常排除后，确认不影响行车安全的前提下，通知司机确认现场情况正常后方可动车		

拓展与提高

车辆段接车线路空闲的确认方法

1. 正常情况下

通过控制台上股道占用光带或股道占用表示灯确认，还要注意确认线路附近有无能使列车脱轨的障碍物，或通过计算机显示屏股道占用表示的显示确认。

2. 在轨道电路故障时

由接发车人员现场确认接列车线路是否空闲。

原装有联锁设备的线路上，由于故障导致联锁失效，此时，列车（调车）进路及道岔和信号机之间联锁设备已不能相互检查并失去互控作用。人工检查接车线空闲方法：

（1）现场所目视检查　在昼间天气良好时，由现场接车人员，两端扳道员分别站在接车线路中心，以“眼看、手指、口呼”一致确认的检查办法，确认接车线空闲。

（2）分段现场检查　在夜间或昼间天气恶劣，再或地处曲线直接目视检查接车线空闲有困难时，运转值班员、助理值班员与两端扳道员应按《车辆段运作手册》所划分的地段，以互对股道号码信号或分段步行检查确认接车线空闲。

（3）辅助检查　当车辆段正线、到发线上有列车、车辆占用时，在行车室控制台盘面的按钮上夹挂“列车占用”“存有车辆”等字样的表示牌，并在行车室、扳道房的“占线揭示板”上填记列车车次或存车代号、符号等，以便接发列车人员用于辅助记忆及检查线路占用情况。

复习思考题

一、填空题

1. ____________负责车场内行车运营秩序的组织和指挥，是车场内发生突发事件时的临时指挥者，车辆段信号楼设前台值班员和后台值班员，____________负责操作，____________负责监控。

2. 列车运转流程包括____________、____________、____________和____________ 4 个流程。

3. ____________是指调车工作的有关领导人（运转值班员或行车值班员）向调车作业人员以书面形式或口头形式下达的调车作业通知单，内容包括：起止时间，担当列车（机车）作业顺序，股道号、摘挂辆数（编组车号或车位），安全注意事项等。

4. ____________是指连挂或摘解一组车辆的作业，它是衡量调车工作量的基本单位。____________是指连挂或摘解车辆加减速一次的移动，它是分析计算调车作业时间的最小单位。

5. 前台值班员在操纵道岔、信号时，要执行“____________”制度。

二、选择题

1. 下列哪一种列车运行不属于调车？（　　）

A. 列车编组　　B. 列车在区间运行　　C. 列车解体　　D. 列车摘挂

2. 城市轨道交通一般采用（　　）进行调车作业。

A. 驼峰调车　　B. 手推调车　　C. 溜放法　　D. 推送法

3. 当 1 批作业（指 1 张调车作业通知单）不超过（　　）钩，允许以口头方式布置。

A. 2　　B. 3　　C. 4　　D. 5

4. 单臂向列车运行方向上弧线做圆形转动是（　　）手信号。

A. 连挂信号　　B. 停车信号　　C. 好了信号　　D. 试拉信号

5. 下列哪一项不属于列车出车作业？（　　）

A. 编制并下达发车计划　　B. 司机出勤

C. 列车运行交路　　D. 列车出库与出段

三、判断题

1. 车辆段内运作，必须贯彻“安全第一”的方针，坚持高度集中、统一指挥、逐级负责的原则。（　　）

2. 可以在非接发车线上办理列车接发作业。（　　）

3. 接近被连挂的车辆时，速度不得超过 5km/h。（　　）

4. 短调车进路指从起始调车信号机开始，到下一架阻挡信号机为止的一个单元调车进路。（　　）

5. 在调车作业中，调车人员显示的信号得不到司机回示或认为速度过快以及其他异常情况必须立即显示停车信号。（　　）

四、简答题

1. 简述列车出入段作业的组织过程。
2. 简述调车工作的分类。
3. 调车工作对调车作业人员有哪些要求？
4. 调车时速度有何限制？
5. 调车作业计划包括哪些内容？如何进行布置和传达？变更计划有何要求？
6. 简述车辆段（基地）调车作业的组织过程。

项目四

ATC 设备故障时的列车运行组织

知识要点

1. ATC 列车运行自动控制系统的设备组成、工作原理及主要功能。
2. ATS 设备故障、ATO 设备故障、ATP 设备故障时的处理规定。

项目任务

1. 理解 ATC 列车运行自动控制系统的工作原理及主要功能。
2. 掌握 ATS 设备故障、ATO 设备故障、ATP 设备故障时的行车办法。

项目准备

1. **场地、工具准备：**列车运行控制系统、模拟沙盘、线路、信号机等行车设备模型、车站模型、列车模型、各种登记表簿、联系电话、信号旗、路票、调度命令、手摇把、钩锁器等。

2. **人员安排：**学生按车站数分组，安排行调 1 人，每站设有行车值班员 1 人、站务员 3 人。

相关理论知识

一、列车运行自动控制系统

1. 概述

列车自动控制系统 ATC（Automatic Train Control）简称为列控系统，就是对列车运行全过程及一部分作业实现自动控制的系统。其特征为：列车通过获取的地面信息和命令，控制列车运行速度，并调整与前行列车之间必须保持的距离，是保证列车按照空间间隔运行的技术方法，包括 3 个子系统：

列车超速防护子系统 ATP（Automatic Train Protection）；

列车自动驾驶子系统 ATO（Automatic Train Operation）；

列车自动监控子系统 ATS（Automatic Train Supervision）。

ATP/ATO 子系统是 ATC 系统的核心之一。列车超速防护子系统 ATP 通过列车 ATP 系统和地面 ATP 系统间的信息传输，来实现列车间安全间距的监控、速度控制、列车的超速防护、安全开关门的监督和进路的安全监控等功能，从而防止列车碰撞与出轨，确保列车和乘客的安全。列车自动驾驶子系统 ATO，主要通过车载 ATO 系统完成站间自动运行、列车速度调节和进站定点停车，并接受控制中心（OCC）的运行调度命令，实现列车的运行自动调整。列车自动监控子系统 ATS，主要功能是监督列车状态、产生列车时刻表、自动调整列车运行时刻和保证列车按时刻表正点运行、生成运行报告和统计报告、向乘客导向系统提供信息等。轨道交通系统采用软件方法实现联网、通信及列车运行管理自动化，ATP、ATO、ATS 3 个子系统既相互独立又相互联系，组成完整的 ATC 系统，确保列车安全、快速、短间隔时间和有序地运行。ATC 系统设备分布于控制中心（OCC）、车站、轨旁及车上。ATC 列车自动控制系统框图如图 4-1 所示。

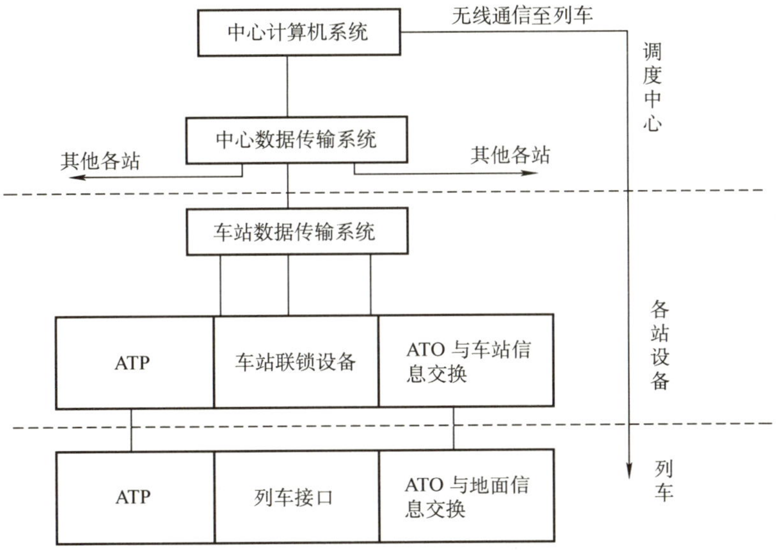

图 4-1　ATC 列车自动控制系统框图

在控制中心内，装有分布式中心计算机系统、中心数据传输系统、信息管理系统等。

控制中心是以计算机为主体的控制设备。每 1 个控制中心有 1 套三取二的计算机系统进行全部数据处理及行车指挥。这种结构保证了故障-安全及可靠性。控制中心还包括相应的数据传输设备，即应有 1 台高速数据传输设备对下属车站及运行中的列车实现双向数据传递。

在中心计算机系统中存有固定的被控区域的各种数据，如线路坡度与曲线数据以及目前线路允许速度，还应包括轨道电路状态、信号机位置及显示状态、应答器位置及工作状态等。运行中列车的各种数据，如列车位置、列车制动效果等将通过各站分机传送到中心计算机。中心计算机根据各种数据计算出行车指挥命令，并通过数据传输设备传送到车载计算机中。这些命令如行车目标速度、到达下一个目标的行车距离以及车载计算机应使用的速度曲线及制动曲线，并根据最大允许速度自动驾驶列车。

线路设备的变化如轨道电路反映的各种状态，都是通过数据传输系统输入到控制中心的。因此，数据传输系统是轨道与列车、列车与轨道之间以及各站间、各站与中心间的闭环式车地信息交换系统。

2. ATC 的功能

1）基本功能：

① ATC 的车载信号是列车运行的凭证。

② 按列车安全制动距离，自动调整列车运行追踪间隔。

③ 防止列车运行速度超过线路允许速度、道岔侧向规定速度以及列车构造速度、保证列车行车安全，超速时由列控设备自动实行减速或制动停车。

④ 监督列车以低于 30km/h 的速度进行出入库作业。

⑤ 与机车自身速度控制系统相结合，实现减速、缓解、加速的自动控制。

⑥ 防止列车冒进关闭的禁止信号机（或点）。

⑦ 与列车调度系统相结合，实现对列车减速、缓解、加速的自动控制。

⑧ 由车载测速单元获取列车走行速度和列车的位置。每通过一个轨道区段分界点或应答器时，列车的测距系统将校正一次，以提高目标距离的精度。

⑨ 根据地面中心信息以及车载设备实时处理情况，车载设备应连续地向列车司机显示下列行车内容：目标速度、目标距离、允许速度、实际速度。

还有其他辅助报警显示：超速、制动、缓解、故障等。

2）安全功能：为保证高速列车的安全运行，ATC 还设有下列检测设备和安全防护措施，形成完整的列车安全运行体系。

① 环境状况监督。强风、雨、雪检测器及立交处防落物监测器将产生的报警信号，传输给车站和区段调度所。列控系统根据这些信息发出限速或停车指令。

② 列车状态检测。轴温检测器将产生的报警信号传到车站和调度所。列控系统对这些信息进行处理，通过点式传输，将轴温报警信息传输给列车。

③ 人员和设备防护。在施工或发生事故时，通过局部操作（或车站或区段调度所控制），使列控系统发出各种防护或限速命令，对设备或人员进行安全防护。

3）其他功能：

① 列控系统不仅具有列车速度控制功能，根据需要，其控制中心还可对所辖区间渡线道岔及中间小站道岔进行控制，实现信号基础安全设备一体化。

② 设备维护监督功能。对列控地面设备状态进行监督管理，存储设备故障的信息。列控系统将设备状态的故障及报警信息传到操作员处。

3. ATC 的分类及应用

构成列控系统的制式、技术要素有两个：车地信息传输方式和速度控制模式。两个要素不同，体现在闭塞方式上主要有 3 种类型：固定闭塞方式的 ATC 系统、准移动闭塞方式的 ATC 系统、移动闭塞方式的 ATC 系统。

ATC 系统国内外应用状况，见表 4-1。

表 4-1　城轨交通 ATC 系统国内外应用状况表

控制模式	供货商	国内应用	国外主要应用
固定闭塞	中国通号集团	大连市快轨 3 号线 北京地铁八通线	
	西屋	北京地铁 1 号线、八通线、13 号线	新加坡 1 号线
	GRS	上海地铁 1 号线	纽约地铁
	西门子	上海新闵线	欧洲城轨交通
准移动闭塞	西门子	广州地铁 1、2 号线 深圳地铁 1 号线 南京地铁 1 号线	
	阿尔斯通	上海地铁 3 号线 香港机场快速线	法国巴黎南北线
	US&S	上海地铁 2 号线 天津滨海线	美国洛杉矶绿线 韩国汉城地铁
	西屋	北京地铁 5 号线 天津地铁 1 号线	英国伦敦 Jubilee 西班牙马德里
移动闭塞	阿尔卡特	武汉轻轨 1 号线（环线） 广州地铁 3 号线（环线） 港九铁路西线（环线）	温哥华 1、2 号线（环线） 肯尼迪机场轻轨（环线）
	西门子	广州地铁 4 号线	巴黎地铁 14 号线（环线）
	阿尔斯通		新加坡东北线

4. ATP 子系统

ATP 系统对城市轨道交通的安全快捷运行起到重要作用。ATP 系统即列车超速防护子系统，是故障-安全的系统，该系统负责全部的运行保护，对与安全有关的子系统进行控制。ATP 系统保证运行的安全，同时也提高运营的效率。目前，存在有不同的 ATP 系统，如“固定闭塞”、“准移动闭塞”和“移动闭塞”ATP 系统。虽然不同的 ATP 系统工作原理有不同，具体设备有不同，功能也有程度上的差别，但基本的功能和组成是接近的，其运行模式、维修组织与流程、故障处理和设备的检修等方面都有共同的地方。

（1）ATP 设备组成　ATP 系统总的来说一般由轨旁设备和车载设备两部分组成。下面结合德国西门子 LZB700M 系统对 ATP 设备组成和模块功能进行介绍。

1）ATP 轨旁设备组成。ATP 轨旁设备主要由 ATP 轨旁单元和其相关的发送（接收）设备组成。ATP 轨旁设备利用轨道电路发送数据信息到车上，对轨道电路双重利用，无需在轨道上增加设备。ATP 系统一般是分区域进行控制的，这主要是根据系统所能控制的范围决定的，每一个区域都有轨旁单元和发送（接收）设备，各区域的 ATP 轨旁单元通过总线连接。

2）ATP 车载设备组成。ATP 车载设备一般由 ATP 车载单元、测速装置和接收（发送）装置组成。有的系统是列车两头各一套车载 ATP 设备，互为备用；有的系统是列车两头各一套，但不互为备用，只控制各自方向的行驶；还有的系统只有一套。另外在车辆驾驶室的显示器上安装有信号的显示软件。

ATP 车载单元一般由计算机通道组成，有的采用二取二计算机系统，有的采用三取二计算机系统，广州地铁 1 号线的 ATP 车载单元主要是由两个通道计算机组成的二取二的计算机系统，采用故障-安全检测器以保证列车运行安全。当两个中的一个通道故障时，整个车载单元安全切断。测速装置是速度脉冲发生器，用以检测列车的速度。接收（发送）装置，不同 ATP 系统根据其具体情况，有的只有接收装置，有的接收、发送装置都有。

ATP 车载设备根据地面设备提供的信号动态信息、线路静态参数、临时限速信息及有关动车组数据，生成控制速度和目标距离模式曲线，控制列车运行。

ATP 设备框图如图 4-2 所示。

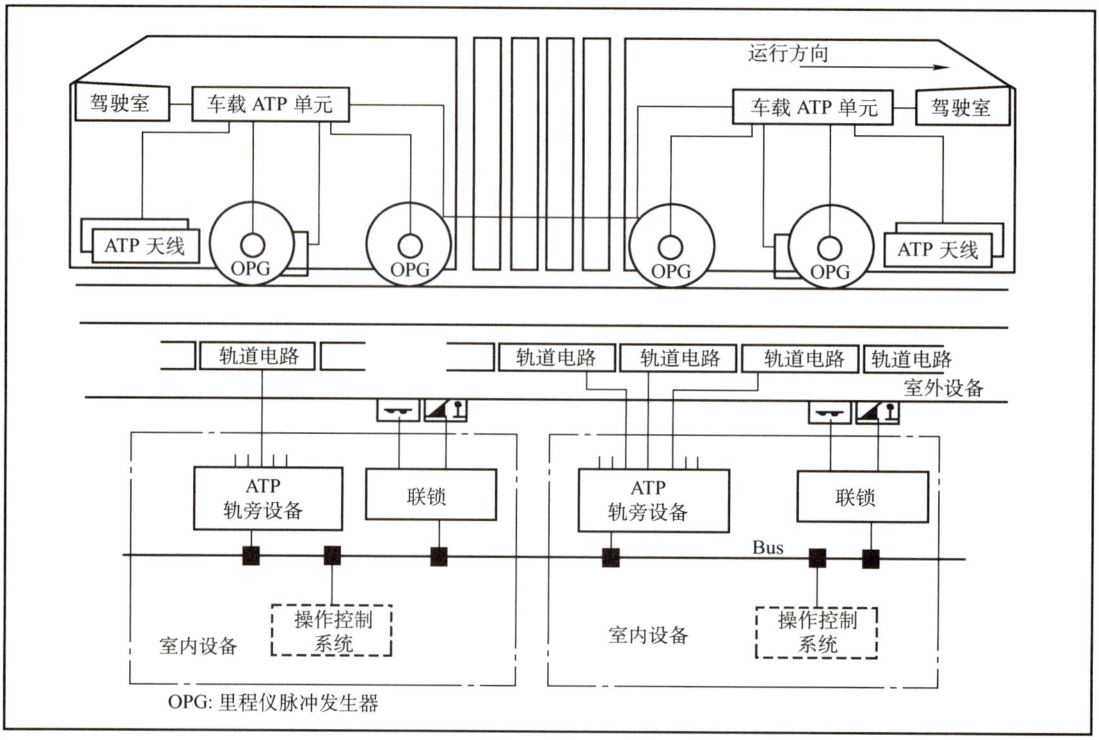

图 4-2　ATP 设备框图

（2）ATP 工作原理　ATP 系统在城市轨道交通中承担确保列车行车安全的重要职责，它是 ATC 系统中最重要的一环。

在 ATP 计算机内，储存了必要的线路固定工程数据，如区间的线路布置、坡度、轨道电路长度、限速等。ATP 计算机根据已有的数据和当时的线路运行状况，按照一定的算法计算列车的最大允许速度，如图 4-3 所示。

线路上的前行列车 A 经 ATP 车载设备将本车的实际位置，通过通信系统传送给轨旁的移动闭塞处理器，并将此信息处理生成后续列车的运行权限，传送给后续列车 B 的 ATP 车载设备。列车 B 可计算出到危险点的最大允许速度。列车 A 向前运动，则列车 B 的安全停车点（车站停车点不属于安全停车点）也随之变化，列车 B 与列车 A 总是保持一个“安全距离”。该安全距离是介于列车 B 的目标停车点和确认的前车尾部之间的一个固定距离。列车 B 实时计算到停车点的速度-距离曲线，如果列车实际速度高于最大允许速度，那么系统

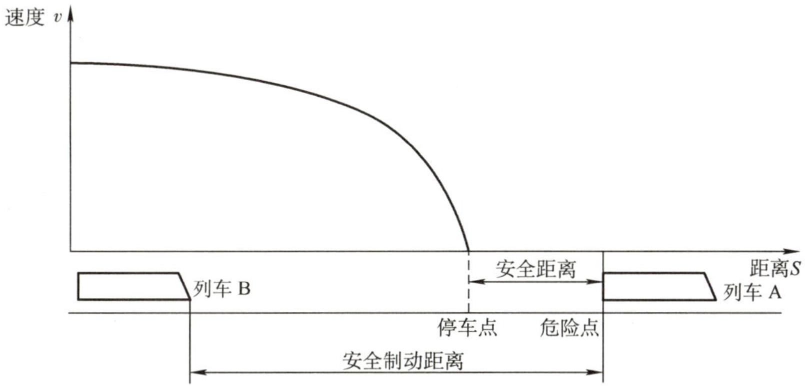

图 4-3　ATP 工作原理

就先报警，若在规定时间内未将速度降到允许速度以下，则实施紧急制动。

（3）ATP 系统功能

1）防护区段和停车点的保护。危险点是丝毫不能超越的点，如果超越，就可能发生危险，如列车追尾。如图 4-3 所示，停车点和危险点间有一个安全距离，该安全距离即是两列车间的防护区段，该防护区段的长度由区段的运行条件和前后列车性能决定，必须保证后续列车最迟能够在防护区段的末段（危险点之前）停下来。图中的停车点是防护区段的起始点，由 ATP 负责监督并计算出到安全停车点的速度-距离曲线，以使列车在该点能够停下，在防护区内的停车可以保证前后列车的安全。

2）测距与测速。距离测量为 ATP 单元的重要功能提供依据（例如，速度检查、开门位置的确定）。为了保证列车能够准确地停在目标停车点处，ATP 系统必须能够计算出从当前位置到目标距离点的最大安全允许速度。

轨旁 ATP 计算机将计算列车运行允许速度的有关参数，形成报文，通过数字轨道电路发送给在轨道上运行的列车。列车通过车载 ATP 天线接收这些数据，并形成相应的速度保护曲线，保证列车在安全状态下行驶。

车载 ATP 计算机根据测速传感器给出的列车实际运行速度、接收到的 ATP 报文信息实施对列车距离和速度的监督、紧急停车的监督、停车点的监督等安全性功能，并把相应的距离、速度等参数送给驾驶室里的辅助显示单元，作为驾驶员操作控制列车的依据。

3）列车追踪间隔。此功能保证了列车运行的控制，避免列车碰撞。

4）安全线被侵犯情况下的紧急制动。通过按压设在车站站台上的紧急停车按钮，紧急停车的报文信息由 ATP 轨旁单元通过轨道电路发送到列车。发送信息的轨道电路区段为站台区和离去区段，紧急停车报文的发送等效于轨道电路的占有，因此影响速度曲线和保护区段。ATP 车载单元收到紧急停车报文后，启动紧急制动，直到列车停稳。

5）运行方向的监督。在正线和试车线上，车载 ATP 接收装置接收到轨旁设备发送的报文后，车载 ATP 单元对列车的运行方向监督，不允许列车退行，当列车退行时，ATP 产生紧急制动。

6）车门监控。列车的车门控制是 ATP 重要的安全措施之一。车载 ATP 设备能防止列车在站外开门和站内开错门，另外，它还防止列车在开门状态下起动，列车在车门未全部关闭时运行。若出现上述情况，ATP 会产生紧急制动。只有在下列条件同时满足时，车载 ATP 才给出开门命令：①列车是静止的；②列车停在车站的可停车范围内；③轨旁 ATP 设备允许开门。只有在 ATP 系统检查了所有安全条件且确认均已满足时，才允许车门开启并发出指示命令。

7）列车自动折返监控。自动折返运行模式使列车在终点站能够自动折返（包括无人折返）。在这种模式下，列车在 ATP 系统的控制下运行。就是说，ATP 车载单元通过速度曲线连续对列车的运行进行监督。

8）列车故障信息和紧急制动的记录。ATP 车载单元有存储模块和诊断接口。当车载设备发生故障或列车发生紧急制动时，故障信息或紧急制动信息会被储存，另外车载单元的一些状态也会被记录。

5. ATO 子系统

（1）ATO 系统结构　列车自动驾驶 ATO 系统负责控制列车的运行，例如列车的自动离站，列车的速度调节，列车的目标制动以及车门、站台门的开/关的启动控制。

ATO 是提高城市轨道交通列车运行水平（准点、舒适、节能）的重要技术，但它的功能是要依靠 ATC 各子系统协调工作共同完成的。ATO 设备没有安全相关的功能，因为 ATO 总是运行于 ATP 的安全监督之下，其运行速度始终低于 ATP 的防护速度，且它的运行任务是由 ATS 根据需求实时给出的，缺少 ATP 和 ATS 子系统，ATO 将无法正常工作。

ATO 的主要部件在列车上，以实现自动驾驶模式。ATO 的功能是非安全型的，ATO 车载单元是单通道的计算机。轨旁 ATO 的功能通过 ATS、轨旁 ATP 和 SICAS 实现。所以，ATO 轨旁功能不需额外的物理设备。ATO 系统结构如图 4-4 所示。

ATO 由以下几部分组成：

1）轨旁设备。包括车站交叉环线和轨旁 PTI 列车位置识别系统设备。通过连续式通信，其功能由 ATS、ATP 和 SICAS 共同完成（如控制站台门）。主要提供以下功能：通过连续式通信通道接收列车数据（比如驾驶模式、车次号、目的地号或者列车司机号），并在车载设备和 ATS 之间传送文本消息；打开和关闭站台门。

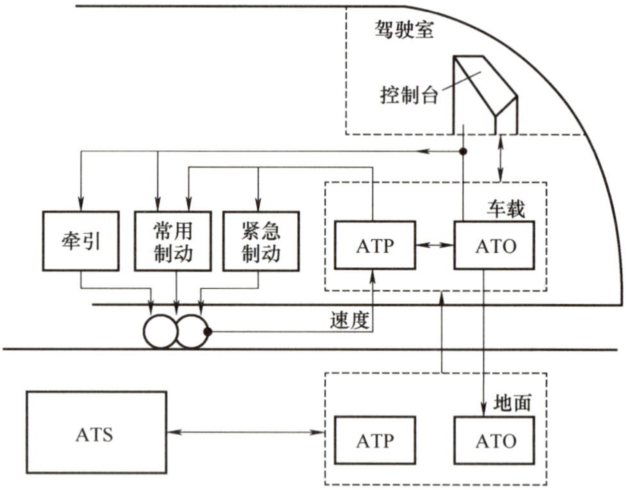

图 4-4　ATO 系统结构图

2）车载设备。ATO 车载设备主要由车站 ATO 机柜、车载 MMI 人机接口界面和车载 PTI 设备组成。其中 ATO 机柜和 MMI 每个驾驶室 1 个，每列车共有 2 个。ATO 车载设备提供一个用于控车的接口。虽然 ATP 和 ATO 设备可以安装在一个共用的机架里，但在物理上是分离的，这样配置允许分别更换模块。

PTI 列车位置识别系统分为车载设备和轨旁设备。轨旁设备由 PTI 环线 PTI 轨旁盒、PTI 轨旁馈电电缆盒和 PTI 多路接收器组成。PTI 车载设备包括电源模块、处理模块和 PTI 天线。

为了具有更好的可用性，ATO 车载计算机是设备冗余的。正常情况下，前面的 ATO 控制列车驾驶，后面的 ATO 作为备用。在司机室切换期间，后面 ATO 接管控制而前面的 ATO 成为备用。在这种冗余模式下，两头的 ATO 都收到来自两个司机室的诸如按钮、开关和接点的输入。在没有故障时，后面的 ATO 跟随前面 ATO 的状态。如果前面 ATO 故障时，后面 ATO 将控制列车的移动。为了实现 ATO 的设备冗余，两个 ATO 的输出都连接到 RST，但是任何时候只有一个输出是激活的，ATP/ATO 的冗余转换是同时进行的。

3）列车和轨旁之间的信息交换。ATO 和 ATP 采用相同的轨旁和车载设备之间的连续式通信系统。采用连续式通信方式，从轨旁设备传输到车载设备的信息有：来自 ATP 轨旁设备的信息通过 ATP 车载设备到 ATO 车载设备，计算自动驾驶曲线；从 ATS 到车载 ATO 的旅行时间和停站时间。从 ATO 车载设备传输到轨旁设备的信息有：到 ATS 的列车数据（如驾驶模式、车次号目的地码）和到 ATP 轨旁的站台门的开/关信息。

（2）工作原理　ATO 子系统能保证运行时间与定点停车，还能提高运行效率，提高舒适度，减少能耗。但作为 ATC 的一个子系统，它的功能是要依靠 ATC 各子系统协调工作共同完成的，缺少 ATP 与 ATS 子系统，ATO 将无法正常工作。

从运行中所起的作用来说，ATO 主要实现驾驶列车的功能，能进行车速的正常调整，给旅客传送信息，进行车门的开关作业。但这只是执行操作命令，不能确保安全，因此需要 ATP 来进行防护。ATP 起监督功能，如图 4-5 所示，3 种制动曲线能对不符合安全的情况给予防护，保证列车不超速，车门不误动。由此可见 ATP 系统是列车运行时必不可少的安全保障，ATO 系统则是提高城市轨道交通列车运行水平（准点、平稳、节能）的技术措施。在任何时候，只要 ATP 系统正常的话，就应让其执行防护工作，以确保行车安全。从 ATP 与 ATO 两子系统的 3 条制动曲线，也可明显地看出：ATP 主要负责“超速防护”，起保障安全的作用；ATO 主要负责正常情况下的列车高质量地运行。

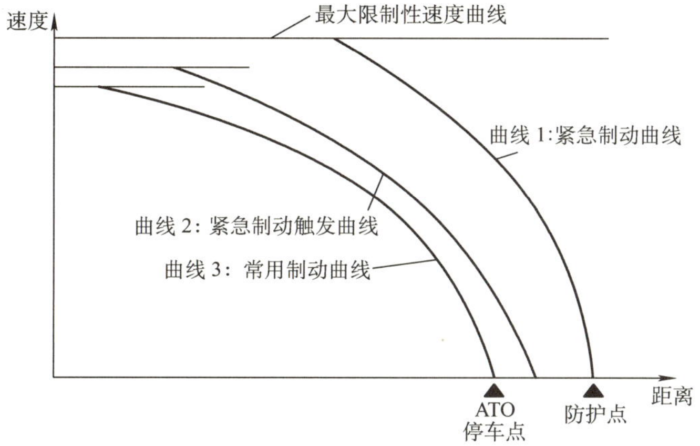

图 4-5　ATO 常用制动模型

图 4-5 中，防护点的位置取决于所考虑的运行环境，对于移动闭塞运行，防护点是前面列车的背后。ATO 停车点来源于运行停车点（如车站）或基于给出的紧急制动触发曲线来计算。曲线 1 表示列车的紧急制动曲线，由 ATP 系统计算及监督。曲线 2 表示由 ATP 系统计算，在司机室显示出来的最大允许速度，它略低于紧急制动曲线。当列车速度达到曲线 2，

应给出告警。曲线3是由ATO系统动态计算的制动曲线，也即正常运行情况下的停车制动曲线。由于列车的运行密度越来越大，安全性要求越来越高，所以要求有ATS系统，以使列车按照设计好的时刻表准确有序地运行，并监视列车运行状态，实现智能调度。ATS设在线路中较大的车站，控制中心与各站联锁设备间的联系由遥控系统来完成。ATO从ATS处得到列车运行任务命令，与地面线路信息一起组成报文，通过轨道电路传送，由车载ATP统一接收。ATP将处理过后的对ATO有用的信息传给ATO，并显示相关信息，且不断地监视ATO的工作。ATO获得有用信息后，根据实际运行速度和ATP的最大允许速度，计算运行速度，得出控制量并执行控制命令。巡航/惰行模块由独立的控制器来辅助完成。定点停车采用站内交叉环线实现。到站后ATO通过列车位置识别系统（PTI）的天线向地面发送列车信息，并传到ATS，以便识别列车的位置。ATS根据此列车信息确定列车的新任务后再次通过轨道电路传送给ATO。在区间运行时，每进入新的轨道区段，ATO便接收新的地面信息，以便进行速度调整。

1）ATO启动过程。通过ATP系统请求线接通ATO电源，这条线在20s内是激活的，在这个时间内ATO车载单元启动并激活其自保电路。

2）速度控制。速度控制是ATO的主要功能，有3个值对速度控制很重要，它们是列车当前位置、所需速度和当前速度。ATO和ATP车载单元使用相同的当前列车位置，这个列车位置由ATP测量并与时间标记一起传给ATO车载单元。

3）跳停车站（越站）。通过车站而不停车，车门不打开，即为跳停。

4）巡航/惰行。巡航/惰行是为列车节能运行所设计的一种经济运行模式，是在已设定的到下一站的经路基础上，对列车运行轨迹的定义。节能模式方法的应用基于下面标准：保持预定的运行时间内车辆有最小能耗。在这个过程中，运行时间和能耗都很重要。

5）机车信号。通过显示器产生机车信号表示，并给ATO车载单元灯。

6）与ATS连接。ATP轨旁设备与ATO间有一个透明的数据传输通道，ATP轨旁设备通过该通道传输特殊数据给ATP车载单元。

7）传输列车数据给ATS。通过感应信息传输系统，信息数据从车辆传给ATS。PTI报文可由ATP/ATO测试设备显示或是在轨旁PTI设备的串行连接中显示。

8）车门控制。原则上开门命令由ATP检查相关条件以后释放，车门的控制由ATO启动，ATO车载单元根据运行方向和ATP的报文信息开门。

（3）ATO系统主要功能

1）自动驾驶模式。在ATO系统控车后（AM模式），在连续通信级，ATO系统完全自动控制列车运行直到终点站；在点式通信级，ATO系统完全自动控制列车从一个车站运行至下一个车站（AM模式）。AM模式（即ATO自动驾驶模式）在下列条件下激活：

①ATP在SM模式；②停站时间已过（运行停车点已被释放）；③从轨旁接收到移动授权；④门已关闭；⑤驾驶手柄在0位置，方向手柄在前进位置。

在ATO自检成功通过，ATP设备释放自动驾驶后，就可以采用ATO驾驶。自动启动AM模式或由列车司机通过启动按钮启动ATO模式。如果任何一个前提条件不满足，启动将被取消。ATP将ATO控制信号传输到牵引系统。在ATO由启动按钮激活后，列车加速直到按照计算出的速度曲线运行。当列车达到期望的速度后，系统控制列车按速度曲线运行。当达到制动触发点时，ATO设备将自动控制常用制动使列车跟随制动曲线。当列车停在车站预定的停车区域后，ATO 自动打开车门。类似的过程也应用于驾驶通过限速区，在列车通过限速区后，列车自动加速到计算出的速度曲线。

2）列车速度控制。这是 ATO 系统的最主要功能。ATO 设备通过 ATP 连接到雷达和测速电动机，在 ATP 最大允许速度的监督和保护下运行。

ATO 系统具有牵引速度调节功能和制动控制信号，其模块调速器以渐进和恒定的速率加速列车达到限定的运行速度。列车达到限定速度后，ATO 根据站间距离和站间运行时间自动计算出速度距离曲线，通过连续比较实际速度和限速，应用闭环控制技术，控制列车的牵引和制动系统，达到速度调节的目的。ATO 控制列车速度到 ATP 速度命令、ATS 运行等级或车站停车曲线所决定的最低参考速度，列车行驶速度一般被保持在上述参考速度 0~5km/h 的范围内。在高峰期间，按照最大允许速度驾驶列车，在低峰期间，按照最节能的方式驾驶列车。

3）列车目标制动。列车目标制动功能使列车精确地停在计划规定的位置。

对运行的列车而言，最重要的作业之一便是在车站的定位停车。通常列车司机在制动时全凭直觉估计到停车点的距离，然后根据当时的速度来推算减速度，也即完全按“记忆模式”来操作制动阀。要做到定位停车是相当困难的，所以必须研究列车自动定位停车，这对设置站台门的城市轨道交通尤为重要。

车站停车点由 ATO 根据线路数据库进行控制。ATO 设备通过 ATP 与雷达和测速电动机连接，并直接获得位置信息。ATO 列车定位功能也在列车经过任一固定安装的同步应答器时，使其接收列车信息以提高测量精度。ATO 制动列车使停车精度指标达到±0. 3m。

定位停车控制一般多采用距离控制方式。所谓距离控制方式就是根据制动开始点到定位停车点之间的距离以及列车速度、列车重量、天气情况、空走时间、线路条件算出制动模式。在定位停车点的附近进行阶段缓解，以不断修正停车位置的误差来保证定点停车。

为了保证列车能在车站定位停车，一般应在车站内设地面标志器（见图 4-6），当列车接近车站时，它首先检出离停车点 350m 的最外方标志器，从而启动车站制动曲线并点亮驾驶员操作台上的程序停车表示灯；列车通过离停车点 150m 的中间标志器和离停车点 25m 的内方标志器时分别更新制动曲线；而当列车对位天线检出 8m 标志时，再次更新制动曲

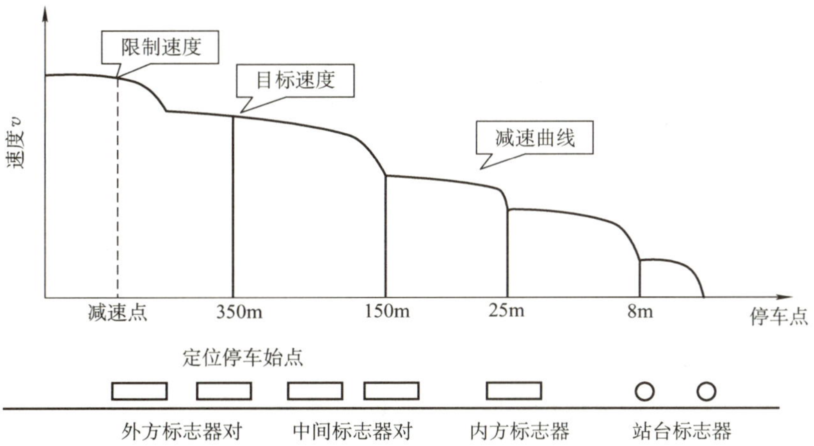

图 4-6　定位停车示意图

线。一旦车辆对位天线直接位于地面对位线圈，这时地面向列车发送对位信息，车辆检出此信号时，ATO 将设定常用全制动并启动开门程序，当车门打开时，程序停车表示灯将熄灭。如果跳停生效，说明列车在该站不停，所以跳停表示灯点亮，程序停车表示灯不亮而且标志器的输入不起作用，列车根据 ATP/ATS 速度命令运行。

当程序停车正在作用时，车站停车功能还可以通过列车司机按下跳停按钮来取消，即在列车对位信号生成前，在任何时间都可人工取消一次程序停车。跳停的输入，不论由 ATS 还是由人工输入，只能取消一个车站停车。

4）车门和站台门的打开和关闭。ATP 和 ATO 均涉及该项功能。车门释放由 ATP 授权。当列车停于定位停车的允许精度范围内时，ATO 子系统确认列车到达指定的定位区域后，将列车停车信号传给 ATP 子系统，以保证列车制动。当 ATP 子系统检查完开门条件，允许车辆开门并给出命令后，ATO 选择合适一侧的车门并提供开门命令。打开哪侧车门的信息包含在线路数据库里。车门关闭由列车司机或者停站时间到时来触发。线路数据库（TDB）存储了铁路网络图，TDB 中包含应答器的位置数据。结合来自测速电动机和雷达的位移测量，列车就能知道它在线路的绝对位置，并且发送位置报告给轨旁 ATP。

对于一些特殊列车（例如空车、通过列车或者特快列车），禁止打开车门。也就是说，如果某列车被标识为特殊列车，则其车门不能在某些车站或所有的车站打开。ATS 使用一个特殊的车次号（目的地码）指定该类型的列车。

有了车门打开信号后，车辆定位发送器发送站台门信号，当站台定位接收器收到此信号，通过调节站台门继电器将与列车车门位置与数量都相对的站台门打开，站台门和车门的开门时间应在小于 1s 的时间差内同步启动，关闭时间应大致相同。

5）自动折返。列车自动折返是指由 ATO 控制并受 ATP 的监督。无人驾驶的列车自动地从站台线驶入折返线并停下，在换端之后列车转回车站进入另一站台线。

6）在中央 ATS 设备故障时与 RTU（远程终端设备）及 ATP 系统地面设备配合实现自动排列进路。

6. ATS 子系统

ATS 即列车自动监控系统，是一种基于计算机网络的、智能化的自动控制系统。在 ATP、ATO 系统的支持下完成对列车运行的自动监控，它负责监视和控制线路中所有列车的运行状态。

（1）ATS 系统结构　ATS 子系统负责监视和控制整个线路中列车的运行状态。它由位于操作控制中心、监督控制全线情况的中央 ATS 和位于车站的进行区域控制的本地 ATS 组成。中央 ATS 与本地 ATS 之间通过通信设备不停地交换信息。信息的传输一般以光纤作媒介。中央 ATS 的设备之间及本地 ATS 设备之间分别组成局域网。工作站采用相同的硬件和系统软件，操作员根据各自的操作权限可在任一工作站上对系统进行监督与控制。其系统结构如图 4-7 所示。

（2）ATS 系统主要功能　ATS 系统在 ATP、ATO 系统的支持下完成对列车运行的自动监控。ATS 系统的主要功能如下：

1）运行调整。当列车偏离运行图时，行调可利用系统进行运行调整。行调调整列车运行方法主要有以下两种：

① 使用 ATR 自动调整列车运行。一般情况，需把 ATR 功能激活，实现列车自动调整。

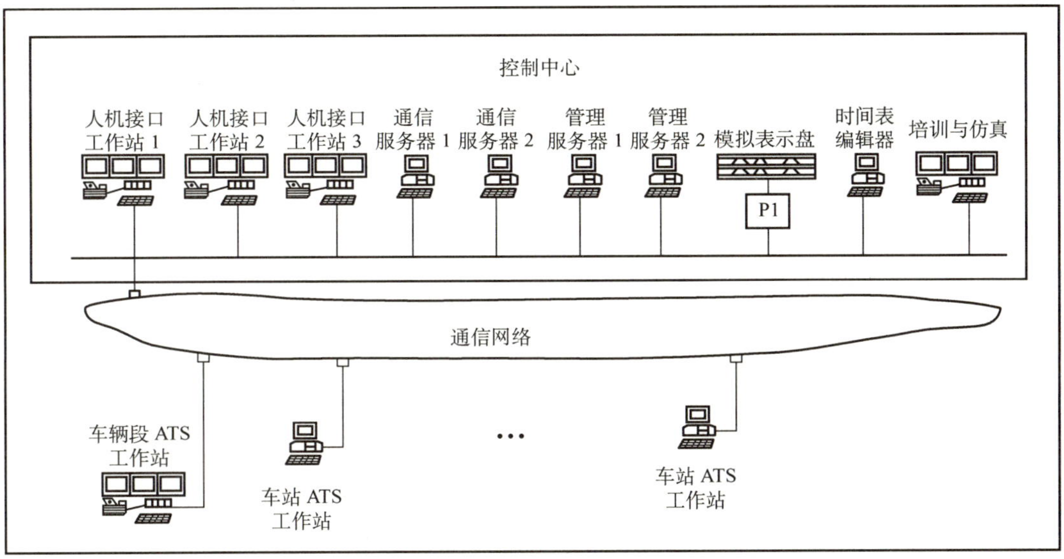

图 4-7　ATS 系统结构图

当客车发生早点时，行调可通过扣车，使列车在下一站正点开出；当客车发生晚点时，行调可组织驾驶员充分利用线路允许速度赶点，压缩区间运行时分和停站时分，指示车站组织好乘客上、下车以压缩客车停站时分。联锁站及时取消运营停车点，折返站做好客车折返作业，压缩折返时间。

遇列车内乘客拥挤时，应通知前方站控制入闸人数，广播通知乘客搭乘下一趟列车，通过客运组织措施赶点。

因客车、供电及线路故障影响客车晚点时，除按上述办法组织外，还需按相关故障处理办法组织处理。

② 使用 MTR（人工）调整列车运行。如个别列车（如早点列车、专列）需要，行调可以对该列车关闭 ATR 功能，改用 MTR 人工介入调整。

行调可以在 MTR 功能菜单上减少或增加停站时间，缩短或延长区间运行时间，减少或增加折返停留时间，以实现必要的调整。注意修改的区间运行时间、停站时间、折返停留时间不得超过系统极限值，否则系统将不接受指令。当列车已达到调整的目的时，则关闭 MTR，恢复 ATR 控制。

2）信息监控。通过 ATS 车站设备，能够采集轨旁及车载 ATP 提供的轨道占用状态、进路状态、列车运行状态以及信号设备故障等控制和监督列车运行的基础信息。

3）排列进路。根据联锁表、计划运行图及列车位置，自动生成输出进路控制命令，传送至车站联锁设备，设置列车进路、控制列车停站时分。

4）列车识别跟踪、传递和显示功能。系统能自动完成正线区段内列车识别号（服务号、目的地号、车体号）跟踪。列车识别号可由中央 ATS 自动生成或调度员人工设定、修改，也可由列车经车—地通信向 ATS 发送识别号等信息。

5）列车计划与实际运行图的比较和计算机辅助调度功能。能根据列车运行实际的偏离情况，自动生成调整计划供调度员参考或自动调整列车停站时分，控制发车时间。

6）ATS中央故障情况下的降级处理。由调度员人工介入设置进路，对列车运行进行调整。由ATS车站完成自动进路或根据列车识别号进行自动信号控制，由车站人工进行进路控制。

7）在计算机辅助下完成对列车基本运行图的编制及管理，并具有较强的人工介入能力。通过设在车辆段的终端，向车辆段管理及行车人员提供必要的信息，以便编制车辆运用计划和行车计划。

8）列车运行显示屏及调度台显示器，能对轨道区段、道岔、信号机和在线运行列车等进行监视，能在行调工作站上给出设备故障报警及故障源提示。

9）能在中央专用设备上提供模拟和演示功能，用于培训及参观。能自动进行运行报表统计，并根据要求进行显示、打印。

10）能在车站控制模式下与计算机联锁设备结合，将部分或所有信号机置于自动模式状态。

11）向无线通信、广播、旅客向导系统提供必要的信息。

（3）系统运行模式　ATS系统发生故障可转化为人工控制；中心发生故障，转化为车站控制；车站发生故障不会影响中心系统的工作。有道岔车站设ATS分系统，负责本站和邻站的接发车作业，并接发和储存指挥中心的列车运行计划。

1）ATS自动监控模式。正常情况下ATS系统自动监控在线列车的运行，自动向联锁设备下达列车进路命令，列车在ATP的安全保护下由列车司机按规定的运行图时刻表驾驶列车运行。控制中心行调仅需监督列车和设备的运行状况。每天开班前，控制中心调度员选择当日的行车运行图/时刻表，经确认或作必要的修改，作为当日行车指挥的依据。

2）调度员人工介入模式。调度员可通过工作站发出有关行车命令，对全线列车运行进行人工干预。调整列车运行计划包括对列车实施扣车、跳停、改变列车进路、增减列车等。

3）列车出入车场调度模式。车辆调度员根据当日列车运行图/时刻表编制车辆运用计划和场内行车计划，并传至控制中心。车场信号值班员按车辆运用计划设置相应的进路，以满足列车出入段作业要求。

4）车站现地控制模式。车站联锁和车站ATS系统结合实现车站和中央两级控制权的转换。在中央ATS设备故障或经车站行车值班员申请，中央调度员同意放权后，可改由车站现地控制。

在现地控制模式下，车站行车值班员可直接操纵车站联锁设备，可将部分信号机置于自动模式状态，也可将全部信号机设为自动模式状态，控制中心行车调度员应通过通信调度系统与列车驾驶员、车站行车值班员保持联系。

5）车场控制模式。列车出入场和场内的作业均由车场值班员根据用车计划，直接排列进路。车场与正线之间设置转换轨，出入场线与正线间采用联锁照查设备保证行车安全。

二、ATC设备故障时的行车组织方法

从闭塞制式的角度来看，装备列控系统（ATC）的自动闭塞可分为3类：固定闭塞、准移动闭塞（含虚拟闭塞）和移动闭塞，其中准移动闭塞有时仍把它归入固定闭塞。

固定闭塞方式的ATC系统是指基于传统轨道电路的自动闭塞方式，闭塞分区按线路条

件经牵引计算来确定，一旦划定将固定不变。列车以闭塞分区为最小行车间隔，ATC 系统根据这一特点实现行车指挥和列车运行的自动控制。

移动闭塞方式的 ATC 系统通常采用无线通信、地面交叉感应环线、波导等媒体，向列控车载设备传递信息。列车安全间隔距离是根据最大允许车速、当前停车点位置、线路等信息计算得出，信息被循环更新，以保证列车不间断收到即时信息。

移动闭塞方式的 ATC 系统是利用列车和地面间的双向数据通信设备，使地面信号设备可以得到每一列车连续的位置信息，并据此计算出每一列车的运行权限，动态更新发送给列车，列车根据接收到的运行权限和自身的运行状态，计算出列车运行的速度曲线，实现精确的定点停车，实现完全防护的列车双向运行模式，更有利于线路通过能力的充分发挥。

1. 控制中心 ATS 设备故障

ATS 系统的主要功能是控制和监督列车运行。ATS 系统按列车计划运行图指挥列车运行，办理列车进路，控制发车时刻，及时收集和记录列车运行信息，跟踪列车位置、车次，绘制列车运行图，并在控制中心的模拟盘上显示列车信息及线路情况。

当 ATS 系统发生故障时，ATS 系统功能不能实现，需要行车调度中心人工控制所管辖线路上的信号机和道岔，办理列车进路，组织和指挥列车运行。如果出现中央 ATS 系统无显示等故障，则行调应授权给联锁站控制，实现站控（LOW 操作）。

（1）进路排列　联锁站值班员首先应确认联锁工作站上的 RTU（ATS 的远程终端控制单元）降级模式是否激活，当“RTU 降级模式”被激活时，联锁站不用操作，列车可自排进路及自动取消运营停车点。若“RTU 降级模式”未被激活，行调没有特殊指示时，车站必须在工作站上按正常情况人工排列进路及人工取消运营停车点。

如果车站在工作站上取消不了运营停车点时，应立即报告行调，由行调转告列车司机，用 RM 模式驾驶客车出站，直至转换为 ATO 模式；当车站取消运营停车点而客车目标速度仍为零，且超过规定时间时，车站值班员应报告行调，由行调指示列车司机开车，当 ATO 驾驶恢复正常时，应向行调报告。

（2）列车运行信息处理　ATS 系统故障将会影响列车位置、车次等列车运行信息的记录，进一步影响列车运行图的自动绘制。故 ATS 设备故障时，列车司机应人工输入车次号，换向运行时，输入新的车次；各规定报点站向行调报告各次列车的到开点，行调以报点站为单位人工铺画客车运行图。

2. 车站 ATS 设备故障

车站 ATS 由列车与地面数据传输设备和电气集中联锁或微机联锁设备等构成。车载 ATS 由列车与地面间数据传输设备等构成。当信号联锁设备故障时，按站间电话联系法组织行车。

3. ATP 设备发生故障

ATP 子系统是确保列车运行安全的关键设备，由轨旁地面设备和车载设备组成。列车通过地面 ATP 设备接收运行于该区段的目标速度，保证列车在不超过此目标速度情况下运行，从而也保证了后续列车与先行列车之间的安全间隔距离。对联锁车站，ATP 系统确保只有一条进路有效。ATP 系统同时还监督列车车门和车站站台门的开启和关闭，保证操作安全。

（1）ATP 地面设备发生故障　当 ATP 地面设备发生故障时，则 ATO 车载设备接收不到限速命令，无法按自动闭塞法行车。此时如果是小范围的设备故障，可由行调确认故障区间空闲后，命令列车司机在故障区间以 RM 模式限速运行，经过规定数量（如两个轨道电路）的轨道电路还未恢复 ATO 模式时，行调指挥驾驶员以 RM 模式驾驶至前方车站或终点站。如大范围的设备故障，须停止使用自动闭塞法，改为车站控制，按电话闭塞法组织行车。

（2）ATP 车载设备故障　ATP 车载设备发生故障时，因故障列车无法接收 ATP 限速命令，此时主要解决列车的驾驶模式问题。一般 ATP 车载设备发生故障时，列车司机根据行调命令人工驾驶限速运行，即以 URM 模式（40km/h）驾驶列车至前方站；列车到达前方站（或在车站发生故障）仍不能修复时，由行调命令列车司机和车站，并由车站值班员（或值班站长）上驾驶室添乘（员工车除外）沿途协助列车司机瞭望，行调命令列车司机以 URM 模式继续驾驶列车至前方终点站退出服务。URM 监控员须协助列车司机瞭望，监控速度表，列车按规定速度运行，不准超速；在有站台门的车站，须协助列车司机开关站台门。如遇到超速时，提醒列车司机控制速度，必要时，立即按压紧急停车按钮。此时行调应随时注意 ATP 车载设备发生故障的列车运行情况，严格控制速度以确保列车与列车之间的最小间隔在一个区间及以上，遇到两列车进入同一个区间时，应采取紧急措施扣停后面的列车。

列车在运行中因道岔显示故障造成紧急停车（停在岔区）时，车站应报行调通知信号检修人员，并及时安排站务带钩锁器到现场将道岔锁定后，列车司机根据行调命令限速离开岔区。

如果客车在站台发车前收不到 ATP 速度码时，列车司机应报行调，在得到行调同意后方可使用 RM 模式动车。

4. ATO 子系统发生故障

ATO 子系统的主要功能是站间运行控制、保证列车按时刻表的时间并最大可能地以节能原则自动调整实际运行时分和在站内的停留时间、在车站的定位停车控制、车门控制及站台门的开启等。

当 ATO 子系统发生故障时，列车自动运行功能不能实现，此时列车改为 SM 人工驾驶，在 ATP 车载设备的监护下，按车内速度信号显示运行。

车载 ATO 发生故障，车门与站台门不能联动时，必要时，行调通知下一车站派站务人员上驾驶室，协助司机开关站台门。

扩展阅读

地铁榜样——严家升

“困难不容低估，信心不能动摇，干劲不可松懈。”这是广州地铁九号线的副站长严家升最常说的一句话。

1. 最硬核的“地铁安全卫士”

自 2009 年 11 月加入广州地铁，严家升从一名普通的站务员成长为副站长，再到获颁 2019 年全国五一劳动奖章，他始终以高水平技能确保地铁的安全运行。

（1）交通工作不能“投机”　2017 年，严家升主动发现问题并改良了在应急情况下用于固定道岔位置的钩锁器，将 12cm 的螺母更换至 7cm 的螺母，减少人工钩锁的时长约 10s，大大提高了行车安全。

2018 年初，中心站组织人工排列进路学习时，严家升和现场人员发现因道床阻挡导致钩锁器无法对部分道岔位置加锁。他紧急召集筹备组人员对该问题进行商讨解决，从敲砸道床阻挡部分到采购新型钩锁器，通过反复实验，钩锁器终于能准确紧密加锁。

以专业技能保证地铁安全运行，严家升的实力获得了肯定。2018 年，被广州地铁评为内部“安全卫士”；2019 年，荣获全国五一劳动奖章。荣誉的背后是一串串数字：3500 天的工作时间，参与过应急处置 58 起，安全零事故，服务无投诉。

（2）比赛现场“惊艳”全场　严家升也是“国赛”的佼佼者。他是 2018 年中国技能大赛——城市轨道交通总决赛行车值班员职业组个人一等奖的获得者。

从姿势到呼吸、从动作到心态，严家升希望能够尽最大的努力，将每一个比赛项目都做到极致。手指口呼及百来字的标准用语一丝不差，迅速且完美地处理完两个故障！

从第 1 次的选拔，层层历练到省赛中的第 6 名，再到磨砺过后全国总决赛的第 1 名。他在用实际行动勇于挑战“不可能”。

2. 广州地铁界的“中国好值班员”

严家升读大学时每天搭地铁上下学，因此对这种交通工具产生了浓厚的兴趣，一次偶然机会让他成为广州地铁的一员。尽管大学时学的是商务管理，但出于对这份工作的热爱，严家升总会多看多学多实践，每天都比其他同事多花时间弥补自己的专业的差距。短短几年，他就从站务员晋升到站长助理。

作为中心站的管理人员，严家升对每一位员工负责，每天不断地与员工通过各种方式沟通。每当上级有新的指示时，严家升总是第一时间传达到位，将每一句指令向员工掰开了说、揉碎了讲。他始终警醒自己和员工，一定将每一项工作落到实处，绝不打一个问号。

发现问题、解决问题是严家升的工作日常。他始终坚持以思考的状态来工作，并自制培训课件 10 余份，组织编写多个车站的客流组织方案及一站一预案。同时以严家升为组长的“严家升国匠工作室”成为广州地铁综合性的实训平台，每年为广州轨道交通培训达 2000 人次。

严家升凭借专注的力量与笃志钻研，从容处理多种专业设备设施，保准确、争速度，把工匠精神灌注进日常工作中。他说：“走在新时代的路上，虽没了战火烽烟，但理想和信念不会失去原有的颜色，劳模精神和工匠精神会一直同在。”

项目实施

ATS 故障下的行车组织

一、ATS 故障时的行车组织

1. 当 ATS 设备无显示时的行车组织

当控制中心 ATS 设备无显示时，无法实现对列车运行的监督与控制，将控制权交予联锁站控制，其操作步骤如下：

1）行调应授权给联锁站控制。

2）联锁站值班员确认 LOW 工作站上的 RTU 降级模式是否激活，当“RTU 降级模式”激活时，保持原状态。若“RTU 降级模式”未激活时，联锁站应在确认客车进站停稳后人工在 LOW 上取消运营停车点。

3）行调通知列车司机在显示屏上输入当时车次号，到换向运行时，输入新的目的地码和车次号，直至行调通知停止输入为止。

4）报点站向行调报告各次列车的到开点，至行调收回控制权时止。

5）行调以报点站为单位铺画客车运行图，至 ATS 设备恢复正常，收回控制权时止。

6）当车站在 LOW 工作站上取消不了运营停车点时，应立即报告行调，由行调转告列车司机，用 RM 模式驾驶客车出站，直至转换为 ATO 模式；当车站取消运营停车点而客车目标速度仍为零，且超过 30s 时，车站值班员应报告行调，由行调指示列车司机开车。ATO 驾驶恢复正常时，应向行调报告。

2. 当 ATS 的自动排进路或联锁系统（SICAS）的追踪进路不能自动排列时的行车作业

当 ATS 的自动排进路或联锁系统（SICAS）的追踪进路不能自动排列时，应由人工介入，在 MMI 上或在 LOW 工作站上人工排列进路。若使用 6502 电气集中设备，其操作过程如下：

1）车站在中央控制时，行车值班员申请站控，按下站控按钮，站控表示灯闪白灯，当中央同意后亮稳定白灯，或中央因故需下放控制权时，该灯也闪白灯。车站值班员同意后按下站控按钮，转为站控，站控表示灯亮稳定白灯。

2）车站在站控状态时，中央申请遥控，闪绿灯，值班员同意并检查站内所有道岔均在解锁状态后，恢复站控按钮，车站为中央控制状态，中央控制表示灯亮稳定绿灯。

3）行车值班员按下进路排列按钮，进行进路排列。

ATP 故障下的行车组织

二、ATP 故障时的行车组织

1. 车载 ATP 设备故障

当车载 ATP 故障时，列车运行完全不受 ATP 保护，列车司机应以 URM 模式驾驶。列车运行组织如下：

1）列车司机向行调报告无法接收 ATP 限速命令。

2）行调命令列车司机以 URM 模式驾驶至前方车站。

3）列车司机到达前方车站仍无法接收 ATP 限速命令，报告行调。

4）行调通知车站派人到司机室添乘。

2. 地面 ATP 设备故障

若地面 ATP 设备发生故障，则 ATO 车载设备接收不到限速命令，无法按自动闭塞法行车。此时的行车组织方法如下：

1）列车司机向行调报告无法接收 ATP 限速命令。

2）行调确定故障区间，命令列车司机在此区间以 RM 模式驾驶。

3）列车司机在运行时一直未能切换到 ATO 模式时，则以 RM 模式驶至终点站。

3. 地面 ATP 大规模设备故障，按站间电话联系法组织行车

站间电话联系法组织行车的规定如下：相关车站值班站长要及时回到站控室负责组织车站行车作业，并根据行调发布的命令就地组织控制行车，安排车站值班员到站台接发列车，通知相邻车站采用站间电话联系法组织行车，并把调度命令内容通知列车司机。站间电话联系法发、接车作业程序及作业标准见表 4-2、表 4-3。

表 4-2　站间电话联系法发车作业程序

程序	作业标准	
	值班站长	值班员
一、请求发车	1. 根据“行车日志”、调度命令确认区间线路空闲（第 1 趟列车与行调共同确认线路空闲）	
	2. 向前方站请求发车：“××站××次×分×秒请求发车”	
二、准备发车进路	3. 布置值班员：“准备××次×道（上/下行线）发车进路” 6. 听取汇报，复诵“××站××次×道（上/下行线）发车进路好了（线路出清）”	4. 复诵“准备××次×道（上/下行线）发车进路” 5. 将进路上的道岔开通正确位置并加锁，确认正确后，向值班站长报告“××次×道（上/下行线）发车进路好了（线路出清）”
三、发出列车	7. 复诵：“××站（接车站）同意××次发车”	10. 复诵“××次×道（上/下行线）可以发车”
	8. 填写“行车日志”	11. 确认乘客上下完毕，列车车门、站台门关闭后向列车司机显示发车指示信号
	9. 通知值班员“××次×道（上/下行线）可以发车”	
四、列车出发	13. 复诵“××次出发”，填写“行车日志”	12. 列车出清站台区后，向站控室报“××次出发”
	14. 列车出发后，向前方站（接车站）（行调）报点，“××次××分××秒开”。当列车尾部越过站台头端墙后，向后方站报点，“××次××分××秒开”	

表 4-3　站间电话联系法接车作业程序

程序	作业标准	
	值班站长	值班员
一、听取发车请求	1. 听取后方站发车请求、复诵“××站××次请求发车”	
	2. 根据“行车日志”（或通过 LOW、CCTV）确认站内线路空闲	

（续）

程序	作业标准	
	值班站长	值班员
二、检查及准备进路	3. 布置值班员（站务员）：“检查×道，准备××次×道（上行或下行线）接车进路”	4. 复诵“检查×道，准备××次×道（上行或下行线）接车进路”
	6. 听取汇报后，复诵“××次（×道，上行或下行线）接车进路好了（线路出清）”	5. 将进路上的道岔开通正确位置并加锁，向值班站长报告“××次×道（上/下行线）接车进路好了（线路出清）”
三、同意发车	7. 通知发车站“××站×点×分×秒同意××次发车”，填写“行车日志”，准备接车	
四、接车	8. 听取发车站的发车通知复诵：“××次××分××秒开”，填写“行车日志”，并向前方站请求发车	
	9. 布置值班员“××次开过来了，准备接车”	10. 复诵“××次开过来了，准备接车” 11. 监视列车进站停车
五、区间开通	13. 复诵“××次到达”，填写“行车日志”，向行调报点	12. 列车对位停车后，向值班站长报“××次到达”

车场与正线连接站间信号故障时，车场与车站间采用站间电话闭塞法组织行车，以路票为行车凭证。

1）行调向车站/场发布执行站间电话闭塞法的口头命令后，车站或车场通知列车司机调度命令的内容，由车站值班站长/值班员与信号值班员共同确认第 1 趟发出的列车运行前方的区段空闲。

2）每一闭塞区段内只允许 1 趟列车占用，列车占用闭塞区段的行车凭证为路票。

3）接车站（场）确认闭塞区段内线路空闲后，才可以给发车场（站）承认发车闭塞号。发车站（场）接到接车站（场）同意发车的承认闭塞号，填写路票并自检后交值班员，值班员逐字逐项复诵，核对无误后，复诵传达并交给驾驶员。

4）值班员交接路票时必须核对的内容有：日期、车次、区间、闭塞号、行车专用章、签名等。

5）值班员接车从列车司机处回收路票后须及时打“×”并上交。

三、ATO 故障时的行车组织

ATO 故障下的行车组织

当 ATO 故障时，列车司机应报告行调，行调命令列车司机以 SM 模式驾驶，当站台门与车门不能联动时，车站派员添乘，协助列车司机开关站台门。

拓展与提高

移动闭塞的列车定位技术

列车定位技术在列控系统中具有重要地位，列车定位信息的主要作用是：为保证安全列车间隔提供依据，列控系统对在线的每一列车，能计算出距前行列车尾部距离，或距进站信号点的距离，从而对它实施有效速度控制；作为列车在车站停车后打开车门以及站台门的依据；作为无线基站接续的依据。

目前，在列车自动控制系统中得到应用的列车定位技术主要有：测速定位法、查询-应答器法、交叉感应线圈法、卫星定位法、多普勒雷达法、无线扩频列车定位、惯性列车定位、航位推算系统定位、漏泄波导法、漏泄电缆法等。

在固定闭塞和准移动闭塞中有轨道电路或计轴等设备作为闭塞分区列车占用的检查，就能粗略地进行列车定位，再配以测速测距就能较细地进行列车定位，最多再加应答器校准坐标。

在移动闭塞中没有轨道电路等设备作为闭塞分区列车占用的检查，被控对象基本处于动态过程中，只有了解所有列车的具体位置，以何种速度运行等信息，才能对列车实施有效控制，所以列车定位技术在移动闭塞 ATC 系统中就显得更为重要，安全、可行、高效、经济的列车定位系统是列控系统的关键技术之一。

列控系统检测列车完整性的最好方法是在列车尾部也安装无线通信设备，它能不间断地发出无线信号给列车头部的车载设备，一旦头尾通信中断，则认为列车完整性出现了问题。

复习思考题

一、填空题

1. ATP 系统总的来说一般由____________和____________两部分组成。

2. ATS 在____________和____________系统的支持下完成对列车运行的自动监控，它负责监视和控制线路中所有列车的运行状态。

3. ATO 子系统总是运行于____________的安全监督之下。

4. 一般 ATP 车载设备发生故障时，司机根据行车调度命令人工驾驶限速运行，即列车以____________运行至前方站。

5. 当信号联锁设备故障时，按____________组织行车。

二、选择题

1. ATP 地面设备发生故障，如是大范围的设备故障，须停止使用自动闭塞法，改为车站控制，按（　　）组织行车。

A. 自动闭塞法　　B. 站控组织行车　　C. 地面信号　　D. 电话闭塞法

2. ATO 子系统主要功能包括（　　）。

A. 自动驾驶模式　　B. 列车速度控制

C. 列车目标制动　　D. 车门和站台门的打开和关闭

3. ATC 系统的基本功能包括（　　）。

A. ATC 的车载信号是列车运行的凭证

B. 防止列车冒进关闭的禁止信号机（或点）

C. 监督列车以低于 30km/h 的速度进行出入库作业

D. 按列车安全制动距离，自动调整列车运行追踪间隔

4. ATC 的分类体现在闭塞方式有（　　）类型。

A. 固定闭塞方式的 ATC 系统　　B. 准移动闭塞方式的 ATC 系统

C. 移动闭塞方式的 ATC 系统　　D. 自动闭塞方式的 ATC 系统

5. 当 ATO 故障时，司机应报告行调，行调命令司机以（　　）模式驾驶，当站台门与车门不能联动时，车站派员添乘，协助司机开关站台门。

A. SM　　B. RM　　C. URM　　D. ATO

三、简答题

1. 列车自动控制系统（ATC 系统）由哪几部分组成？各部分的主要功能是什么？
2. ATP 子系统由哪几部分组成？其工作原理是什么？
3. ATP 子系统的主要功能有哪些？
4. ATO 子系统的结构及主要功能有哪些？
5. ATS 子系统的结构及主要功能有哪些？
6. 简述 ATS 故障下的行车组织流程。
7. 简述 ATP 故障下的行车组织流程。
8. 简述 ATO 故障下的行车组织流程。

项目五

车站联锁设备故障时的列车运行组织

当联锁站或车场发生道岔、轨道电路等故障造成联锁失效，进路不能正常排出时，需人工现场操纵道岔准备进路，办理接发列车作业。在这种非正常情况下，如何保证行车安全，确保不间断行车，是列车运行组织工作中不可缺少的，必须掌握的知识和技能。

知识要点

1. 车站信号、联锁设备知识。
2. 非正常情况下接发列车有关规定。

项目任务

1. 掌握信号联锁设备故障时的接车办法。
2. 掌握信号联锁设备故障时的发车办法。
3. 掌握各种凭证、命令的填写方法及要求。
4. 熟知信号的显示方式及显示意义。

项目准备

1. **场地、工具准备**：列车运行控制系统、模拟沙盘、线路、信号机等行车设备模型、车站模型、列车模型、各种登记表簿、联系电话、信号旗、路票、调度命令、手摇把、钩锁器等。

2. **人员安排**：学生按车站数分组，安排行调 1 人，每站设有行车值班员 1 人、站务员 3 人。

相关理论知识

车站联锁设备故障包括：全线或某个联锁区车站的联锁工作站全部灰显；全线或部分联锁区计轴设备故障；全线或部分联锁区的道岔失去表示；全线或部分联锁区的信号机失去表示；全线或部分联锁区车站的联锁工作站请求进路失败等。此时，值班主任决定采用电话闭塞法组织行车后，行调应及时向故障区域内及受影响的各车站发布按电话闭塞法组织行车的命令，将行车控制权下放至车站，车站占用区间的凭证是路票。

一、电话闭塞法概述

1. 电话闭塞法定义

电话闭塞法是人工办理闭塞的一种方法。相邻两站（场、段）通过电话联系形式确认区间空闲，并以发出电话记录号码的方式办理闭塞的一种行车组织方法。

电话闭塞法的分界线是各站出站信号机，闭塞设备为车站行车闭塞电话，实现方法通过人工完成，因此，闭塞区间的空闲需人工确认。闭塞区间是车站出站信号机至前方相邻站出站信号机之间，1 个电话闭塞区间需 2 个车站共同确认。电话闭塞区间分为接车区间、接车线路、发车区间 3 部分。接车站需确认接车区间、接车线路空闲；发车站需确认发车区间空闲。电话闭塞一般作为代用闭塞法使用，一般情况下只能由车站行车值班员办理。电话闭塞工作原理示意图如图 5-1 所示。

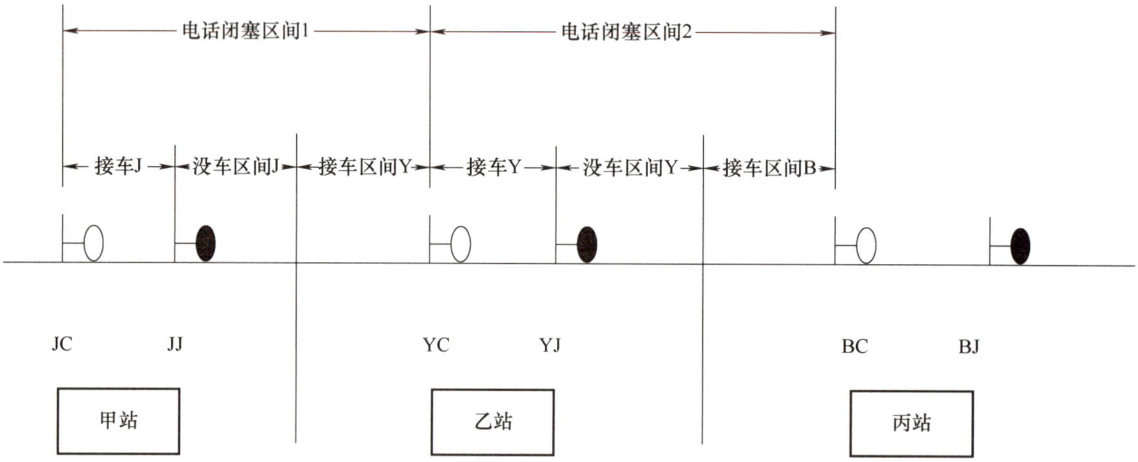

图 5-1　电话闭塞工作原理示意图

2. 电话闭塞法的使用时机

1）联锁区联锁设备故障时。

2）中央及车站工作站上均无法对线路运行车辆进行监控时。

3）遇折返站采用站前折返方式且折返进路上的道岔故障需人工扳动时。

4）车辆段（停车场）与正线联锁失效或信号接口故障时。

5）根据现场情况需要采用电话闭塞法组织行车时（单个设备故障原则上不采用电话闭塞法组织行车）。

行车日志和路票

3. 行车凭证和原始记录的填写要求

电话闭塞法时车站行车凭证和原始记录主要有路票、调度命令（含固定格式类、传真类）、《调度命令登记簿》及《行车日志》。

（1）路票的填写及电话记录号码的编制

1）路票（图 5-2）的填写。行调发布电话闭塞法组织行车的命令前，行车指挥权在行调，任何人员进入轨行区均须得到行调同意。行调发布电话闭塞法组织行车的命令后，采用电话闭塞法行车的区段内，行车指挥权在车站，除进路准备人员外，其他人员进入轨行区须得到行调同意。各相关车站得到行调下达“停基改电”的调度命令后，采用电话闭塞法组织行车，列车以路票作为占用闭塞区段的行车凭证，司机在车站须拿到路票后凭“好了”信号动车。采用电话闭塞法行车的各车站不得办理列车通过，1 个闭塞区段内只允许有 1 列车运行，列车反向运行时车站需在路票左上角加盖“反方向运行”专用章。

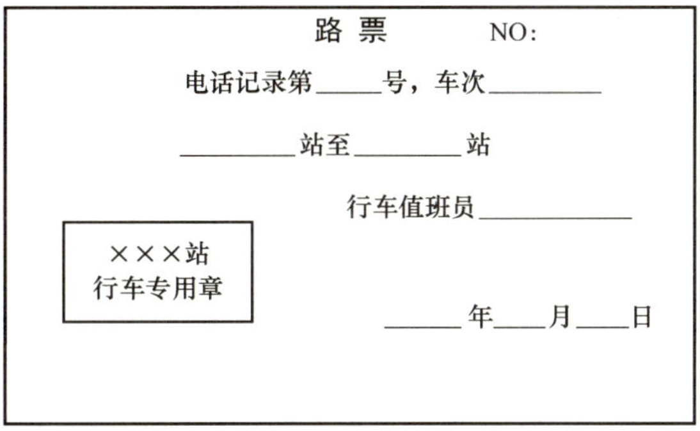
路 票　　NO:

电话记录第_____号，车次________

________站至________站

行车值班员__________

×××站
行车专用章

______年____月____日

图 5-2　路票

① 路票应在确认闭塞区间空闲，并取得接车站承认闭塞的电话记录号码，发车进路准备完毕后方可填发，路票原则上由车站值班员填记后递交车站行车人员，在特殊情况下可由车站行车人员代为填记，车站行车人员应与车站值班员进行复核无误后，方可将路票递交列车司机。

② 路票应具备电话记录号码、车次号、方向、行车专用章、值班员签名、日期，调令号码、列车限速要求 8 要素填写完整。

③ 路票填写不得擅自增添字句或涂改，否则应视为废票，应重新填写。车站值班员应在路票正面对角划“×”、反面手写“作废”字样，并注明作废原因，从上部撕口后整理保存。

④ 办妥电话记录手续后，临时变更列车车次时，应重新办理电话记录手续，如已填发路票，应将原路票回收并作废，另行填发路票。

⑤ 列车司机在接到路票后应对路票进行确认，准确无误后按规定行车。

⑥ 列车到达接车站后，车站值班员应及时收回路票，在路票正面对角划“×”以示注销，从上部撕口后整理保存。

⑦ 路票填写的日期以接车站承认闭塞的时间为准，零点以前填写的路票零点以后发车时，仍视为有效，无须更改日期。

⑧ 发现错误路票及行车凭证丢失的规定：列车司机在车站发车前发现错误路票时，严禁动车，并将错误路票退还车站，车站回收错误的路票，重新填写正确的路票。列车司机在发车后发现错误路票时，应立即停车并报告运营调度员，后按运营调度员指令运行，将错误路票交至接车站。接车站发现回收的路票错误时，应在日志中记录，并报告行调。列车司机取得路票并确认正确后，遇在途中丢失时可继续运行至接车站，将情况报告接车站行车值班员和行调，车站值班员应在日志上记录说明。

2）电话记录号码的编制。电话记录号码自每日0时起至24时止，按日循环编号，具体编号办法在各轨道交通公司《行车组织规则》中规定。如深圳地铁公司规定电话记录号码上行自2开始连续偶数、下行自1开始连续奇数，1个运营日内不得重复。南京地铁公司电话记录号码编号办法为车站（基地）编号加顺序号：小行基地编号为0；车站编号为1—16固定使用；顺序号为01—99循环使用，各车站电话记录号码见表5-1。

表5-1　车站电话记录号码

车站	车站编号	电话记录号	车站	车站编号	电话记录号
小行基地	0	001——099	新街口	9	901——999
奥体中心	1	101——199	珠江路	10	1001——1099
元通	2	201——299	鼓楼	11	1101——1199
中胜	3	301——399	玄武门	12	1201——1299
小行	4	401——499	新模范	13	1301——1399
安德门	5	501——599	南京站	14	1401——1499
中华门	6	601——699	红山动物园	15	1501——1599
三山街	7	701——799	迈皋桥	16	1601——1699
张府园	8	801——899			

（2）行车日志的填写要求

1）《行车日志》用于记录列车运行情况，见表5-2。

2）《行车日志》填写时，上行线的列车须填写在上行栏，下行线的列车须填写在下行栏，如遇列车反向，则在附注内备注填写“反向运行”。

3）列车运行时，以下情况需记入运行情况：

① 压道车及加开、晚点等未按运营时刻表行驶的列车。

② 电话闭塞法办理的列车。

③ 首末班载客列车。

4）对于通过列车，在《行车日志》上的“本站到达”栏内填“/”，“本站出发”栏填列车通过本站的时间，备注栏填写“通过”。

5）在夜班的日志填写中，当上下行跨零点之后应在上下行栏车次后加盖次日日期戳，以示区分。

6）《行车日志》填写不得随意涂改，若有填写错误的必须采用划线更正法进行更正（整行划去）。

7）行车值班员接班后，需另起一页填写《行车日志》。

8）“确认区间及接车站线空闲”“通知站台接车”“确认区间空闲”“向接车站请求闭塞”和“填写路票”逐项确认打“√”，其他项按规定正确填记数字。

（3）调度命令及调度命令登记簿的填写　调度命令登记簿见表5-3，需要记录调度命令下达的日期、发令时间、号码、受令处所、内容、复诵人姓名、接收命令人姓名、行调姓名及阅读时刻等内容。

表 5-2　行车日志

年　　月　　日　　　　　　　　　　　　　　　　　　　　　　　　编号：

上行															下行														
	接车						发车									接车						发车							
车次	确认区间及接车站线空闲	电话记录号码	同意闭塞时分	发车站发出时分	通知站台接车	本站到达时分	确认区间空闲	向接车站请求闭塞	电话记录号码	接车站同意闭塞时分	填写路票	本站发出时分	接车站到达时分	备注	车次	确认区间及接车站线空闲	电话记录号码	同意闭塞时分	发车站发出时分	通知站台接车	本站到达时分	确认区间空闲	向接车站请求闭塞	电话记录号码	接车站同意闭塞时分	填写路票	本站发出时分	接车站到达时分	备注

表 5-3　调度命令登记簿

年　　月

日期	命令				复诵人姓名	接收命令人姓名	行调姓名	阅读时刻（签名）
	发令时间	号码	受令处所	内容				

调度命令如图 5-3 所示，包括调度命令下达的时间、受令处所、命令号码、命令内容、行调姓名等内容。

调 度 命 令

_____年_____月_____日_____时_____分

受令处所		命令号码	行调姓名
命令内容			

注：规格110mm×150mm　　行车专用章________行车值班员________

图 5-3　调度命令

行车手信号

4. 手信号的显示

（1）手信号的显示方式及显示意义

1）引导手信号：准许列车进入车站或车场。昼间为展开的黄色信号旗高举头上左右摇动；夜间为黄色灯光高举头上左右摇动。

2）通过手信号：准许列车由车站通过。昼间为展开的绿色信号旗；夜间为绿色灯光。

3）停车信号：要求列车停车。昼间为展开的红色信号旗，无红色信号旗时，两臂高举头上，向两侧急剧摇动；夜间为红色灯光，无红色灯光时，用白色灯光上、下急剧摇动。

4）减速信号：要求列车降低速度运行。昼间为展开的黄色信号旗，无黄色信号旗时，用绿色信号旗下压数次；夜间为黄色信号灯光，无黄色灯光时，用白色或绿色灯光下压数次。

5）发车信号：要求司机发车。昼间为展开的绿色信号旗上弧线向列车方面做圆形转动；夜间为绿色灯光上弧线向列车方面做圆形转动。

6）紧急停车信号：要求司机紧急停车。昼间为展开的红色信号旗下压数次，无信号旗时，两臂高举头上，向两侧急剧摇动；夜间为红色灯光下压数次，无红色灯光时，用白色灯上下急剧摇动。

7）道岔开通信号：表示进路道岔准备妥当。昼间为拢起的黄色信号旗高举头上左右摇动；夜间为白色灯光高举头上。

8）好了信号：表示某项作业完成。昼间为拢起的信号旗做圆形转动；夜间为白色灯光做圆形转动。

（2）特殊情况下接发列车时显示手信号的时机和地点　见表5-4。

表5-4　特殊情况下接发列车时显示手信号的时机和地点

手信号类别	何种情况下显示	显示时机	收回时机	显示地点
停车信号	站间电话行车法行车时	看见列车头部灯开始	列车停车后	站台头端墙站台门端门外方
紧急停车信号	工程列车进站或通过车站，出现危及行车安全情况；客车进站，发现危及行车安全情况，但来不及按压站台紧急停车按钮或紧急停车按钮不起作用时	立即显示	列车停车后	就近显示
减速信号	发现工程列车或客车超速时	立即显示	列车头部越过信号显示地点后	头端墙侧扶梯口，靠近紧急停车按钮附近
引导手信号	列车出发整列离开站台区，因故需退回车站时	看见列车头部灯开始	列车头部越过信号显示地点后	站台头端墙，站台门与线路间站台上
好了信号	车站相关作业完成时		司机鸣笛回示后	规定的地点
道岔开通信号	须现场人工手摇道岔准备进路时	进路准备好时	列车头部越过信号显示地点后	在操纵的道岔附近，车辆限界外

二、电话闭塞法启动前的准备工作

1）行调根据现场情况确认实施电话闭塞法的区段，命令实施电话闭塞的区段内列车司机立即停车待命，并命令故障区段内各车站准备本站接车进路，车站在进路办理妥当后，主动向行调汇报。

2）行调组织电话闭塞法区段内所有列车运行至车站站台停车待命；因联锁故障停在区间及配线的列车，按以下方式组织运行：

① 当列车运行前方进路无道岔且前方站线无车占用时，司机凭行调命令以限制/非限制人工驾驶模式，限速 25km/h 运行至前方站。

② 当列车运行前方进路有道岔（列车头部未越过道岔）且前方站线无车占用时，车站根据行调命令，将道岔进行钩锁，出清线路后报告行调，由行调指令司机以限制/非限制人工驾驶模式，限速 25km/h 运行至前方站。

③ 当列车头部已越过道岔或列车压在道岔上且前方无车占用时，行调安排车站人员确认道岔位置正确后，司机凭行调指令以低于 5km/h 速度移动，列车出清岔区后以限制/非限制人工驾驶模式限速 25km/h 运行至前方站；若道岔位置不正确，须相关专业人员处理后方可动车。

3）行调待实施电话闭塞的区段内所有列车均停至站台待命后，与实施电话闭塞法区段内的所有列车司机、车站值班员复核确认列车所在位置。

三、接发车程序及要求

1. 发布调令

行调向有关车站（场）、列车司机下达启动电话闭塞法运行的调度命令，命令包括实施电话闭塞行车的区段范围、行车方向、区间限速、时间等；×××联锁区故障，自发令时起，×××站至×××站采用电话闭塞法行车（×××站采用×××道折返）。命令号码×××，发令时间×××点×××分，行调×××。

联锁设备故障下的行车组织

2. 确认空闲

车站根据 CCTV、《行车日志》的列车报点记录（接车站根据本站到达时分，发车站根据接车站到达时分）等方式严格确认前方区间及车站列车占用情况，按电话闭塞法的行车要求办理闭塞。

3. 请求闭塞

发车站确认本站至接车站无闭塞，且线路区间空闲后向接车站请求闭塞，接车站进行复诵，填写《行车日志》。

4. 同意闭塞

接车站接到闭塞请求，确认发车站至本站及本站至本站的前方站无闭塞、且线路区间、车站（本站、前方站）空闲后，准备本站的接车进路；接车站接车进路办理妥当后，向发车站发出同意闭塞的电话记录号码，发车站进行复诵，填写《行车日志》。

5. 填写路票

发车站在得到接车站的闭塞同意后，填写《行车日志》，准备本站发车进路，在本站发车进路准备妥当后，方可填写路票。

6. 路票交接

车站值班员确认路票填写正确，发车进路办理妥当后，由车站行车人员将路票交至司机，并向司机显示发车手信号；司机收到路票，确认路票填写正确，根据发车手信号动车，运行至下一车站（场）。

7. 解除闭塞

发车站在确认列车发车后，填写《行车日志》，向接车站报列车发点，接车站进行复诵；发车站待列车整列出清本站，确认闭塞解除条件满足后，填写《行车日志》，向后方站解除闭塞，后方站进行复诵；接车站在得到发车站的发车报点后，填写《车站（场）生产日志》，迅速安排车站行车人员至站台规定停车位置接车，向列车显示停车手信号；列车司机根据停车手信号显示停车，如无行车人员显示停车手信号则按规定停车位置停车并向行调汇报；列车整列到达后，接车站向司机收取路票，填写《行车日志》，并向发车站报列车到点并发出电话记录号码，解除闭塞。

8. 恢复基本闭塞

设备故障消除后，控制中心行调必须与各闭塞车站行车值班员共同确认各闭塞区段空闲，方可向有关车站及司机发布恢复基本闭塞行车的调度命令。

四、取消电话闭塞法组织行车的相关规定

1）设备单位确认实施电话闭塞法区段信号故障已修复，具备恢复自动闭塞行车条件，并向行调进行汇报。

2）行调发布取消电话闭塞法转为自动闭塞法的调度命令。

3）车站接到调度命令后取消已办理的闭塞，如列车已在区间运行待到站后解除。

4）司机到达车站接到调度命令后，根据自动闭塞信号显示恢复正常模式运行。

扩展阅读

上海地铁 10 号线列车追尾事故

事件背景：2011 年 9 月 27 日 13:58，新天地站 UPS 柜底电缆孔洞封堵作业时，UPS 输出负载端 A 相线路出现松动，引发 A 相电供电缺失，导致新天地集中站信号失电，造成中央调度列车自动监控红光带、区间内车站列车自动监控面板黑屏。

行车方式：交通大学站—南京东路站上下行采用电话闭塞法行车，区域内共有 6 辆列车。期间行车凭证为路票，闭塞区域为前方站间区间和站台区域。

事件经过：

13:58，新天地集中站信号故障。

1016 次——1016 次在豫园站下行出站后无速度码，行调通知司机手动限速（RMF）向老西门站运行。14:00，1016 次在区间遇红灯停车，行调通知司机停车待命。

行调——14:01，行调开始列车定位，14:08，行调发令：交通大学站至南京东路站上下行区段实行电话闭塞法行车。

1005 次——14:35，1005 次列车持路票从豫园站发车。

14:37，1005 次以 54km/h 运行至弯道时，发现前方有列车（1016 次）停留，采取制动后由于惯性仍以 35km/h 与 1016 次发生追尾碰撞，如图 5-4 所示。

图 5-4　上海地铁 10 号线列车追尾事故图

影响：造成 260 多人受伤（1 名怀孕双胞胎 28 周的孕妇被甩出座位 3m，经检查平安），两列事故列车内 500 多名乘客区间疏散，定性为造成重大社会影响的责任事故。给予集团董事长、总裁行政记大过，副总裁兼运管中心总经理行政降级，当班行调留用察看一年、调离调度岗位，当班值班员行政记过处分等。

事故分析：

1）行调在未准确定位故障区间内全部列车时，发布电话闭塞命令。联锁故障降级行车按照九步曲“判断—控车—找车—摆车—锁岔—发令—办手续（排路）—降速—控间隔”组织行车，核对在线列车数量与时刻表一致。

2）行车值班员在未确认区间是否空闲时，同意办理闭塞、发放路票。采用电话闭塞法时，对于各方向第 1 趟列车必须与行调、前方站共同确认区段空闲后，方可办理相关发车手续。后续列车，发车站在收到前方站（接车站）给出前 1 趟出清点后，方可提出发车请求（请求闭塞）。

3）列车超速运行，发现进路异常后无法在安全距离内停车导致冲突等。首趟限速 25km/h（除 4、14、21 号线高架段外），后续限速 45km/h，曲线半径小于 400m 线路限速 25km/h。

项目实施

目前我国城市轨道交通系统尚无统一的电话闭塞法行车时的接发列车作业标准。下面以国内部分城市轨道交通系统为例，说明电话闭塞法的接发列车作业标准的基本内容。

注意事项：

有的城市轨道交通企业为了提高效率，按电话闭塞法组织行车时，路票虽按规定填写，但不交给司机，车站存档。关于路票的填写，有的企业由行车值班员填写，有的由站台发车人员填写。

因城市轨道交通系统站间区间短，列车从一个车站运行到另一个车站只需较短时间，所以发车站必须取得接车站承认闭塞的电话记录号码后方可发车。发车站确保无论何时在同一区间内，只有一趟列车占用；接车站必须确认接车线路空闲，接车进路准备妥当，方可发出承认闭塞的电话记录号码；在联锁设备正常情况下，在操纵台上办理进路；如果联锁设备失效，则采用人工手摇道岔准备进路，并加装钩锁器（在配合折返作业时，可不加装钩锁器，但操作人员需确认道岔已操作至机械锁闭位置）。

一、电话闭塞法所需工器具

为便于车站由于信号设备故障等需要采用电话闭塞法组织行车时的应急处置及备品管理，电话闭塞法组织行车需要配备电话闭塞应急箱，如图 5-5 所示，人工准备进路工具包（有岔站），如图 5-6 所示。

图 5-5 电话闭塞应急箱

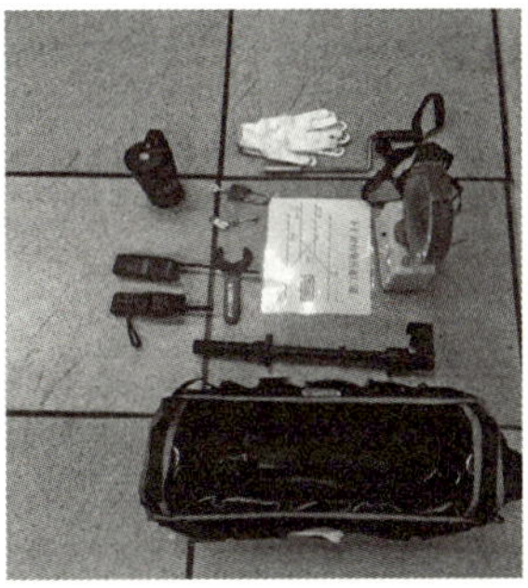

图 5-6 人工准备进路工具包

1）电话闭塞应急箱内的物品包括：路票若干张、黑色签字笔 2 支、红绿信号灯 1 个、端墙门钥匙 1 把、行车专用章、反方向运行章、《调度命令登记本》、便签纸、红色印泥、列车定位板、《行车日志》及《电话闭塞法卡控表》。

2）人工准备进路工具包内的物品包括：手摇把 2 把、钩锁器 1 副、转辙机钥匙 2 把、钩锁器铜锁 2 把、扳手 1 把、本站线路图 1 张、通用钥匙 3 把（铜锁、道岔备品箱）、红闪灯 2 盏、荧光衣 2 件、手套 2 副及防爆手电筒 2 个。

二、人工准备进路

人工办理进路

1. 下达调度命令

接收、复诵、判断行调发布的命令并进行记录。命令内容：×××站，人工准备×××线（道）至×××道（线）进路。

2. 任务的布置

行车值班员在接到行调“人工准备进路”的命令时，根据命令内容填写人工准备进路布置图，如图 5-7 和图 5-8 所示，车控室以此图布置任务，在进路所经道岔旁用圈做标记，标明道岔需开通位置。任务布置完毕后车控室与准备进路人员签名确认。准备进路人员在摇道岔时可参考“道岔位置判别”图，判别道岔开通位置，确保进路道岔开通位置正确。

3. 人工准备进路备品的清点和防护用品的穿戴

车站规定进入轨行区进行人工准备一般需要 2 名人员，其中 1 人必须由车站值班员以上人员担任；常见的组合方式有以下 3 种，分别是：值班站长+厅巡；值班站长+客运值班员；客运值班员+厅巡。

2 名人员需穿上荧光衣，戴好手套，携带对讲设备（800M 和 400M 无线便携台）、红闪灯、信号灯（红/绿）、手摇把、钩锁器（另有存放要求除外）、锁具及其钥匙（钥匙通

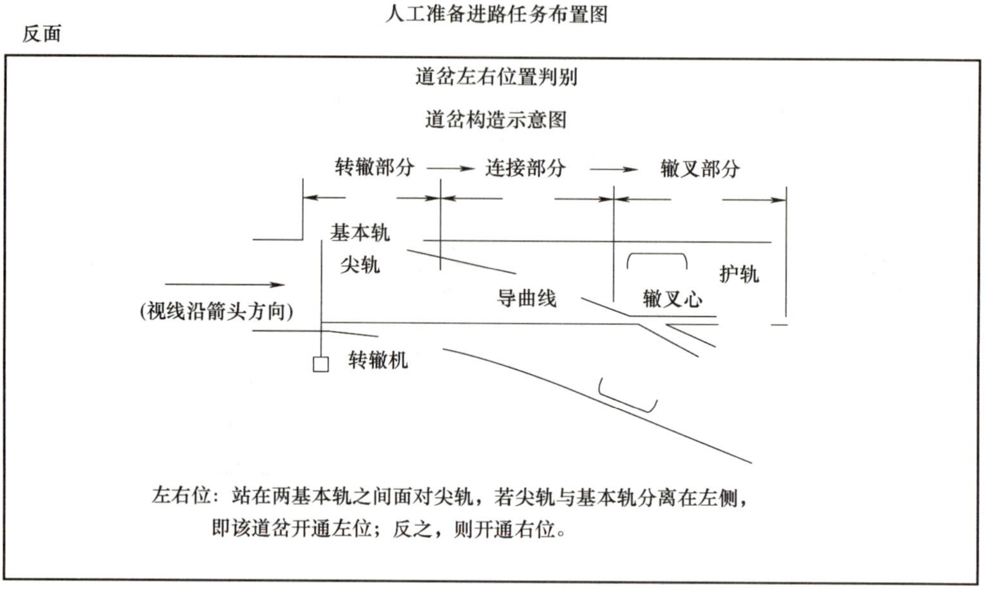

图 5-7　人工准备进路布置图（反面）

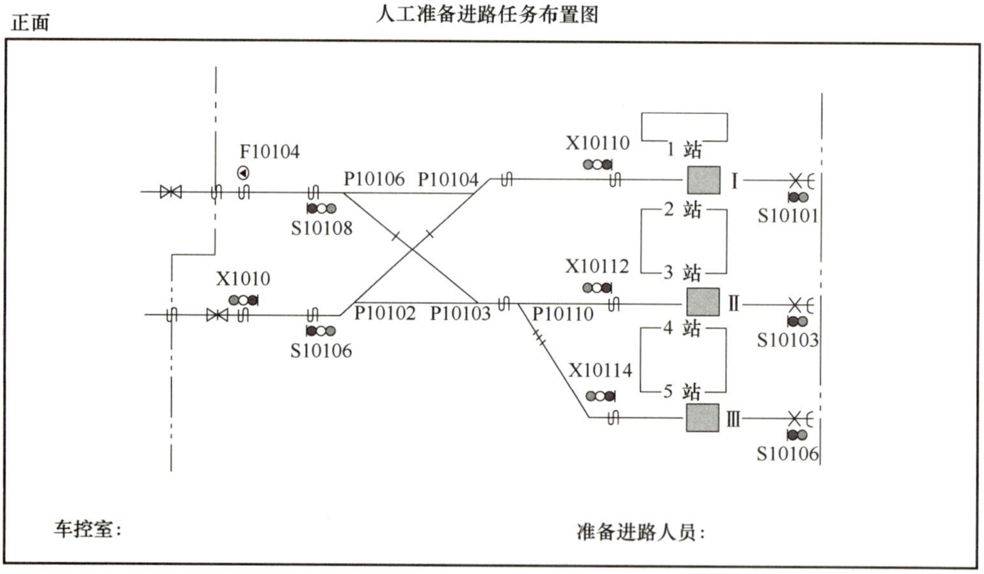

图 5-8　人工准备进路布置图（正面）

用）、手电筒（另有要求除外），如图 5-9 所示。

4. 申请进入轨行区，到指定地点待命

人工准备进路人员进入轨行区前通过 800M 手台向行调请点，得到行调口头命令同意并复诵确认后（采用电话闭塞法时，人员进入轨行区时机由车站自行负责，行调可不掌握），方可进入轨行区，随后确认有关的道岔和进路。

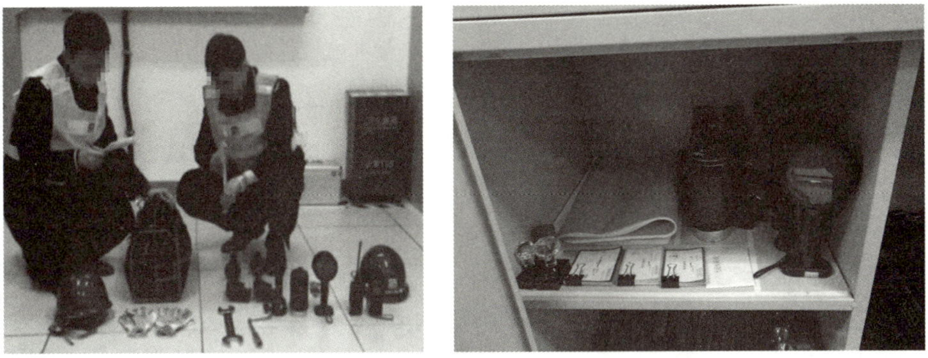

图 5-9　人工准备进路备品的清点和防护用品的穿戴

5. 设置防护

人工准备进路时防护红闪灯在来车方向距故障道岔约 15m 处设立；当道岔距离列车不足 15m 时，可在来车方向合适位置设置。

6. 手摇道岔六步曲

手摇道岔六部曲包括，一看、二开、三摇、四确认、五加锁、六汇报。

（1）一看　看道岔编号及开通位置是否正确，道岔尖轨及辙叉心处是否有杂物；看尖轨与基本轨是否有钩锁器；看是否有车辆停留在线路上；看是否有铁线等导体横放在两钢轨上，如图 5-10 所示。

（2）二开　打开盖孔板及钩锁器的锁，拆下钩锁器，如图 5-11 所示。

图 5-10　看——道岔开通位置

图 5-11　开——打开盖孔板及钩锁器

（3）三摇　将手摇把插入手摇把孔，摇道岔转向所需的位置，如图 5-12 所示，在听到“咔嚓”的落槽声后停止（如听不到落槽声时，则需确认尖轨与基本轨密贴，不超过 2mm）。拔出手摇把，锁好盖孔板。判断所摇位置时注意，顺时针转动手摇把则尖轨远离转辙机；逆时针转动手摇把则尖轨靠近转辙机。

（4）四确认　双人确认道岔的开通位置、确认尖轨密贴：面向尖轨手指口呼“×××号道岔开通×××位，尖轨密贴无异物，未加锁。”另一人手指口呼复诵。道岔开通位置及确认尖轨密贴如图 5-13 所示。

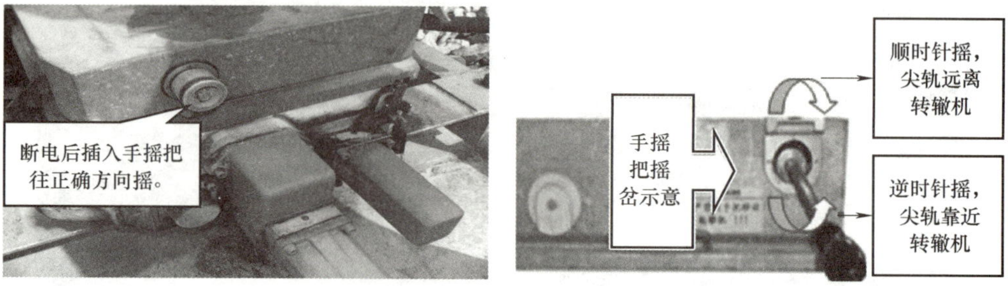

图 5-12　摇——手摇把摇岔示意图

图 5-13　确认——开通位置

(5) 五加锁　确认道岔开通正确位置后，双人配合，将钩锁器一端卡住钢轨并固定，一人用信号灯/手电筒进行照明，另一人用钩锁器锁定道岔尖轨及基本轨，必须用扳手将钩锁器拧紧并加锁（折返站需经常转换的道岔只挂不锁），加锁位置在尖轨后第 2、3 轨枕之间，如图 5-14 所示。

(6) 六汇报　单个道岔作业完成后，向车控室汇报：×××号道岔开通定（反）位，已加锁，人员、工器具已出清；进路上所有道岔摇动到正确位置，人员撤离到安全位置后向车控室汇报：进路准备完毕，线路出清，人员已至安全位置。

图 5-14　加锁——道岔加锁

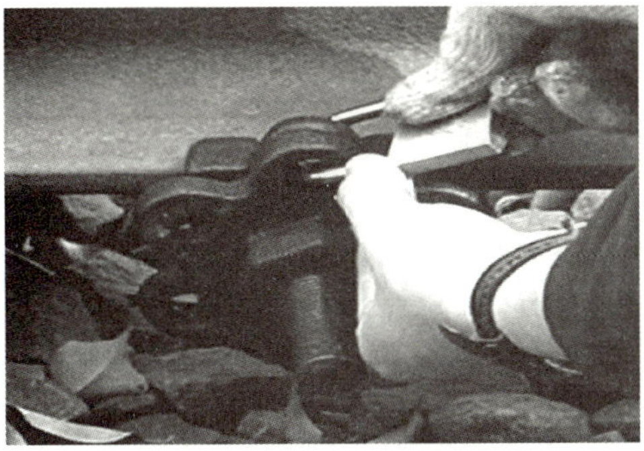

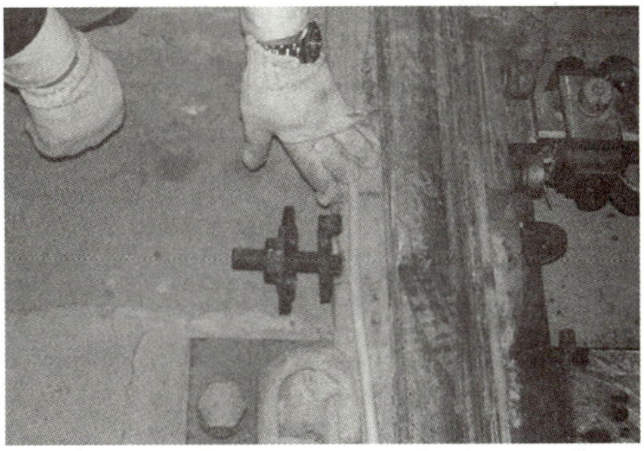

图 5-14　加锁——道岔加锁（续）

三、电话闭塞法岗位作业指引

1. 行调下达调度命令前准备作业指引

行调下达调度命令前准备作业流程见表 5-5。

表 5-5　行调下达调度命令前准备作业流程

程序及项目	岗位作业指引			
	闭塞车站 各站行车值班员	闭塞车站 各站值班站长	闭塞车站 各站客运值班员	闭塞车站 站台岗
发现故障并改用电话闭塞法行车	1. 接行调准备电话闭塞法指令通知后立即汇报值班站长 2. 配合行调确认本站列车占用情况，在《值班人员登记本》上做好记录 3. 通知站台岗加强端门值守，除车站人工准备进路人员外，任何人不得进入端门 4. 有岔站需根据行调指令通知值班站	1. 接行车值班员通知后立即赶赴车控室 2. 通知车站所有站务人员赶赴车控室 3. 安排客运值班员做好车站内客运组织工作 4. 指定两名站务人员（包括站台岗）为路票交接人员，分别负责上/下行线列车接车与路票交接 5. 有岔站须指定一名站务员与其一起人工准备进路 6. 有岔站接行调通知后带领人员下轨行区人工准备进路 7. 人工准备进路完毕后，中间有岔站出清轨行区后报行调；折返站到达安全避让点后报行调	1. 根据值班站长指令赶赴车控室 2. 做好车站内客运组织工作及乘客解释等工作	1. 根据车控室指令及时确认站线有无列车停靠并汇报车控室 2. 根据车控室指令严格管理端门，除车站人工准备进路人员外，任何人不得进入端门 3. 拿到接发列车相关备品后根据值班站长安排至指定端门处待令

2. 电话闭塞法接发车作业指引

电话闭塞法接发车作业见表 5-6。

表 5-6　电话闭塞法接发车作业

程序标准		岗位作业指引					
程序	项目	发车站			接车站		
		行车值班员	值班站长	站台岗	行车值班员	值班站长	站台岗
一、确认区间空闲	1. 确认区间空闲	1. 接到行调执行电话闭塞法的调度命令后，通知各岗位			1. 接到行调执行电话闭塞法的调度命令后，通知各岗位		
		2. 确认发车进路准备好，在《行车日志》发车进路准备妥当栏打对勾			2. 确认接车进路准备好，在《行车日志》接车进路准备妥当栏打对勾		
		3. 根据行车日志确认区间空闲后，与接车站再次共同确认区间空闲：“×××站至×××站上/下行区间空闲”，在《行车日志》确认区间空闲栏打对勾			3. 根据行车日志确认区间空闲，与站台岗确认接车站线空闲，折返站需确认前一列列车驶入折返线停稳或者折返线空闲。与发车站再次共同确认区间空闲：“×××站至×××站上/下行区间空闲”，在《行车日志》确认区间及接车站线空闲栏打对勾		3. 根据车控室指令确认站线空闲无列车停靠报车控室：“上/下行站线空闲无列车停靠”
		4. 向接车站请求闭塞：“×××站，×××点×××分请求×××次列车至×××站上（下）行闭塞”。在《行车日志》向接车站请求闭塞栏打对勾			4. 复诵：“×××站，×××点×××分请求×××次列车至×××站上（下）行闭塞。”		

（续）

程序标准		岗位作业指引					
程序	项目	发车站			接车站		
		行车值班员	值班站长	站台岗	行车值班员	值班站长	站台岗
二、办理闭塞	2. 办理闭塞手续	5. 复诵："×××点×××分同意×××次列车至×××站上（下）行闭塞，电话记录号码×××，×××站收到"。并在《行车日志》电话记录号码栏填写电话记录号，接车站同意闭塞时分栏填写时间			5. 同意发车站闭塞："×××站电话记录号码×××，×××点×××分同意××次列车至×××站上（下）行闭塞"，并在《行车日志》电话记录号码栏填写电话记录号，同意闭塞时分栏填写时间		
		6. 复诵完毕后填写路票（上/下行第1张路票左上角均须加盖"首列车限速25km/h"印章有）			6. 听取发车站复诵确保正确无误		
	3. 路票填写及交接	7. 路票确认无误后通知站台岗到车控室领取路票，站台岗至车控室后与其交接路票时手指口呼："上/下行路票，车次×××，电话记录号码×××，×××站至×××站，×××站行车专用印章有（首列车限速25km/h印章有），×××年×××月×××日"，做到手指口呼、双人复诵		7. 接车控室通知领取路票在车控室与行车值班员交接路票时手指口呼："上/下行路票，车次×××，电话记录号码×××，×××站至×××站，×××站行车专用印章有（首列车限速25km/h印章有），×××年×××月×××日"。做到手指口呼、双人复诵			

（续）

程序标准		岗位作业指引					
程序	项目	发车站			接车站		
		行车值班员	值班站长	站台岗	行车值班员	值班站长	站台岗
二、办理闭塞	4. 发车作业	8. 通过CCTV监控站台岗到达正确的端门处并在《行车日志》填写路票栏打对勾		8. 领取路票到达正确端处，交予司机。交路票时手指口呼："上/下行路票，车次×××，电话记录号码×××，×××站至×××站，×××站行车专用印章有（首列车限速25km/h印章有），×××年×××月×××日"，路票交接完毕报车控室，指示站台人员向司机显示"好了"信号，待列车动车后向车控室汇报："上/下行列车已动车"			
		9. 复诵通知："上/下行列车已动车"，在《行车日志》本站发出时分栏填写时间					
		10. 向接车站报点："×××站上/下行×××次列车×××时×××分开"，听取复诵确保正确无误				10. 复诵发车站报点："×××站上/下行×××次列车×××时×××分开"，并在《行车日志》发出站发出时分栏记录时间	

（续）

程序标准		岗位作业指引					
程序	项目	发车站			接车站		
		行车值班员	值班站长	站台岗	行车值班员	值班站长	站台岗
二、办理闭塞	4. 发车作业					11. 复诵完毕通知站台岗："准备上/下行接车"，并在《行车日志》通知站台接车栏打对勾	11. 接车控室通知后复诵并做好接车准备
三、办理接车	5. 接车作业						12. 列车进站停稳后向车控室报告："上/下行列车到站停稳"，回收路票划"×"以示注销
						13. 接站台报告并复诵："上/下行列车到站停稳"，查看时间在《行车日志》本站到达时分栏记录时间	
		14. 收到接车站报点后复诵："×××站上/下行×××次列车×××时×××分到"，并在《行车日志》接车站到达时分栏记录时间				14. 向发车站报点："×××站上/下行×××次列车×××时×××分到"，听取复诵确保正确无误	

扩展阅读

电话闭塞法行车专项应急演练

"天津站至直沽站区域轨道显示大面积红光带，ARQ 功能启动失败，准备降级组织行车。”为全面提升行调、车站值班员、电客车司机等关键行车岗位的应急处置能力，检验各岗位应急联动水平，轨道交通运营集团开展了9号线电话闭塞法行车专项应急演练，即在高科技功能失效的情况下，依靠传统打电话的方式，指挥司机手动操作地铁列车前行。

“发布电话闭塞调令，命令号211，受令处所：天津站至东兴路站各站，在线司机，运转。自发令时起，天津站至东兴路站上下行启用电话闭塞法行车，801次司机复诵，其他各站，司机，运转收到回复，完毕。”随着一声声紧张、有序的电话声在大厅响起，一条条精准、简洁、高效的指令从控制中心发出，一句句明确、清晰、有力的回复从现场传来，专项应急演练的大幕就此拉开。

为全面提升关键行车岗位“三大员”，即行调、车站值班员、电客车司机的应急处置能力，检验各岗位应急联动水平，运营集团精心策划、创新招法，集结5个部门及相关单位通力合作，开展了9号线电话闭塞法行车专项应急演练，参演人数达80余人。

在演练中，各岗位人员统筹联动，司机、车站双方完成扣车定位程序后，行调下发调度命令，组织天津站至东兴路站区间实施电话闭塞法行车。天津站采用手摇道岔方式组织折返，列车恢复正常行车方式后，行调利用中间站道岔转线等方式组织列车快速回场。过程中，各岗位人员迅速响应、紧密配合、分工明确、高效联动。

演练结束后，运营集团对此次演练进行了回顾总结，将发现的问题隐患分类汇总，并结合现场作业处置标准，对3大岗位5个关键点位人员进行业务评价，进一步强弱项、补短板，提升运营水平。

拓展与提高

列车自动监控（ATS）系统HMI人机交互界面道岔操作

本项目介绍列车自动监控（ATS）系统HMI人机交互界面包括信号与进路操作、站台操作、区段操作、道岔操作及其他操作。本项目主要介绍道岔相关操作。

1. 道岔单操

（1）定操　设置道岔处在定位状态，道岔名显示绿色。

（2）反操　设置道岔处在反位状态，道岔名显示黄色。

用户鼠标单键单击站场图道岔，选择“定操”或“反操”，被单击的道岔所属车站和名称将自动列入弹出的对话框中。选择“确定”将发出命令，选择“取消”放弃操作并关闭对话框，如图5-15所示。

执行道岔单操需要注意：执行操作前需确认道岔未锁闭、未占用。

2. 道岔单锁

单锁：设置道岔处于单锁状态，使道岔无法被操动。

用户鼠标右键单击站场图道岔，在右键菜单中选择该操作命令，然后弹出对话框显示操作内容，如图5-16所示。

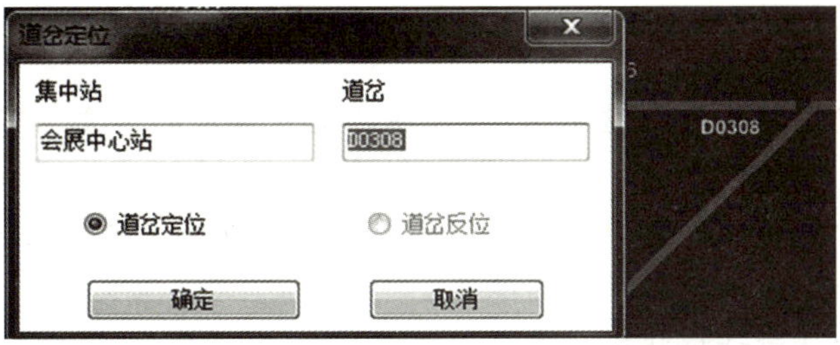

图 5-15　选择“定操”弹出的对话框

图 5-16　选择“单锁”弹出的对话框

执行道岔单锁需要注意：

1）在特殊情况下（如岔区有施工），根据运营调度的需要，为确保安全，可以执行道岔单锁操作，将道岔锁住，防止道岔搬动。

2）执行成功后，道岔岔芯处加单锁圈显示。

3）单锁仅仅可以沿着道岔开通的方向办进路。

3. 道岔解锁

解锁：设置道岔处于解锁状态，无条件地对单独锁闭的道岔进行解锁。

用户鼠标右键单击站场图道岔并选择该操作项，然后弹出对话框显示操作内容，如图 5-17 所示。

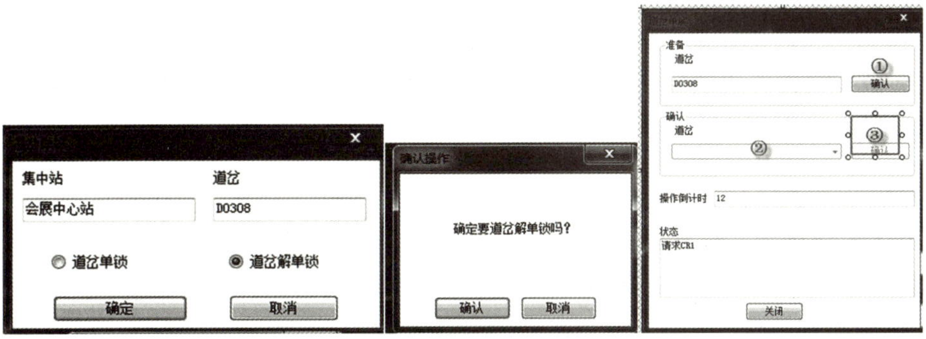

图 5-17　选择“解锁”弹出的对话框

在单击“确认”后，系统再次确认是否需要执行该操作。

再次选择需要解锁的道岔，进行确认操作。

执行解锁道岔时需要注意：

1）当特殊情况已解除（如施工结束），根据运营调度的需要，可以为道岔执行解锁操作。

2）在执行道岔解锁操作前，值班人员需确认施工或维护工作已经结束。

3）执行成功后，道岔岔心单锁圈隐藏。

4）执行失败的话对话框状态栏有文字提示。

4. 设置道岔强扳授权

当道岔区段计轴受扰、执行计轴预复位无效后，车站值班员可以通过“设置道岔强扳授权”操作对故障道岔进行强扳授权，然后单操该道岔到正确位置办理进路。

用户鼠标右键单击目标道岔，在右键菜单中选择“设置道岔强扳授权”，如图 5-18 所示。该操作需要进行二次确认。

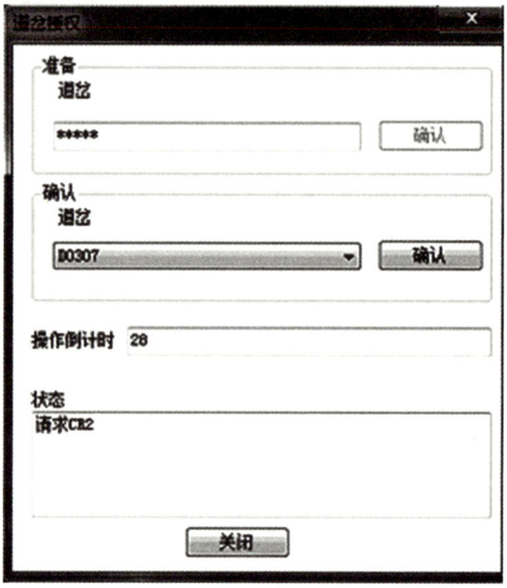

图 5-18　选择“设置道岔强扳授权”弹出的对话框

道岔强扳授权设置成功后，HMI 界面会显示确认倒计时和“授权有效”字样，确认授权成功道岔显示（白圈）。

执行道岔强扳授权前需要注意：

之前道岔强扳之前需要确认操作道岔无单锁、无引导总锁。

确认无进路占用、无车占用此道岔区段。

5. 取消道岔强扳授权

在成功设置道岔强扳授权后，如果不需要继续执行进路办理作业，执行“取消道岔强扳授权”即可。取消授权执行成功后，授权倒计时和“授权有效”字样消失。

用户鼠标单击已经设置强扳授权的道岔，在右键菜单中选择“取消道岔强扳授权”命令即可，如图 5-19 所示。“取消道岔强扳授权”操作需要进行二次确认后才能生效。

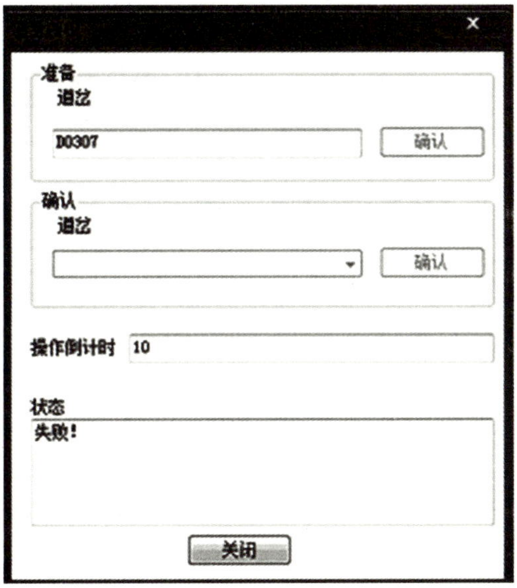

图 5-19　选择“取消道岔强扳授权”弹出的对话框

复习思考题

一、填空题

1. 路票应具备______、______、______、______、______、______、______、______ 8 要素填写完整。

2. 站间电话行车法行车时停车信号显示时机为：______。

3. 手摇道岔六部曲包括______、______、______、______、______、______。

4. 电话闭塞法是相邻两站（场、段）通过电话联系形式确认区间空闲，并以发出______的方式办理闭塞的一种行车组织方法。

5. 列车到达接车站后，车站值班员应及时收回路票，在路票正面对角划“______”以示注销。

二、选择题

1. 电话记录号码自每日 0 时起至 24 时止，按（　　）循环编号。

A. 小时　　B. 日　　C. 月　　D. 年

2. （　　）昼间为展开的黄色信号旗高举头上左右摇动。

A. 引导手信号　　B. 通过手信号　　C. 停车信号　　D. 减速信号

3. 下列（　　）不属于电话闭塞法接发列车时用到的行车报表。

A. 行车日志　　B. 调度命令

C. 路票　　D. 调车作业通知单

4. （　　）用于记录列车运行情况。

A. 行车日志　　B. 调度命令

C. 路票　　D. 调车作业通知单

5. 下列不需要在行车日志上填写的是（　　）。

A. 向接车站请求闭塞　　B. 填写调度命令

C. 确认区间空闲　　D. 填写路票

三、判断题

1. 停车信号显示地点为站台头端墙站台门端门外方。（　　）
2. 电话闭塞法的行车凭证是出站信号机的显示。（　　）
3. 人工准备进路时防护红闪灯在来车方向距故障道岔约10m处设立。（　　）
4. 确认尖轨与基本轨密贴时，要求不超过2mm。（　　）
5. 钩锁器加锁位置在尖轨后第1、2轨枕之间。（　　）

四、简答题

1. 简述列车手信号的显示方式及显示意义。
2. 特殊情况下接发列车时显示和收回手信号的时机是如何规定的？
3. 采用站间电话闭塞法行车时，行车凭证是什么？以什么模式驾驶列车运行？
4. 何时采用电话闭塞法组织行车？
5. 简述站间电话闭塞法行车发车的作业程序。
6. 简述站间电话闭塞法行车接车作业程序。
7. 简述人工准备进路的作业程序。
8. 行车凭证和原始记录的种类有哪些？
9. 简述行车凭证和原始记录的填写要求。
10. 简述人工手摇道岔“六步曲”程序。

实践训练题

1. 车站联锁设备故障时的接发列车办法。
2. 练习行车日志、路票的填写。
3. 在ATS上道岔单操、单独锁闭、道岔强解的方法是什么？

项目六

特殊情况下的列车运行组织

知识要点

1. 救援列车开行的有关规定。
2. 客车推进运行、列车反方向运行、列车退行的有关规定。

项目任务

1. 掌握客车推进运行、列车反方向运行、列车退行时的行车组织方法。
2. 掌握救援列车的开行办法。
3. 熟悉应急扣车时的处理方法。
4. 了解恶劣天气下行车作业要求。

项目准备

1. **场地、工具准备**：列车运行组织模拟仿真系统、沙盘、仿真列车、各种登记表簿、联系电话、信号旗、路票、调度命令、手摇把、钩锁器等。

2. **人员安排**：学生按车站数分组，安排行调1人，每站设有行车值班员、站务员、扳道员、引导员各1人。

相关理论知识

地铁列车纵向连挂救援

一、救援列车的开行

1. 救援列车的请求与派遣

行调接到列车司机（车长）、行车值班员的救援请求后，应向有关车站或车辆段发布开行救援列车的命令，及时组织备用车上线救援，如果救援列车用运行中的客车时，必须清客，空车救援。故障列车在区间时还需发布封锁区间线路的命令。

2. 救援列车进入封锁线路的行车组织办法

向封锁线路发出救援列车时，不办理行车闭塞手续，以行调的命令作为进入该封锁线路的许可。

3. 救援有关规定

为保证在救援中不发生因防护不当等原因造成救援列车与被救援列车相撞的事故，必须严格遵守以下规定。

1）已申请救援的列车严禁动车，列车司机（车长）应打开被救援列车两端的标志灯作为防护信号，并做好与救援列车的连挂准备工作。

2）申请救援的列车司机在连挂之前可继续排除故障，但不能起动列车，如故障排除则报告行调取消救援。

3）救援列车应距被救援列车规定距离外停车，听候救援负责人（被救援列车司机）的指挥连挂。

4）在未接到开通封锁线路的调度命令前，不得将救援列车以外的其他列车开往该线路。

5）行调发布救援列车进入封锁线路的调度命令前必须确保救援列车已经清客。

二、客车推进运行

1）客车推进运行，必须得到行调的命令准许。推进运行时，必须有乘务员或列车引导员在客车前端驾驶室引导，无人引导时，禁止推进运行。

2）当难以辨认信号时，禁止列车推进运行。

3）在30‰及以上的下坡道推进运行时，禁止在该坡道上停车作业，并注意列车的运行安全。

4）列车推进运行的限速要求按《行车组织规则》的规定执行。

三、列车反方向运行

1. 在具有反向ATP的轨道区段，反方向运行规定

1）列车反方向运行前必须得到行调的命令准许。

2）列车反方向运行时，在HMI上排列进路，列车根据ATP允许速度以SM模式运行，行车凭证为列车收到的速度码。遇ATP轨旁设备故障时，行调通知列车司机以RM模式运行。

2. 在反向ATP故障或无反向ATP的轨道区段，反方向运行规定

1）除降级运营时组织单线双方向运行或开行救援列车外，载客列车原则上不能反方向运行。工程列车需在明确行车计划和进路排列好的情况下方可反方向运行。

2）反方向运行时，按站间电话闭塞法组织行车。行调在下达反方向行车命令前，确认反方向行驶列车前至少两个站间区间空闲（救援除外）；接车站在尾端墙处向正向来车方向显示红色防护手信号。

四、列车单线双向运行

列车单线双向运行是指在一条固定进路上同一时间内只有一趟列车往返运行。其列车运

行交路类似于拉风箱的动作，又被称为“拉风箱”运行。

当信号系统、接触网设备等发生故障不能正常使用时，一般采用单线双向运行模式组织列车运行。在单线双向运行过程中，车站、列车司机、行调须全力配合做好乘客服务和行车安全工作，确保降级运营的顺利进行。

五、列车退行

列车因事故或其他原因在站间不能正常行车的情况下，为避免列车进行站间清客，行调可授权列车司机进行列车退行至最近的站台。

1）列车因故在站间停车需要退行时，司机必须报告行调，行调必须充分了解情况，在列车无法前进的情况下，下达准许列车退行的调度命令，在得到行调的命令后，列车方可退行，行调应及时通知有关车站。

2）行调在确认后方相邻区间没有列车占用，并将后续列车扣停在后方站，方可同意列车退行。

3）列车退行进入车站时，车站接车人员应于头端墙处显示引导手信号，列车在头端墙外必须一度停车，确认引导手信号正确后方可进站。

4）退行列车到达车站后，司机应及时向行调报告，同时根据行调的命令处理。

六、隧道内线路积水时的行车

巡道、巡检人员、司机及其他行车有关人员在作业中发现隧道线路积水时，应立即报告行调，行调要及时发布限速命令，司机按行调下达的命令规定的限制速度运行。

七、恶劣天气下的行车作业要求

在恶劣天气条件下的行车组织，以确保行车安全为原则，车站严格执行恶劣天气下的组织预案，特别要强化站台组织、确保乘客人身安全。

1）值班站长在得到恶劣天气的信息后，应及时向全体员工发出信息通报，并对关键岗位提出安全工作要求，同时加强车站巡察工作。

2）站务员应提前出场接车，对接车线路接触网、路轨状况及候车乘客密切观察，发现有危及行车及人身安全情况时，应及时采取措施（按下紧急停车按钮）将列车拦停。

3）恶劣天气下，站务员出场作业时要加强自身防护。

1. 大风天气下作业要求

1）站务员正确佩戴工作帽，防止意外发生。

2）留意接触网是否有异物悬垂以及轨道是否有异物阻塞，并及时报告行调处理。

3）值班站长应指派专人对站台上的可移动物品进行加固。

2. 冬季雪天下作业要求

1）值班站长应及时采取防滑措施，并指派保洁人员随时对站台上的积雪进行清扫。

2）有道岔的车站应及时开启道岔加热装置。

3. 高温天气下作业要求

1）站务员要留意乘客候车情况，保证乘客远离安全线。

2）注意自身状况，如有不适，必须及时报告上级主管以做安排。

4. 雷雨天气下作业要求

1）值班站长应指派保洁人员随时对站台上的积水进行清扫，并采取防滑措施。

2）站务员作业时，注意防滑。

3）随时观察接触网情况，发现异常立即报告行调。

车站人员在遇恶劣天气状况下办理各项作业时除按以上要求加强管理外还应严格按恶劣天气下行车办法执行。

应急扣车

八、应急扣车时的规定

发生紧急事件或事故时，应执行以下紧急扣车的规定：

1）当行调需扣车时，可在 HMI 上直接操作并通知司机和车站，或指令车站操作或通知司机。

2）当车站需要扣车时，由车站值班站长（值班员）按压 LBP 控制盘上的扣车按钮，并及时报告行调，由行调通知司机，遇紧急情况按紧急停车按钮。

3）扣车原则上是“谁扣谁放”，只有在 ATS 故障时，对原在 HMI 扣停的列车，经行调授权后由相关车站放行。

4）执行“放行”命令时，应确认列车已停稳方可操作。

项目实施

救援列车开行

一、救援列车作业要求及操作要点

救援列车前往救援时可选用正向牵引，也可采用推进运行方式，无论采用哪一种方式，救援列车及故障列车都必须遵守以下要求：

1. 做好救援故障列车前的准备工作

（1）清客　救援列车必须在就近站台进行清客作业，故障列车停在站台或部分已进入站台，必须进行清客作业。

（2）建立无线通信　救援列车、故障列车与行调间建立无线通信，进行通话测试。

（3）选择驾驶模式

1）如果使用正向牵引方式，完成清客作业后，列车司机应前往另一端的司机室，得到行调授权后，选用 ATP 固定限速下的人工驾驶模式前往故障列车现场，并在故障列车前不少于规定距离外停车，然后以调车方法与故障列车进行连挂。

2）如果使用推进运行方式，完成清客作业后，列车司机应选用 ATP 监督下的人工驾驶模式前往故障列车现场；接近故障列车时必须得到行调授权，选用 ATP 固定限速下的人工驾驶模式并停在故障列车前不少于规定距离处，然后进行挂接。

2. 救援列车与故障列车进行连挂作业

1）救援列车司机必须确定故障列车已将故障解除，方可进行连挂作业。故障列车司机必须确定故障部分已被解除，并通报有关情况给救援列车司机。

2）完成挂接后，救援列车、故障列车司机必须将“列车连挂”开关扳到“通”位，并经相互确定后，进行制动系统测试。确定制动系统作用正常及故障列车的制动系统已缓解后，便通报行调。

3）得到行调授权后，救援列车司机可使用以下驾驶模式及指定速度将故障列车驶离正线：

① 使用正向牵引方式：救援列车司机可使用 ATP 监督下的人工驾驶模式以不高于指定速度驾驶列车。

② 使用推进运行方式：救援列车司机可使用 ATP 固定限速下的人工驾驶模式以不高于指定速度驾驶列车，在途中必须依据故障列车司机指示驾驶，如在规定时间（如 5s）内得不到故障列车司机指示，救援列车司机必须停车。

> 注意事项：
>
> 在任何情况下救援列车司机及故障列车司机均必须保持联络，如遇突发状况应立即停车了解实况，直至完成救援作业。如故障列车当时处于站间（车上仍有乘客），在完成挂接作业后应立即前往就近站台进行清客作业。

二、加开救援列车，实施救援

3125 次在甲站至乙站间下行线 10km+200m 处故障被迫停车，请求救援，利用在线运行的 3127 次担任救援，将故障列车送回车辆段。各站及故障列车、救援列车、车辆段所在位置如图 6-1 所示。

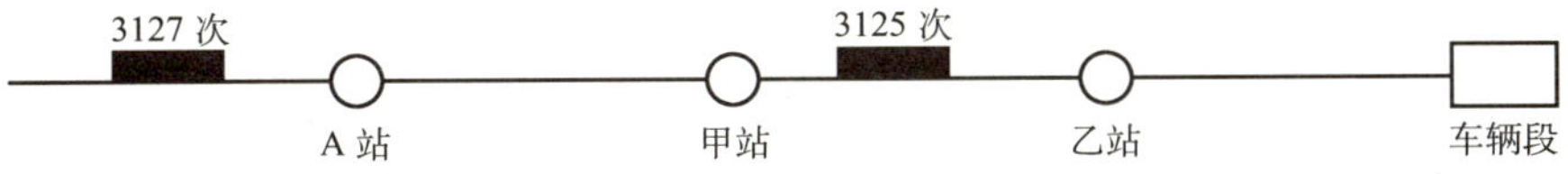

图 6-1　各站及故障列车、救援列车、车辆段位置示意图

1）行调接到 3125 次列车司机的救援请求后，应向甲站、乙站、A 站及车辆段发布开行救援列车的命令。调度命令格式如下：

		日期	命令号码	行调姓名	发令时间
受令处所	A 站~乙站、车辆段信号楼，A 站交 3127 次列车司机	2023. 9. 5	201	×××	14:25
命令内容	① 因 3125 次在甲站至乙站间下行线 10km+200m 处故障请求救援，准 A 站至乙站间下行线加开 601 次到甲站至乙站间下行线 10km+200m 处担任救援工作，连挂 3125 次后，推送到车辆段。 ② 601 次由 3127 次担任，在 A 站清客担任救援。 ③ 注意防护信号和安全。 ④ 3127 次到甲站下行站台待命。				

2）待 3127 次运行至 A 站清客完毕后，以规定驾驶模式运行至甲站，等待接受进入事故封锁线路进行救援的命令。封锁命令格式如下：

受令处所	甲站、乙站，甲站交601次列车司机	日期	命令号码	行调姓名	发令时间
		2023.9.5	202	×××	14:35
命令内容	①自发令时起，甲站至乙站下行正线线路封锁。 ②准601次进入该封锁线路进行救援工作。				

3）甲站与乙站不需办理行车闭塞手续，在确认发车进路准备妥当后，将封锁命令交与列车司机作为进入封锁线路的行车凭证。601次须在距被救援列车3125次规定距离外停车，然后按照救援指挥人或3125次列车司机的指挥进行连挂作业。

4）确认救援列车与故障列车连挂妥当后，以规定驾驶模式将故障列车推送至车辆段。

5）事故处理完毕后，行调下达甲站至乙站间下行正线线路开通的命令，恢复正常行车。

三、列车退行组织

1. 列车退行时，运营控制中心、列车司机、车站的职责

（1）运营控制中心　确认列车退行方式，向列车司机授权转换驾驶模式；确认需要退行的列车后方区间空闲，指示后续追踪列车做好站外停车的准备；下达退行指令前，已收到车站人员确认乘客处于安全状态的信息；核对退行后列车标识号是否正确。

（2）列车司机　列车司机须确认列车性能是否良好，动车前，确认接收到行调的授权；需要退行时，列车司机必须向行调请求退行；列车司机得到行调的命令后方可退行；退行前，列车司机须向乘客做好安抚广播；进站时加强瞭望；无反向停车标的车站，参照邻线停车标对标停车。

（3）车站　确认站台乘客处于安全位置，并向行调汇报；向站台乘客及时做好广播。

2. 列车退行作业程序

（1）行调

1）通知列车退行目的地车站的值班站长有关退行的安排，确保涉及退行的路段上没有其他车辆占用及列车经过的信号机显示危险信号，实施适当保护方法以保障退行时列车的安全。

2）指示列车司机及副司机前往尾端的司机室，并进行无线通信设备测试，以确保通信功能正常。

3）授权列车司机以ATP固定非限速人工驾驶模式行驶至目的地，并提醒列车司机沿途必须留意道岔的位置及站间的状况，确保列车司机清楚退行的安排。

4）当完成退行，指示列车司机进一步的行动（例如列车清客），当事故处理完毕后，安排恢复正常行车。

（2）列车司机

1）清楚退行安排后，必须复述行调的指示以作确认。

2）按行调的指示，协同副司机前往尾端的司机室准备，进行无线通信设备测试，以确保通信正常。

3）得到行调授权后，以ATP固定非限速人工驾驶模式开往目的地，沿途要间歇地鸣

笛，并需在副司机的协助下留意线路、道岔的位置是否与行调的指示相符，是否出现突发情况；如发现不正常情况，必须立刻停车，先向行调报告及求证，方可继续行车。

4）当到达目的地的站台并完成列车清客后，留在车内等待行调进一步的指示。

（3）值班站长

1）当得到行调列车退行的指示后，退行目的地车站值班站长必须安排启动站台控制板的紧急停车按钮，安排车站人员在有关站台的头端墙处显示引导手信号接车，在尾端墙向着退行列车驶来的方向显示停车手信号。

2）退行列车停在站台后，协助列车司机清客。当列车完成清客后，按行调的指示办理。

四、站台门、车门夹人夹物处理

站台门夹人夹物故障处理

1. 处理原则

（1）安全第一　夹人夹物事关乘客和行车安全，任何时候都要在确保安全的前提下妥善处置。

（2）服务至上　树立强烈的乘客服务理念，尽可能为乘客提供便利，做好乘客的安抚工作。

（3）就地处理　行车岗位在已知夹人夹物的情况下，必须立即处理，不得延误，在区间则立即停车处理。

（4）及时汇报　列车司机、站务员需及时准确汇报处理过程和结果，行调做好相应指导和监控。

2. 车门、站台门夹人夹物处理要点

（1）列车未起动时站台工作人员的处理要点

1）发现列车车门/站台门夹人夹物，立即就近按动紧急停车按钮，向列车司机显示停车手信号。

2）在赶赴现场查看的同时将情况报告车控室。

3）示意列车司机重新打开车门/站台门。

4）将人或物撤出后，向车控室报告，并向列车司机显示“好了”信号。

5）值班站长到场后，协助调查处理。

（2）列车已动车时站台工作人员的处理要点

1）发现列车车门/站台门夹人夹物，列车已起动，应立即就近按动紧急停车按钮。

2）立即将情况报告车控室，停车后如列车尚未出站，应前往夹人夹物现场了解情况和处理。

3）如列车未停止运行，应立即报车控室。

五、轨行区拾物处理

1. 轨行区拾物处理原则

1）发现乘客物品掉落轨道首先确认物品是否影响行车。如物品影响行车，则必须马上将物品取走，如情况紧急，则按压紧急停车按钮；如不影响行车则应按行调安排将物品取走。

2）使用夹物钳时，应注意不要高举钳子，以免与接触网接触，危及安全。

3）取物时要向行调请点，得到行调同意后才能实施，并做好安全防护，疏散周围围观乘客。

4）打开站台门时要做好该门的安全隔离工作，防止乘客误进入该站台门，而发生乘客掉落轨道危及乘客安全的事故。

2. 轨行区拾物站台工作人员处理要点

1）接到乘客通知后马上将情况报告车控室，并安抚乘客。

2）立即到现场查明情况，向车控室汇报情况。如影响行车，则按压紧急停车按钮。

3）尽快拿夹物钳、隔离带到现场，隔离该处站台门；得到值班站长指示后，用钥匙打开该站台门，到物品掉落处将物品夹起。

4）得到值班站长指示后，恢复站台门的使用，撤回隔离。

六、车站紧急停车按钮的操作

紧急停车按钮激活

当遇紧急情况，如有人（物）坠落路轨或夹人夹物开车时，车站人员或乘客可以使用紧急停车按钮（不须报告车站值班员和行调），对所辖范围内的在线列车进行紧急停车控制。

1）遇紧急情况时，站务员或乘客可以使用站台紧急停车按钮对列车进行紧急停车控制，防止意外情况的发生。站务员或乘客需要用小锤的尖端砸碎玻璃并立即按下红色按钮。

2）当车控室工作人员通过监视器发现紧急安全情况或接到紧急安全通知时，可以使用车控室内的紧急停车按钮，车控室的紧急停车按钮箱没有配备小锤，没有玻璃，可以直接按下按钮。

3）车站行车值班员按下紧急停车按钮后，或在 IBP 盘中发现紧急停车按钮被按下后（包括信号设备集中站发现其所属控制站的紧急停车按钮被按下后），须立即报告行调。

4）在事故处理完毕后，确认线路全部出清，具备行车条件时，报告行调后，车站行车值班员可通过 IBP 盘进行恢复。

车站人员发现站台紧急停车按钮箱上的小锤子丢失后应立即告知值班站长，由值班站长上报车务部安全技术室，及时进行补充。

扩展阅读

从技术能手成长为“地铁大工匠”

孙琪是北京地铁运营三分公司 10 号线慈寿寺站区车道沟站值班站长。他最大的业余爱好就是每天下班回家一头钻进综控理论书籍中，常常研读到深夜。几年如一日的理论钻研与实践操作，使他练就了过硬的本领，从一名站务员迅速成长为了一名值班站长，成为站区的技术能手。2022 年被北京地铁公司党委授予“北京地铁大工匠”称号。

面对纷繁复杂的车站工作，孙琪经常对工作中遇到的热点、难点问题进行深入分析，虚心向经验丰富的老同事求教，力求搞懂弄清。基于多年的学习思考和经验总结，他利用自己的业务时间编制了站区级的车站《行车工作细则》，为站区新进综控员的业务学习提供了教材。2020 年，他先后参与了综控员职业资格技能鉴定工作和地铁公司《综控员培训教材》《综控员培训大纲》等教材的编写。多年来，他扎根基层班组，努力在平凡岗位上创造不凡的业绩。

作为值班站长和站区业务骨干，孙琪带头处理过多次设备故障和行车难题，将故障对车站乃至线路的影响降到最低。2018 年，10 号线车道沟站上行应急门发生故障，下行列车信号发生故障，上下行列车在车站均没有移动授权。当时正值晚高峰，列车间隔小客流量大，如果列车晚点 1min 就会造成客流堆积等影响运营的严重后果。他立即指挥综控员办理报修手续，自己携带设备赶赴现场，指挥站台人员进行“互锁解除”和应急门隔离等操作，指挥班组其他人员进行客流疏导。在整个班组的共同努力下，确保没有任何列车晚点。

2019 年，一列回段列车进入车辆段后轨道电路发生故障，同时又遇到后续列车站台门无法正常关闭的复合故障，他凭借多年综控员的经验和过硬的心理素质，快速冷静地处置了故障，未造成任何晚点。此项操作流程被运营三分公司纳入了日常培训教学案例。正是这样，他把新知识、新技能以及更严谨更细致的工作作风带到工作岗位上，用实际行动做出表率，感染带动着身边职工。

拓展与提高

IBP 盘信号操作

车站值班员在紧急情况下直接操作 IBP 盘上按钮或钥匙开关，采用人工介入方式进行运行模式操作和某些设备的远程操作。IBP 盘包含消防栓泵、电扶梯、站台门、门禁、AFC 闸机、信号、隧道通风、环境与设备监控 8 个模块。本项目主要介绍信号模块操作，如图 6-2 所示。

IBP 信号监控区域主要设置了针对紧急停车和扣车操作相关的元件，以满足车站在特殊情况下的紧急停车和扣车使用，信号区所有按钮为自复按钮。

1. 扣车按钮

黄色自复带灯按钮，按下后对该侧列车下发扣车命令，同时按钮上方“扣车”指示灯（黄灯）灭，“取消扣车”指示灯（红色）亮。

2. 取消扣车按钮

绿色自复带灯按钮，按下后终止该侧的扣车命令，同时按钮上方“扣车”指示灯（黄灯）亮，“取消扣车”指示灯（红色）灭。

3. 试灯按钮

白色自复带灯按钮，按下后对本方向信号区指示灯及带灯按钮进行测试。按下“试灯”按钮后，监控区内的与试灯按钮相关的指示灯全部点亮，松开后，按钮弹起，指示灯熄灭。

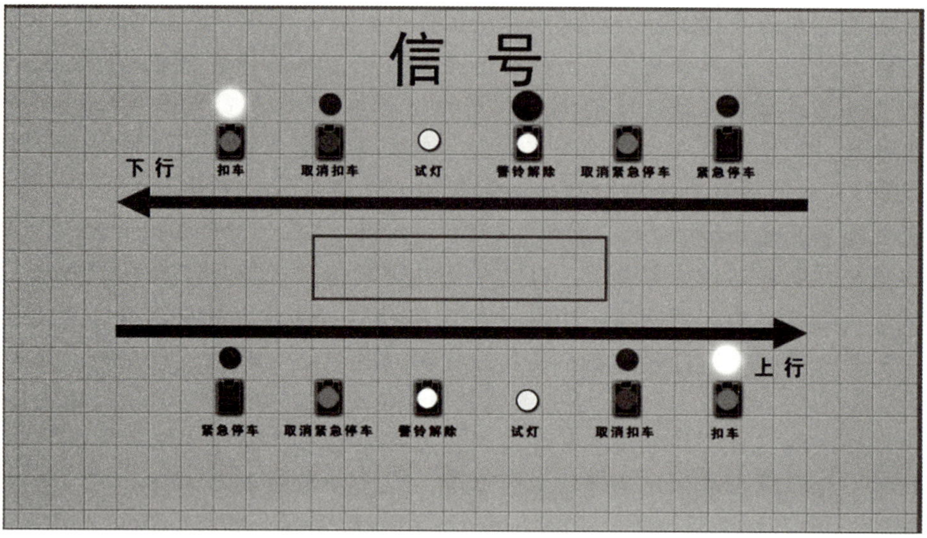

图 6-2　IBP 盘信号模块

4. 警铃解除按钮

白色自复带灯按钮，按下用以解除紧急停车报警或取消紧急停车报警。

5. 紧急停车按钮

红色自复带灯按钮，与站台紧急停车按钮具有同等功能，按下后向该侧列车下发紧急停车命令，同时按钮上方的红色指示灯亮起，同时蜂鸣器报警，可按下警铃解除关闭报警。

6. 取消紧急停车按钮

黄色自复带灯按钮，若该侧处于紧急停车状态，可按下这个按钮解除紧急停车状态。若之前紧急停车状态已执行消声，此时蜂鸣器会再次报警，需再次按下报警铃解除关闭报警。

> 注意事项：
>
> 设置紧急停车、取消紧急停车时，须选择正确的线路，侧式站台设置紧急停车时，两侧需要同时设置。

复习思考题

一、填空题

1. 向封锁线路发出救援列车时，不办理行车闭塞手续，以__________作为进入该封锁线路的许可。

2. __________是指在一条固定进路上同一时间内只有一趟列车往返运行。

3. 已申请救援的列车严禁动车，司机（车长）应打开被救援列车两端的__________作为防护信号，并做好与救援列车的连挂准备工作。

二、选择题

1. 列车反方向运行前必须得到（　　）的命令准许。

A. 行调　　B. 行车值班员　　C. 值班站长　　D. 客运值班员

2. 下列不属于站台门、车门夹人夹物处理原则的是（　　）。

A. 安全第一　　B. 服务至上　　C. 就地处理　　D. 高度集中

3. 在（　　）及以上的下坡道推进运行时，禁止在该坡道上停车作业，并注意列车的运行安全。

A. 25‰　　B. 30‰　　C. 35‰　　D. 40‰

三、判断题

1. 在未接到开通封锁线路的调度命令前，不得将救援列车以外的其他列车开往该线路。（　　）

2. 当难以辨认信号时，禁止列车推进运行。（　　）

3. 如果使用推进运行方式，完成清客作业后，司机应选用 ATP 固定限速下的人工驾驶模式前往故障列车现场。（　　）

四、简答题

1. 简述救援列车进入封锁区间的行车办法。
2. 在实施救援中有何规定？
3. 简述客车推进运行的规定。
4. 简述列车反方向运行的行车办法。
5. 列车退行有何规定？行车办法是什么？
6. 简述应急扣车的规定。
7. 乘客的物品掉落轨道时如何处理？
8. 车门、站台门夹人夹物时如何处理？

项目七

施工及工程车的开行

知识要点

1. 施工组织管理。
2. 工程车开行规定。

项目任务

1. 明确施工组织管理内容，了解施工作业环节。
2. 掌握工程车开行办法。

项目准备

1. **场地、工具准备**：列车运行组织模拟仿真系统、沙盘、仿真列车、各种登记表簿、联系电话等。

2. **人员安排**：学生按车站数分组，安排行调 1 人，每站设有行车值班员、站务员各 1 人。

相关理论知识

城市轨道交通行车设备由轨道、供电、机电、信号、通信等十多个专业设备组成，各专业设备都要按照检修周期与工作内容对其进行检修，以确保行车设备处于良好的运营状态，保证城市轨道交通行车安全。城市轨道交通由于行车间隔时间短，列车密度大，在运营时间内无法像铁路那样在运行图上开“天窗”进行施工维修，故城市轨道交通的施工都是利用运营结束后的非运营时间进行，并且必须于运营开始前规定的时间结束。

夜间施工是城市轨道交通系统生产活动的重要组成部分。由于检修工作都集中在有限的时间、空间内，这就要求必须有严格的统一计划、统一指挥、统一组织、统一协调的管理手段及协调部门，处理好调度、车站、行车、检修等方面的关系，以确保设备检修和工程施工作业安全、优质、高效。对行车调度部门来说，既要按照批准的施工计划保证设备维修更换、线路扩建工程等夜间施工任务顺利完成，又要保证次日运输生产能正常进行，所以施工时的行车组织必须按有关规定严格执行。

一、施工概述

1. 城市轨道交通施工管理的特点

1）城市轨道交通的施工作业原则上安排在运营结束后的非运营时间内进行，并在运营开始前预留一段时间作为运营前的检查和准备。

2）在运营时间内，遇行车设备故障影响列车运行时，须组织抢修施工作业，并应遵循“先通后复”的原则对故障设备临时处理恢复行车后，维持运营到运营结束后再对该行车设备进行全面修复。

3）城市轨道交通的施工、检修、维护、调试作业，具有时间短、要求高、作业区段相对集中、绝大部分为夜间施工等特点，必须合理有效地组织施工时间和作业区段，要求施工单位密切配合，最大限度地利用较短施工时间，圆满完成施工任务，确保设备安全，可靠运行。

2. 施工管理架构

施工管理组织架构设置施工管理机构，施工管理领导小组的组长由运营分管领导担任；成员有运营安全监察室、运营管理部、运营设施设备管理部、建管中心、规划技术部、各运营公司、资产经营公司等单位分管领导。同时设施工管理工作小组，组长由运营管理部分管领导担任；成员有运营安全监察室、运管中心、维保公司、各运营公司、资产经营公司等指定的施工管理部门负责人员担任。

3. 职责及分工

1）施工管理领导小组成员应完成以下工作，包括审定批准相关施工管理文件与管理目标，召开施工考核会议，施工考核意见的审核，及对各考核单位季度奖励进行分配，领导施工管理工作小组。

2）施工管理工作小组职责和分工，组长职责为参加每月施工协调会、协调施工协调会上存在的问题，审核《施工行车通告》。成员职责为协调小组日常工作，负责本部门施工计划的汇总、申报、协调和传达，参加施工协调会议；调度部技术综合室按期组织施工协调会议，协调各单位的作业计划，处理作业计划变更事宜，跟进作业计划实施情况，编制、发布《施工行车通告》。

3）车站人员职责。

① 负责查验施工作业人员和施工负责人的相关证件。

② 负责办理施工作业登记和销点手续。

③ 负责在站台端墙处线路设置和撤销区间作业的施工防护。

④ 负责监督施工负责人和配合人员清点进出作业区域的施工作业人员。

⑤ 负责监督车站施工作业安全。

⑥ 负责与施工负责人、配合人员确认施工区域线路出清。

4. 施工进场凭证及相关概念

施工进场凭证包含《施工进场作业令》和《外单位施工作业许可单》，凡在运营分公司所辖设备和范围内进行的施工作业，包括编入施工周计划、日补充计划及临时补修计划的施工，原则上必须凭施工进场凭证方可进场作业。

(1) 相关概念

施工基本概念如图 7-1 所示。

1）施工负责人：在主站办理进场作业登记并对施工作业的组织、安全和管理负责的人员。

2）施工责任人：同一施工作业多站进行时，除主站配备的施工负责人外，在辅站办理进场作业登记并对施工作业的组织、安全和管理负责的人员。

3）主站：施工负责人登记请点的车站。

4）辅站：同一施工作业多站进行时，施工责任人登记请点的车站。同一施工作业辅站数量原则上不超过 5 个。

5）施工区域出清：指在施工区域范围内施工结束后，施工负责人或施工责任人确认所有作业有关人员已撤离，安全防护措施已撤除，有关设备、设施已恢复正常，工器具、物料已撤走等。

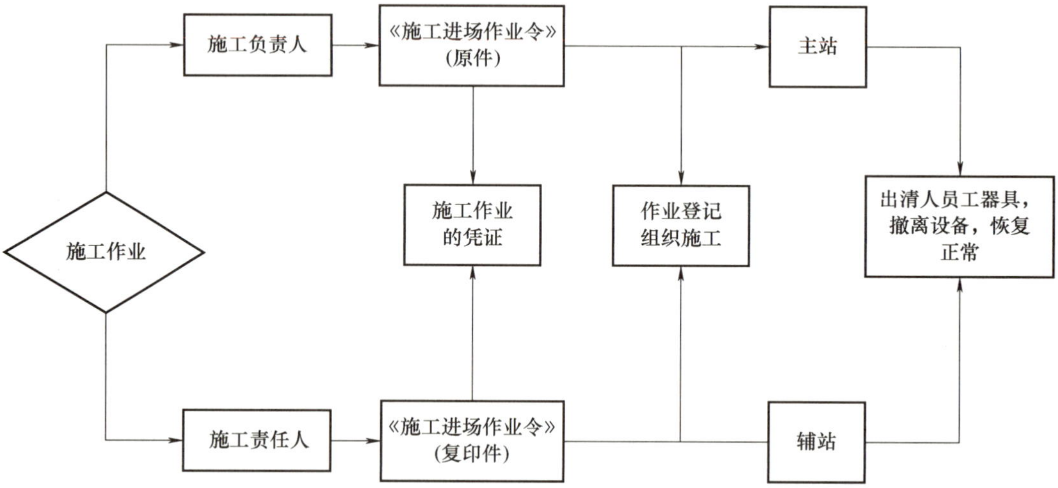

图 7-1　施工基本概念

(2)《施工进场作业令》概念　《施工进场作业令》是允许在运营分公司所辖设备和范围内进行施工的一种凭证，统一由运营分公司调度部管理。

(3)《施工进场作业令》签发　调度部是《施工进场作业令》的管理部门，负责审核、签发《施工进场作业令》。

1）工作日第二天至节假日第一天的月计划（周计划）和日补充计划《施工进场作业令》由调度部施工管理工程师在计划作业日期前一天前签发，节假日第二天至节后第一天的月计划（周计划）和日补充计划于作业前一天由线路调度室当班值班主任签发，临时补修《施工进场作业令》由线路调度室值班主任在当天计划作业开始时间前签发。

2）施工管理工程师或值班主任签发的《施工进场作业令》需加盖分公司施工作业令签发专用章，发放给施工部门、监管部门所在车间。

3）各车间按要求填写好“施工负责人及联系方式”“辅站及责任人”等内容后，打印并加盖施工发放专用章后，将原件或传真件发放给施工部门（单位），复印件或传真件发放给配合部门。外单位凭《外单位施工作业许可单》领取《施工进场作业令》。

4）受日补充计划影响而调整的施工计划，按日补充计划重新办理《施工进场作业令》。

（4）《施工进场作业令》的使用

1）《施工进场作业令》一经签发，如无特殊情况（指抢修、调试等）不得随意更改。相关作业部门（单位）必须严格按《施工进场作业令》规定的时间、地点安排作业。

2）如因特殊原因确须取消相关作业的，必须在《施工进场作业令》规定作业时间开始前规定时间（一般为 2h 内）向《施工进场作业令》签发部门提出申请，得到批准后方可取消，并由签发部门将调整情况及时报 OCC 各调度和车辆段/停车场调度，由线路调度室和车辆段调度将调整情况通报相关部门。

3）如因特殊情况，如抢修、作业调整而须对已签发的《施工进场作业令》进行调整、取消的，由 OCC 维调于作业开始前及时向施工作业部门（单位）通报调整（取消）情况，并通报相关《施工进场作业令》的签发部门。

4）在进行施工登记时，可以使用《施工进场作业令》复印件或传真件。

（5）《施工进场作业令》填写内容及要求　见表 7-1。

1）作业代码：是指此项作业在《施工行车通告》及其补充说明中的作业代码，或是在日补充/临时补修计划中的作业代码。格式：“线别”“作业类型”-“日期”-“序号”。例如：3A1-01-02。

2）作业令号：［年份］“签发部门”字（月份日期）-×××号。其中：年份以 4 位数填写；月份日期分别以 2 位数（合计 4 位数）填写；×××为当日该部门签发作业令的流水号，以阿拉伯数字顺序填写。例如：［2020］调度部字（0511）-001 号。

3）作业单位、作业人数、作业日期、作业时间、作业区域等栏必须如实填写。

4）主站、负责人、辅站及责任人：如某项作业有多组人从不同地点进入作业区域进行施工的，应分别如实填写主站、施工负责人，辅站及责任人，并由施工负责人按规定统一办理相关施工手续；如只有一组人员作业，则只需在主站、负责人栏如实填写。此 3 栏由作业部门（单位）填写，车站进行确认，如未签写或签写不准确，车站不予登记请点。

5）作业内容：应简要描述具体作业的内容、作业的防护措施（不包括封锁、接挂地线）等。

6）防护措施、接触网供电要求：是指该项作业时需要进行线路封锁、接触网停电、挂接地线等特殊要求的，在描述时应清晰、准确。

7）配合部门及要求：是指作业过程中需分公司内相关部门进行配合的要求，包括提供水、电源等需求，配合部门则按此栏内容进行配合。

8）备注：是指作业过程中需要说明的事项、提供的配合以及作业要求等。

9）计划类型应注明月计划、日补充计划或临时补修计划；发令人是指该《施工进场作业令》的签发人；发令日期指发布作业令的日期，此栏应盖施工管理专用章。

10）请点、销点：批准请点、销点的时间与批准人，在车站该信息由车站提供，施工负责人填写，在车场由车场调度填写。配合作业令上不需要填写该信息。

11）发令人及发令日期：调度部签发该《施工进场作业令》的人，此栏应盖分公司作业令签发专用章，发令日期如实填写。

12）销令：批准人为当值车间生产调度，销令时间由车间生产调度提供。

表 7-1 施工进场作业令

<table>
<tr><td colspan="2">作业代码</td><td colspan="3"></td><td>作业令号</td><td colspan="3">[ ] 字（ ）- 号</td></tr>
<tr><td colspan="2">作业单位</td><td colspan="3"></td><td>作业人数</td><td colspan="3"></td></tr>
<tr><td colspan="2">作业日期</td><td colspan="3"></td><td>作业时间</td><td colspan="3"></td></tr>
<tr><td colspan="2">作业区域</td><td colspan="7"></td></tr>
<tr><td colspan="2">施工负责人/联系电话</td><td colspan="3"></td><td>请/销点</td><td colspan="3"></td></tr>
<tr><td colspan="2">辅站及责任人</td><td colspan="7"></td></tr>
<tr><td colspan="2">作业内容</td><td colspan="7"></td></tr>
<tr><td colspan="2">防护措施</td><td colspan="7"></td></tr>
<tr><td colspan="2">接触网供电要求</td><td colspan="7"></td></tr>
<tr><td colspan="2">配合部门及要求</td><td colspan="7"></td></tr>
<tr><td colspan="2">备注</td><td colspan="7"></td></tr>
<tr><td colspan="2">计划类型</td><td colspan="7"></td></tr>
<tr><td colspan="2">发令人</td><td colspan="3"></td><td>发令日期</td><td colspan="3"></td></tr>
<tr><td rowspan="2">请点</td><td>批准时间</td><td></td><td rowspan="2">销点</td><td>时间</td><td></td><td rowspan="2">销令</td><td>时间</td><td></td></tr>
<tr><td>批准人</td><td></td><td>批准人</td><td></td><td>批准人</td><td></td></tr>
</table>

扩展阅读

某地铁施工管理组织架构。

一、为加强对施工计划、组织的管理，公司成立施工管理小组

（1）施工管理领导小组组长 运营分公司分管副经理；成员为调度部、车务部、综合维修部、车辆部、安全技术部、票务部、经营部等各分管部长。

（2）施工管理工作小组组长 调度部部长副组长；成员为调度部综合技术室主任、其他生产部门各车间分管主任成员、调度部负责施工计划相关人员、各车间负责施工计划相关人员。

二、职责及分工

1. 施工管理领导小组职责及分工

（1）领导小组职责 领导施工管理工作小组；督促施工管理工作小组工作的开展；协调施工协调会议上未能商妥的问题。

（2）组长职责 签发《施工行车通告》。

（3）成员职责　指导计划的协调、编排、管理工作；协调施工协调会议上未能商妥的问题；督促、指导施工管理工作小组的工作。

2. 施工管理工作小组职责及分工

（1）施工管理工作小组职责

1）负责施工计划申报、协调、审批，必要时组织召开施工计划协调会。

2）编制、审核、发布《施工行车通告》；处理作业计划变更事宜。

3）负责对施工计划及实施情况进行统计、分析和总结；定期对施工日常管理工作的开展情况进行分析、总结，并有针对性地进行工作改进。

（2）组长职责　主持或委托他人主持施工协调会；审核《施工行车通告》。

（3）副组长职责　负责申报、下达计划的审核和安全卡控；视情况参加施工协调会。

（4）成员职责　负责施工计划申报、变更、协调、审批；编制、发放《施工行车通告》；签发《施工作业令》；对施工计划及实施情况进行统计、分析和总结，组织召开和参加施工协调会。

二、施工计划的分类

1. 施工计划按时间分

以国内部分城市轨道交通系统为例，施工计划按时间可分为周计划、日补充计划和临时补修计划。

（1）周计划　对于下列情况中属正常修程内的应提报周计划。

1）客车在正线调试工作。

2）开行工程车（含轨道车）的检查、维修、施工、运输作业。

3）影响行车的设备检查、维修、施工作业（如在设备房或传输通道进行的通信、信号、接触网供电、洗车机等设备的检查、维修、施工作业，影响或可能影响设备使用时）。

4）需要进入正线及辅助线的检查、维修、清洗、消杀、施工作业。

5）站台门的检查、维修、清洁、保养、施工作业。

6）需要接触网停电的检查、维修、施工作业。

7）需要进入车场行车线路（含设备限界内）、车场变电所的检查、维修、施工作业。

8）不进入线路，但需其他部门配合的作业。

9）不进入线路，但需进入车站各设备房的检查、维修作业。

（2）日补充计划　凡不属于规定列入周计划，因设备检修需要，对在周计划里未列入的进行补充或周计划中需调整变更的计划及周计划内日作业项目的变更计划，称为日补充计划。

（3）临时补修计划　运营时间内发生行车设备故障需抢修的或临时抢修后须在运营时间外继续进行的行车设备维修作业，运营期间发现的设备故障可在运营时间外进行的维修作业，应提报临时补修计划。

2. 施工计划按施工的范围及性质分

某地铁公司施工作业分类见表 7-2。

1）影响正线、辅助线行车的施工，开行工程车的施工作业，接触网停电作业，车站范围内影响行车设备的施工作业。此类施工作业，均须经行调批准，方可进行。

2）在车场线范围内的施工。此类施工作业须经车场运转值班员同意后方可进行，如影响正线行车须报行调批准。

3）在车站范围内进行不影响行车的施工作业。此类施工作业若由公司内部单位进行施工，须经车站批准；若由外部单位施工，须经涉外单位生产管理的职能部门同意，与有关车站或车场协调，经车站或车场批准后方可进行。

表 7-2　某地铁公司施工作业分类

类别	描述	详细分类	
A 类	影响正线、辅助线行车的施工	A1	在正线，需要开行工程车、电客车的施工
		A2	在正线，不需要开行工程车、电客车的施工
		A3	在车站、主变电所、控制中心范围内，影响正线行车设备运行的施工
B 类	影响车场线行车的施工	B1	车场线开行电客车、工程车的施工（不含车辆部电客车、工程车检修）
		B2	不需要开行电客车、工程车，但需要进入车场线路限界内，或影响接触网、信号等设备运行，或在车场线路限界外 3m 内种植乔木、搭建相关设施，或需要动火等影响行车的施工
C 类	在车站、主变电所、控制中心、车场等范围内不影响行车的施工	C1	大面积影响客运、影响消防设备正常使用、需要动火或设备设施维护检修等施工
		C2	局部影响客运但经采取措施影响不大；不影响任何设备运行的巡视检查、清扫、测试；停车场的日常检车作业；动用简单设备（如动用 220V 及以下的电力、钻孔等，不违反安全规定）等施工

三、施工计划的编制、申报、审批和下发

1. 施工计划的编制原则

1）周施工作业计划的安排应确保在安全的前提下考虑均衡性，避免集中作业。

2）处理好列车的开行时间和密度、施工封锁等几方面的关系，避免抢时、争点现象。

3）施工作业系统计划内的各项作业应注明施工日期、作业起止时间、作业内容、作业区域、负责人、安全事项、是否停电及其他应说明的问题。

4）确保计划的严肃性，规定日补充计划不能超过周施工计划数的一定比例。施工计划一般需要各工种的相互配合和协调，合理安排，不得随意变更。

2. 施工计划的申报

周计划由申报部门填写申请单，由归口单位收集并协调后，交到施工管理工程师处，并在施工统筹会上统一批复；日补充计划，由于特殊原因，施工单位需要在《车务通告》截稿后向施工管理工程师申请施工，采用日补充计划形式（例如申请时日不够，须延日完工

的施工作业等）；临时补修计划，适用于紧急抢修情况，不受周计划及日补充计划所限制，此计划将予以优先处理。临时补修计划分为运营期间的补修计划和非运营期间的补修计划，运营期间的补充计划由 OCC 或车场调度员根据抢修需要直接在地铁检修施工管理系统（图 7-2）中增加作业（增加作业即为批准作业并可开始施工，OCC 或车场调度员在增加作业时必须确认作业区域出清或将列车扣停在相应区间并下达不准动车的命令）。非运营期间的补修计划由各部门的车间工程师提报并录入地铁检修施工管理系统，提交后电话通知 OCC 或车场调度员审批（属正线抢修的报 OCC；属车场范围内抢修的报车场调度员；在车场范围内但影响列车出入车场的抢修需报 OCC 确认）。一般情况下施工计划以周计划形式进行审批，如有充分理由可申请日补充计划，如属于紧急抢修情况可申请临时补修计划。

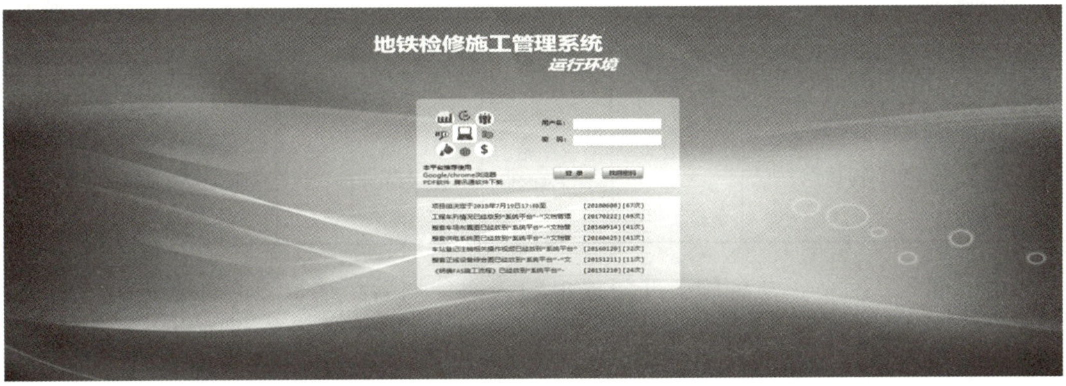

图 7-2　检修施工管理系统

施工单位申请施工时需填写施工计划申请表，见表 7-3。

表 7-3　施工计划申请表

填报单位（盖章）：　　　　　　　填报日期：　年　月　日　　　　填报人：

作业日期	作业部门	作业时间	作业内容	作业区域	接触网供电安排	防护措施	施工负责人	备注

注：1. 此表一式两份，一份填报单位留存，一份交对口部门的专业工程师。
2. 填报单位必须加盖公章。
3. 在备注栏中应注明需配合的部门及可能影响的范围等事项。
4. 填报单位没有符合资格的施工负责人应由对口部门指派。

3. 施工计划的审批

施工计划的审批内容包括施工管理部门将申报的计划汇总、制定初步方案，分析需解决的问题。施工管理部门组织施工管理小组和计划申报部门召开协调会，协调计划中存在的问题。施工管理部门根据施工协调会协调结果编制施工通告。施工通告初稿编制后由施工管理工作小组组长审核、修订后定稿。施工审批具体规定，以某地铁为例。

（1）周计划

1）施工管理工程师汇总各施工部门提报的核心计划（开车作业及重要施工）后，进行协调、批准，于周一 17:00 前公布，见表 7-4。

表 7-4　施工计划

作业代码	作业部门	作业时间	作业内容	作业区域	接触网供电安排	配合要求	申报人	防护措施	备注
3A2-11-04	低压动照 3 号线一工班	次日 00:20-4:00	西三教站-石家庄站区间照明及配电箱季检、年检	西三教站-石家庄站上下行正线	3A3～3A4，3B3～3B4，3C2 停电	无	××× 联系方式： ×××××××××××	现场防护	无

2）施工管理工程师汇总各施工部门提报的普通计划后，结合核心计划进行统筹安排、协调和审批，必要时组织施工协调会进行协调，在每周五 10:00 前完成所有施工计划的审批并编制《施工行车通告》。

3）编制好的《施工行车通告》交施工管理工作小组组长审核，由施工管理领导小组组长签发。

4）计划内涉及在其他线路或影响其他线路管辖设备的作业，该作业计划必须在相关线路《施工行车通告》中体现。

（2）日补充计划

1）调度部施工管理工程师或值班主任接到日补充计划后，根据实际情况进行审核、协调、安排。审核通过的日补充计划原则上应于计划提报当日 17:00 前以《施工行车通告补充说明》的形式发放给相关部门车间。

2）涉及故障维修的日补充计划应及时优先安排，适当对有冲突的周计划进行协调。

3）日补充计划如涉及在其他线路或影响其他线路管辖设备作业时，要将计划通知到相关线路的各调度和相关部门。

（3）临时补修计划

1）当发生设备故障等需要运营结束后进行处理的作业，由施工部门向线路调度室当班值班主任提出申请，值班主任审批通过后签发临时补修《施工进场作业令》，影响情况在备注中注明，并将施工计划变更情况通知线路调度室相关班组及相关部门。

2）临时补修不受周计划、日补充计划限制；非故障处理不安排临时补修作业。

计划录入后需经车间专业工程师、部门调度、调度部施工管理工程师审批通过，如图 7-3 所示。

4. 施工计划下发

施工统筹会结束后，施工管理部门将下周的施工项目进行汇总，将《施工行车通告》

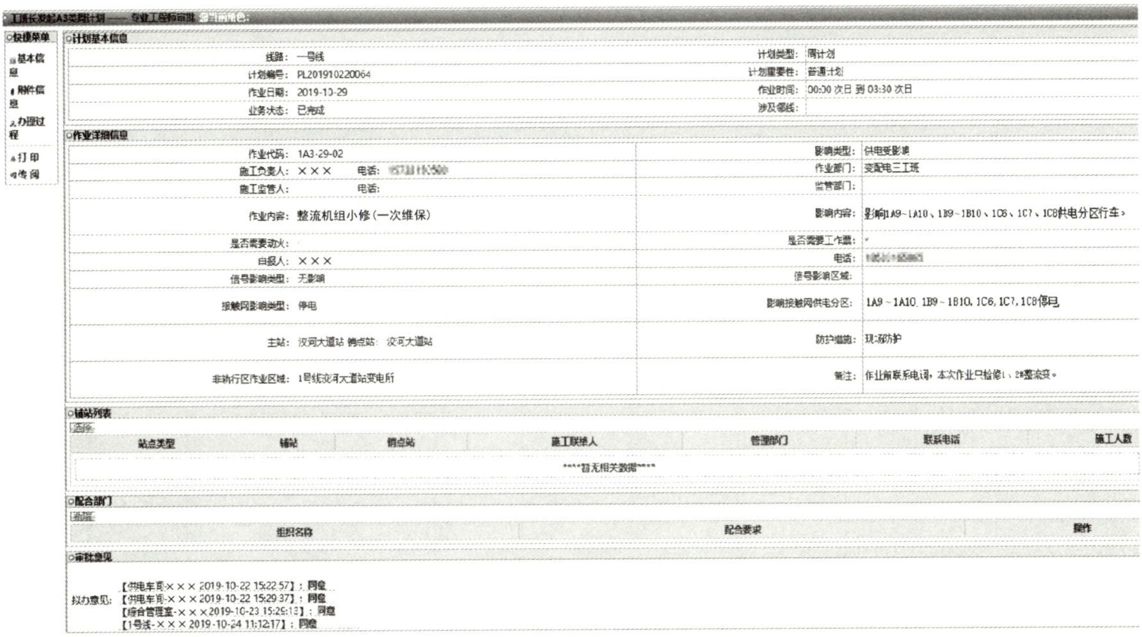

图 7-3　施工的审批

及《施工行车通告补充说明》通过局域网、施工管理系统等形式下发到各相关部门，如图 7-4 所示，施工申请单由各归口单位派人取回、发放。《施工行车通告》发放后，行调、车场调度、车站组织实施并反馈实施情况，《施工行车通告》如需变更，由施工管理部门与受影响部门商定后，在周计划、日补充计划中标明。以某地铁为例，《施工行车通告》原则上每周五 11:30 前发放；《施工行车通告补充说明》于作业前一日 17:00 前发放。

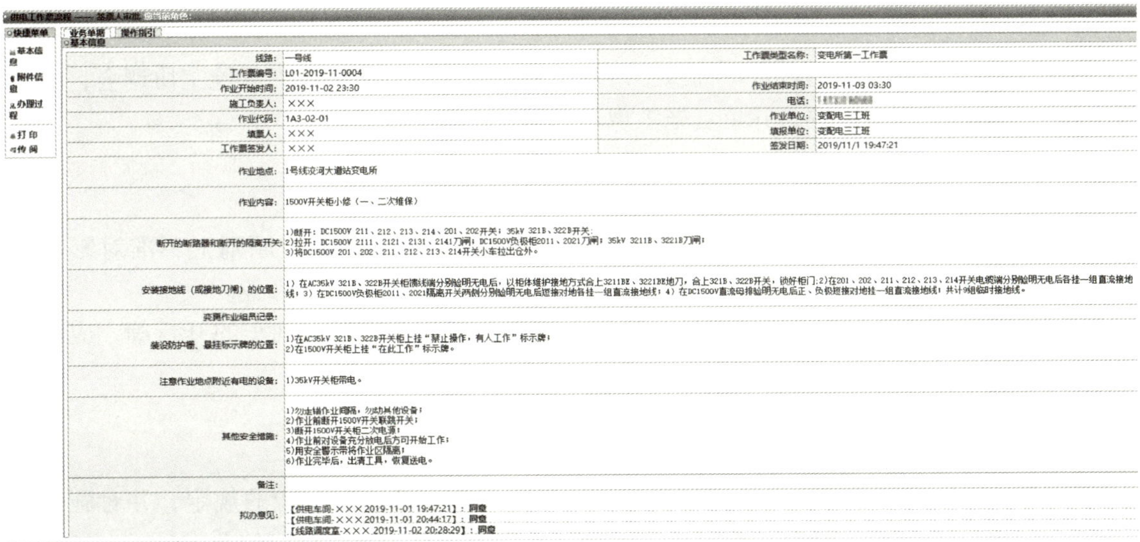

图 7-4　施工行车通告下发

某地铁公司补充计划见表 7-5。

表 7-5　×号线施工行车补充说明《日计划》

5 月 1 日　　　星期五

作业日期	作业单位	作业时间	作业内容	作业区域	供电安排	配合要求	施工负责人/联系电话	请/销点站	防护措施	备注
2A2-08-30（新增）	安装（尾工）	次日 00:30-04:00	水沟淤泥清理	平安大街-北国商城上下行	2A6/2A7/2B7 停电挂地线	无	××× ×××××××××××	和平路	穿戴安全防护用品	监管：工务部

注：《施工行车通告》和《施工行车通告补充说明》表的内容一致，需要注意的是《施工行车通告补充说明》备注一栏须注明施工计划变更、取消等详细修改情况。

四、施工组织管理

由于城市轨道交通施工作业涉及面广，参与作业的人员较多，对次日的行车作业能否顺利安全进行有较大影响，故必须加强施工组织管理。

施工组织管理包括设立施工领导小组，严格审批施工计划，安全组织施工及加强施工安全防护等方面。

1. 设立施工领导小组

施工领导小组的职责是负责审批施工计划，发布施工计划，组织召开施工协调会，协调解决施工、运输及安全问题，并负责施工现场的组织协调工作。

2. 施工组织规定

（1）设备检修施工组织原则

1）设备维修施工应充分利用非运营时间进行；在运营时间内，原则上不准对影响行车、影响客车进出场以及影响运营服务质量的有关设备进行检修施工作业。

2）对行车设备、服务设施的养护、检查、维修及工程车、调试列车的开行等，应制订严谨的计划。

3）对处于进路锁闭状态的联锁设备，严禁进行检修作业。

4）正在检修中的设备需要使用时，须经检修人员同意。

5）各地铁单位对维修施工计划的申报、审批、发布、变更有相应的规定，并对施工的组织、施工的安全管理、线路巡检及施工的统计分析与考核提出了相应的要求。

6）施工作业管理采用电子流程实行网络化管理，参与施工作业管理的各岗位及施工作业部门必须按照有关规定严格执行。

（2）运营期间施工组织　运营时间内，设备、设施发生故障、损坏而对正线列车正常运行造成影响或对乘客服务造成较大影响的，值班主任应及时发布抢修命令，视故障影响组织“边运营，边抢修”或中断局部线路进行抢修。

1）抢修的组织原则。

① 抢修命令由值班主任同意，由维调向相关生产调度发布抢修命令，根据车间的需求调配抢修用车。

② 抢修命令可由线路调度室主动发出，也可在各部门需要时提出抢修需求，值班主任根据需求发出抢修命令。

③ 专业人员收到抢修命令后，以最快的速度安排抢修人员、工器具、物料，并赶至现场。

④ 抢修过程中，现场总指挥具有最高指挥权，调度、车站、配合专业负责人均在现场总指挥协调下开展配合工作。

⑤ 抢修分为两种形式：封锁抢修和边运营边抢修。

⑥ 决定抢修后维调将抢修命令号、抢修内容、抢修地点通报相关车间，要求其立即确认抢修人数、抢修负责人（姓名、联系方式）、是否需要抢修用车等内容后报维修调度。

⑦ 抢修情况下，维调负责调配抢险用车。在接到生产车间抢修用车的申请后，及时组织抢修车前往接应抢修人员或及时将司机姓名、联系方式告知车间生产调度，要求其抢修人员与司机直接联系。起复救援车由车辆部自行调配。

⑧ 现场总指挥在抢修的全过程中，随时保持与维调的信息互通。

2）正线发生设备故障、事故，需封锁区间抢修的规定。

① 正线发生设备故障、事故等影响运营时，维调须第一时间向专业抢修人员发布抢修令。行调负责组织故障、事故情况下的降级运行，需要开行工程车或救援车时按值班主任的要求执行。

② 相关车站在接到维调的抢修命令后，做好抢修的前期准备工作，并提前安排人员在距离故障区域最近的端门处负责抢修人员进出的登记工作，登记按照专业和批次进行。

③ 行调向维调及有关车站发布线路封锁命令，并通知车站允许施工人员进入线路，需要时通知电调停电；电调根据现场抢修人员的要求，做好停送电及挂拆地线工作。

④ 维调得到行调的封锁命令号码、范围和时间后，负责组织封锁区间内的设备抢修工作，并指定一名施工负责人为现场指挥，记录现场指挥的姓名和联系方式。

⑤ 车站值班站长任先期处置负责人，下线路确认故障前，与行调办理下轨行区的手续（录音电话）。先期进入轨行区的人员，车站要派人员随同前往，方便现场指引及协调。

⑥ 先期到达人员及现场总指挥到达后，通过站台端墙门处进行登记人数后直接进入抢修封锁区域，车站人员要做好记录和告知工作，现场总指挥到达现场，与先期处理人员交接后，及时与维调联系，现场指挥变更时需要及时报告维调；原则上值班站长在抢修的全过程都应在现场配合。

⑦ 故障、事故抢修完毕，现场指挥确认线路出清、设备及行车条件恢复情况，并报告给维调，维调确认后可恢复行车，该封锁区间交回行调解封，行调发布线路开通命令，组织受影响区域恢复正常行车。

3）工程车、救援车进出封锁区间的组织。

① 维调根据现场指挥要求向行调提出使用工程车的计划，由行调向车场调度发布加开命令。

② 车场调度按行调的要求在规定时间内（15min）内把工程车开行到车辆段内指定地点。

③ 负责抢修的部门原则上在工程车到达后在规定时间（10min）内完成装载设备、物品等工作，并安排跟车人员上车。

④ 行调负责组织工程车或救援车运行至封锁区域前，并命令相关车站向工程车或救援车交付封锁命令，按照现场指挥要求指挥工程车或救援车进入封锁区域，进入封锁区域指定地点后将工程车或救援车的指挥权交给现场指挥。

⑤ 抢修时，封锁区域内行车组织由现场总指挥直接与现场值班站长联系，值班站长确认进路条件并通知司机。封锁区域内动车指令仅由值班站长或行调发出。

⑥ 工程车或救援车使用完毕后由现场总指挥指挥返回原交接地点并向行调交出指挥权，行调组织列车进入未封锁区域。

⑦ 抢修结束后，若需要经过非封锁区域进入车站时，抢修人员与行调联系，根据行调的安排出清轨行区，到车站销点。

4）运营时间正线发生各类设备故障需短时间进行临时抢修的规定。

① 行调按照“先通后复”的原则根据运营实际情况及时安排抢修作业。

② 进入站台或站台附近区段作业。抢修人员到车控室办理请点手续后到站台待令，车站报行调抢修人员已到位；行调扣停列车后及时通知车站抢修作业内容，具备抢修条件，行调或车站通过信号系统设置防护后（无法通过信号系统防护时，行调通知车站，由车站按规定设置红闪灯进行防护），立即通知维调和车站；得到行调准许后，维调负责通知抢修人员进入抢修区间，车站应监督抢修人员进入正确的区域；抢修期间严禁运行列车进入抢修区间或站台区域；抢修人员抢修结束、出清线路、恢复运营条件后，及时向车站销点，车站向行调报线路已出清，行调组织列车开始运行。

③ 运营时间搭乘客车到区间隧道的抢修作业。区间抢修行车设备搭乘电客车应得到值班主任的批准；抢修人员在指定车站站台待令，车站按行调指定的车次通知抢修人员上车（行调通知相关车站和司机）；抢修人员登乘司机室后通知司机在故障点前停车，从司机室门下车进入轨道。进入司机室的抢修人员以2人为限，其余人员到客室乘车，下车时通过司机室门进入轨道；能够及时恢复的作业，抢修完毕后立即汇报维调，维调汇报行调，在抢修人员进入司机室后，由行调通知司机动车；须滞留区间的作业，抢修人员进入安全地带后，用白色灯光向电客车方向做圆形转动或通过无线电联系（已到安全地点）通知司机继续运行。抢修作业时不得超出指定区域，严禁影响其他列车运行。要返回车站时向维调申请，维调与行调协商后，分别通知抢修人员和列车司机，抢修人员在安全地带给司机停车信号，指示司机停车，司机打开司机室车门让抢修人员上车。

④ 运营期间不影响正常运营的施工。局部影响客运但经采取措施影响不大；不影响任何设备运行的巡视检查、清扫、测试；停车场的日常检车作业；动用简单设备（如动用220V及以下的电力、钻孔等，不违反安全规定）等的施工。

3. 施工组织实施

城市轨道交通因通信、信号、轨道等各类设备需要进行日常的检修和维护，通常情况在每日运营结束后根据施工计划安排不同类别的施工作业。

（1）正线施工组织时间规定

① 在正线，当最后一个列车（含客运列车、工程车、调试车等）离开作业影响区域两站两区间，且其他施工条件达到后，即可安排该施工作业。

② 车站提交请点前，必须认真确认该项施工的作业区域、影响区域、供电要求等已经符合条件，方可提交。

③ 各施工部门、单位原则上必须在批准的作业结束时间内完成施工作业及线路出清，如果因故需要延长作业时间，由施工负责人于批准的作业结束时间前规定时间内向主站口头提出，由车站向行调申请延点，由值班主任进行批准。

（2）施工请销点流程

施工请销点管理

1）确定施工负责人。一般城市轨道交通企业施工项目必须有施工负责人，其职责是：负责办理该组作业请销点手续；负责该组作业人员、设备的安全管理；负责作业过程的组织指挥；负责及时与车站、车场联系作业有关事项；组织设置、撤销作业安全防护设施（接触网停电及挂地线由电调组织）；负责恢复施工所涉及设备的正常状态；负责出清作业区域。故符合条件的人员才可担任施工负责人，施工负责人应具备的条件是：须经过严格培训和考核认证，熟知施工相关内容；熟悉该项作业的性质、内容、方法、步骤、要求等；具备该项作业相关的安全知识和技能。同时施工队伍必须具有相关资质认证，有一定的专业技能。

若同一施工项目多个作业点进行，则该施工项目除配备施工负责人外，各点（辅站）的施工需配备施工责任人，施工责任人在辅站办理进场作业登记和负责该作业点施工的组织、安全和管理。两者都须经过培训后取得安全合格证，并实行持证上岗制度。由于城市轨道交通行业的特殊性，所有劳务工上岗前必须经过安全教育，并对所从事的工序进行培训，经施工负责人签字认可，才能上道作业。

2）施工批准权限。根据施工作业地点和作业性质，施工前必须办理相应批准手续才能动工。影响正线、辅助线行车的施工作业，须经行调批准；在车辆段（车场）内的施工作业须经车场调度批准，如影响正线行车须报行调批准；在车站内不影响行车的施工作业运营内部的施工项目须经车站批准，外部单位施工作业按外单位工程施工作业管理，须经车站批准。

3）施工请点及销点规定。施工作业必须向行调（或车场调度员）请点生效后方可开始动工，施工完毕后线路出清必须向行调（或车场调度员）销点。

① 请点规定。施工负责人需持《施工作业令》原件（非作业请点站登记可用《施工作业令》复印件或传真件）到车控室或车场信号楼填写《施工登记本》请点，经行调（或车场调度）同意，请点生效后方可开始施工。如遇作业区域同时包含车场线路和临近车场的正线时，施工负责人到车场信号楼值班员处请点，车场调度员在审核批准该项施工作业时，还须电话报行调批准，征得同意后，方可允许施工作业人员开始施工。运营期间临时抢修计划的请点规定是：抢修施工负责人接到抢修的命令后直接赶赴车控室（车场信号楼），车站值班员（车场信号楼值班员）登录系统，看到经行调（车场调度员）批准的可以施工的施工登记后，通知抢修施工负责人进入抢修地点抢修。

注意事项：
《施工进场作业令》是施工请销点的凭证，已签发作业令的作业方可在车站行车值班员（车场信号楼值班员）以及行调（车场调度员）的页面上显示，并进行请销点作业。

② 销点规定。所有施工作业都必须按计划规定的时间之前完成作业并销点，运营期间的抢修计划在作业完成且线路出清后应及时通知行调（车场调度员）销点。作业区域同时包含车场线路和正线的施工销点，施工负责人在作业区域出清后，到车场信号楼销点，车场调度员在办理销点手续时必须报告行调施工结束。一项作业多组作业人员请点的，所有请点都必须进行销点，当请点站数与销点站数相等时，行调才能核销点，行调核销点后该项作业结束。

特别注意需异地销点时，施工负责人（责任人）应在《车站施工登记表》备注栏中注明异地销点的地点和人数。登记进入施工的车站要及时通知异地销点的车站值班员。当施工作业结束后，施工负责人向登记的销点站登记销点，销点站经与施工负责人核对销点的施工内容、施工人数、地点，并向请点站核对无误后，准予销点。请点站负责向行调报告销点。

A类施工请销点登记流程。

① 请点登记：施工负责人、施工责任人提前到主站、辅站在《车站施工登记本》上进行登记。

② 主站向行调请点：主站确认施工条件达到后向行调请点；辅站先确认施工条件达到，可向主站预请点，或于行调批准请点后加入请点。

③ 行调批准请点：行调确认符合条件后批准请点，需要封锁作业区时及时发布线路封锁命令；如该项作业涉及到车辆段时，行调须征得场调同意后方可批准请点。

④ 设置防护：车站确认行调批准请点后，组织相关车站或施工人员设置红闪灯防护，车站设置红闪灯的施工，确认红闪灯设置完毕后由车站通知施工负责人可以开始施工，并负责开启相应端墙门，需要交付线路封锁命令时由车站及时交给工程车、调试车司机。

⑤ 接触网配合挂拆地线：需要配合挂拆地线时，施工负责人组织接触网配合人员挂接地线；施工负责人确认地线已经挂接后，方可开始作业。

⑥ 施工完毕后，施工负责人组织接触网配合人员拆除接地线。

⑦ 销点登记：施工结束后施工负责人确认线路出清、设备恢复正常、接地线已经拆除后，到销点站销点登记，销点站负责向施工负责人核实线路出清及设备恢复情况。

⑧ 撤除防护：车站设置红闪灯防护的施工，销点站确认符合销点条件后，按规定组织相关车站撤除红闪灯防护。

⑨ 销点站向行调销点：所有辅站必须从主站向销点站销点，销点站确认施工作业区域线路出清、防护撤除完毕及所有辅站已申请销点后向行调销点。

⑩ 行调批准销点：行调与销点站确认线路出清后批准销点，需要解除作业区封锁时及时发布线路开通命令。

⑪ 施工结束：销点站确认行调批准销点后通知施工负责人施工结束。

⑫ 凡需要在异站销点的施工，施工负责人、责任人在车站履行施工登记手续时，应向该站行车值班员申明，并记载在车站施工登记本内。车站值班员接到施工负责人要求

在异站销点的申请后，应核对施工内容，对需要异站销点的施工，电话通知施工销点站行车值班员，受理该施工项目的销点。施工负责人施工结束后到销点站办理销点，销点站向施工负责人确认防护已撤除，销点站向行调销点，行调批准销点后销点站通知请点站施工结束。但对于施工后需进行设备试验的项目，严禁异站注销。

B 类施工请销点登记流程

① 请点登记：施工负责人提前到车场调度室进行登记，向车场调度提出施工申请，车场调度检查《施工进场作业令》、施工负责人证件，办理相关作业手续，图 7-5 所示为施工负责人办理请销点作业。

② 车场设置防护：车场调度确认满足施工条件后通知信号楼值班员做好该项施工作业的相关防护，信号楼值班员做好防护并记录后通知车场调度。

③ 批准请点：车场调度确认防护完毕后批准该施工作业，施工人员进入作业区域开始施工并做好相关安全防护。

④ 接触网配合挂拆地线：需要配合挂拆地线时，施工负责人组织接触网配合人员挂接地线；施工负责人确认地线已经挂接后，方可开始作业。

⑤ 施工完毕后，施工负责人组织接触网配合人员拆除接地线。

⑥ 销点登记：施工结束后施工负责人、责任人确认线路出清、设备恢复正常、接触网地线已经拆除后，到车场调度室进行销点登记，车场调度负责向施工负责人核实线路出清及设备恢复情况。

⑦ 批准销点：车场调度确认线路出清、设备恢复正常后批准销点，施工结束。

⑧ 车场取消防护：车场调度通知信号楼值班员撤除该项施工作业的相关防护，信号楼值班员取消防护并记录后通知车场调度。

图 7-5　施工负责人办理请销点作业

C 类施工请销点登记流程

① 请点登记：施工负责人、责任人提前到相关车站、车场、控制中心进行请点登记，见表 7-6。

② 批准请点：车站由车站值班员（值班站长）、车场由车场调度直接批准请点。控制中心由当班值班主任直接批准。

③ 进场施工：请点完成后，施工人员自行进入正确的作业区域；作业令上注明“作业前联系环调（电调）”的，作业过程中影响到相关设备运行时，施工人员必须先与环调（电调）联系，取得环调（电调）同意，方可操作。未提前联系取得同意施工的，由施工负责人承担全部责任。

④ 销点登记：施工结束后施工负责人、责任人确认施工区域出清后，分别到车站、车场、控制中心进行销点登记。

⑤ 批准销点：确认施工区域出清后，由车站行车值班员（值班站长）、车场调度、控制中心值班主任直接批准销点。

表 7-6 《车站施工登记本》及填记说明

<table>
<tr><td colspan="13">车站 c 类施工登记本填写说明</td></tr>
<tr><td colspan="13">××年××月××日</td></tr>
<tr><td colspan="13">请点</td></tr>
<tr><td rowspan="2">作业代码</td><td rowspan="2">施工单位</td><td rowspan="2">施工负责人及联系电话</td><td rowspan="2">作业内容</td><td rowspan="2">作业区域</td><td colspan="2">作业时间</td><td rowspan="2">人数</td><td rowspan="2">施工负责/监管人签名</td><td rowspan="2">安全注意事项</td><td rowspan="2">批准时间</td><td rowspan="2">批准人</td><td rowspan="2">行车值班员签名确认</td></tr>
<tr><td>起</td><td>止</td></tr>
<tr><td>c2</td><td colspan="6">施工负责人填写</td><td>① 施工负责人填写
② 与现场人数保持一致
③ 人数包括施工负责人和监管人（如有）</td><td>① 施工负责人填写姓名、电话
② 如施工需要监管的，监管人员也需要在这一栏填写姓名、电话</td><td>施工负责人填写</td><td>① 按照值站批准的时间
② 填写时间如是次日的，别忘记填写次日</td><td>当班值班站长签名</td><td>办理施工行车值班员签字</td></tr>
<tr><td>备注</td><td colspan="12">内容含以下信息：
1. 签署“本人承诺本施工对车站行车设备无任何影响”字样
2. 如需进端门，则备注进入端门的时间、位置、人数
3. 其他特殊情况需说明的事项
注意：施工过程中进出端门的只需在此备注即可，不需要在《车站端门进出登记本》上登记。端门进入人数只能是≤施工人数</td></tr>
<tr><td colspan="13">销点</td></tr>
<tr><td colspan="3">现场出现情况</td><td colspan="3">施工结束时间</td><td colspan="2">销点/监管人签名</td><td colspan="2">批准时间</td><td colspan="2">批准人</td><td>行车值班员签名确认</td></tr>
<tr><td colspan="3">☑ 人员出清，工器具、物料出清
☑设备设施恢复正常</td><td colspan="5">① 施工负责人填写结束时间、姓名，如是次日别忘记写次日
② 如施工需监管的，监管人也需要签名</td><td colspan="2">① 按照值站批准的时间如实填写
② 时间如是次日别忘记写次日
③ 销点时间只能是晚于施工结束时间</td><td colspan="2">当班值班站长签名</td><td>办理施工的行车值班员签字</td></tr>
<tr><td>备注</td><td colspan="12">特殊情况需说明的事项，如无则写“无”即可</td></tr>
</table>

五、施工安全管理

施工安全防护

1. 施工安全管理手续

1）施工作业须临时用火、用电时，需经地铁运营安全主管部门审批并办理临时用火、用电许可相关手续。

2）进行施工作业前，须按地铁运营安全管理中的《危险作业管理程序》确认是否属于危险作业，如属危险作业，按此程序的相关要求办理审批手续。

3）地铁公司外人员进入地铁公司管理范围施工前，应办理施工人员的出入证，所有施工人员进出车站时应遵守公司相关规定。

2. 施工人员进入车站的规定

1）运营结束后，地铁施工人员凭工作卡或员工卡进出车站，外单位施工人员凭已办理的施工人员出入证进出车站。

2）运营期间，施工人员需进入付费区作业的，必须遵守地铁运营单位的有关规定。

3. 轨行区安全管理

（1）运营时间设备抢修的轨行区安全管理　轨行区安全管理职责在行调，进入端门前需取得车控室的同意。车站应密切配合抢修作业，加强与行调联系，了解抢修人员情况及要求。

1）若行车未中断，进入轨行区前，抢修人员须先到车控室办理有关手续，在得到行调批准并落实安全防护措施后，方可进入。

2）若行车中断，车站根据行调指示在站台设立“故障/事故处理点”等候抢修人员，抢修作业负责人可不到车控室办理手续，但站务员须对进出轨行区的人数进行清点核实，抢修作业完成后，抢修作业负责人到车控室补办请点手续并办理销点手续。

3）除抢修人员外，其他与抢修有关人员需进入轨行区，必须到车控室登记，车控室与抢修负责人联系，征得同意后准许其进入轨行区。

（2）非运营时间施工的轨行区安全管理

1）施工人员须先到车控室办理有关手续，在得到行调批准并落实安全防护措施后，方可进入。

2）凡进入轨行区施工的施工人员必须按要求穿荧光衣，并根据作业性质及要求使用其他安全防护用品，如图 7-6 所示。

3）对没有地铁运营员工参与或配合的施工作业，车站人员要监督和确认施工人员进入的上下行线是否正确。

4）在两站之间的区间线路因作业需要开行工程车时，由行调指定的车站值班站长/值班员负责掌握施工情况，监督施工安全。

5）站内线路施工时，由施工负责人或施工负责人指派的维修人员在车站两端墙外轨道上设红闪灯防护。

6）在站间线路施工时，由施工负责人或施工负责人指派的维修人员在该作业区域外的两端轨道上设置红闪灯防护，如两端车站在靠近作业区域一侧的端墙看不清红闪灯时，站务员在靠近作业区域一侧的端墙处站台上设置红闪灯防护。

7）站间线路施工前，由请点车站通知作业区域另一端车站值班员施工线路占用情况，施工时两端车站检查是否需设置红闪灯防护；施工销点后，销点车站通知另一端车站施工结束，两端车站各自撤除本站设置的红闪灯。

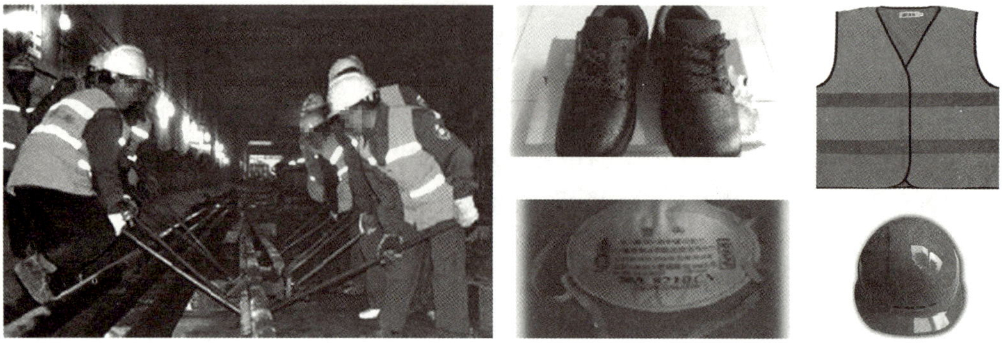

图 7-6　安全防护用品

（3）轨行区作业端门安全管理

1）端门管理原则。

① 施工人员进入端门须经车控室同意，在《端门进出登记本》上登记并加盖车站专用章。

② 由车站人员负责开启端门，并向行车值班员汇报端门位置、进出人数，并告知相关人员不得下轨行区、侵限等注意事项。

③ 配合施工开启端门时，车站人员须通过对讲机与行车值班员确认正确的端门位置。施工作业过程中，行车值班员必须通过 CCTV 监控端门处于关闭状态。

④ 作业过程中，站台岗须时刻留意端门状态，确保端门处于关闭状态。

⑤ 原则上列车进出站期间不得开关端门。

2）端门管理指引。

① 请点登记时，由行车值班员在施工登记表（台账）上“备注”栏记录本站进入轨行区人数。

② 请点完毕后，行车值班员根据施工计划中的作业区域确认需要开端门的位置，及时通知值班站长配合开启端门，值班站长根据行车值班员的通知，与施工负责人核对施工作业内容及人数，确认施工人员穿戴劳保用品，打开相应端门。

③ 施工结束，销点登记时，行车值班员与施工负责人确认线路出清情况，待施工负责人确认线路出清，涉及设备恢复正常后，在施工登记表上办理相关施工的销点手续。

扩展阅读

脱下绿军装，换上蓝工装——武汉地铁“轨道医生”张林

在部队服役期间，他精通坦克指挥、驾驶和维修技术；结束军旅生涯后，他进入武汉地铁成为一名“轨道医生”，驾驶专业机车为钢轨治疗“病害”，确保地铁行驶的安全与舒适。

武汉地铁运营公司工务中心高级工张林，退伍不褪色，他把“铁军精神”融入自己的新角色。

一、昼伏夜出守护地铁钢轨健康

“本次作业按照计划已完成500m的钢轨铣磨工作，复核确认钢轨各项指标正确，车辆无异常，现组织铣磨车退出正线回段。”凌晨3时，武汉地铁运营有限公司工务中心综合工班高级工张林，与调度中心确认当天作业完成后，和班组成员们一起驾驶着铣磨车驶离施工现场。

2个小时的作业时段内，张林操作着地铁钢轨铣磨车，通过圆周式铣削技术在行车钢轨上“走”一遍，切除了轨面上波磨、鱼鳞纹、肥边等毫米级“病害”，精度控制在头发丝的厚度，将不规则的钢轨修复至标准廓形，以提高客运列车运行的平稳性和舒适度，延长钢轨的使用寿命。

因为工作特性，张林常常过着昼伏夜出的生活。每天凌晨1时，城市进入梦乡，地铁也结束了一天繁忙的运转，进入短暂的休眠，此时却是他们开始工作的时间。一直到3时许，绝大多数人依然在熟睡，张林结束在隧道内的检修工作。不久后，行车轨道送电，地铁列车陆续上线迎接新一天的客流。

“驾驶着23m长的先进的大型特种作业机车，守护着市民乘客的准点出发、舒适出行，我自己也很开心、很自豪。”张林说道。

二、精心养护地铁工程车

武汉地铁维护轨道线路的大型工程车大致分为3大类：以钢轨铣磨车为代表的整形设备；以动态轨检车为代表的钢轨检测设备和以隧道清洗车为代表的清洗设备。这些大型机车在改善轨道线路服役状态、提升行车平顺性和乘客舒适度等方面发挥着重要作用。

其中，钢轨铣磨车是重要的机车设备，通过圆周式的铣削技术切除轨面上不规则的部分，而铣削刀盘就是铣磨车最核心的装备。

他说：“在部队服役期间，我早已养成了像对待自己眼睛一样爱护战车、养护战车的习惯。这一辆辆地铁机车也如同战车，有灵感、有温度，这就需要用心使用、精心养护、细心修理。”

张林所在的班组共有10人，他们日复一日精心管理着这些大型设备，确保武汉地铁每天都能准时发车、顺利作业、安全返回。

六、工程车的开行

1. 工程车的种类

工程车包括钢轨打磨车（图7-7）、轨道起重车（图7-8）、接触网放线车（图7-9）、接触网架线作业车、秦岭平板车和平板吊车（图7-10）。

2. 工程车的运行速度限制

各城市轨道交通关于工程车的运行速度限制各不相同，是分别根据各自的具体情况确定的，并在《行车组织规则》中做出规定。如深圳地铁公司工程车运行速度规定见表7-7。

图7-7 钢轨打磨车

图7-8 轨道起重车

图7-9 接触网放线车

图7-10 平板吊车

表 7-7　工程车运行速度

序号	项目	机型	速度（km/h）		说明
			推进	牵引	
1	正线运行	GK0C	35	45	通过车站或侧向过岔时 30km/h
2	车场内运行		25		各种机型

天津轻轨公司工程车运行速度规定：工程车在正线运行时速度为 60km/h。工程车在进站、出站、运行至曲线路段前、站内或区间动车前均须鸣笛示警。如不停站台，则经过站台的列车速度不能超过 25km/h。

3. 工程车进入工程区域的原则

原则上工程车的工程区域内不再安排其他路轨施工，如因紧急情况，有施工单位需要在工程区域内施工，直接向该工程区域负责人申请施工即可。工程区域负责人与施工负责人联系，根据具体情况安排工程区域内的施工。即工程区域负责人负责工程区域内各单位的协调及安全。如是工程车需经过其他施工区域时，由工程车施工负责人与该工程区域的施工负责人联系，确认具备条件后再通过该施工区域。

施工人员在有工程车开行的施工区域内施工作业场景如图 7-11 所示。

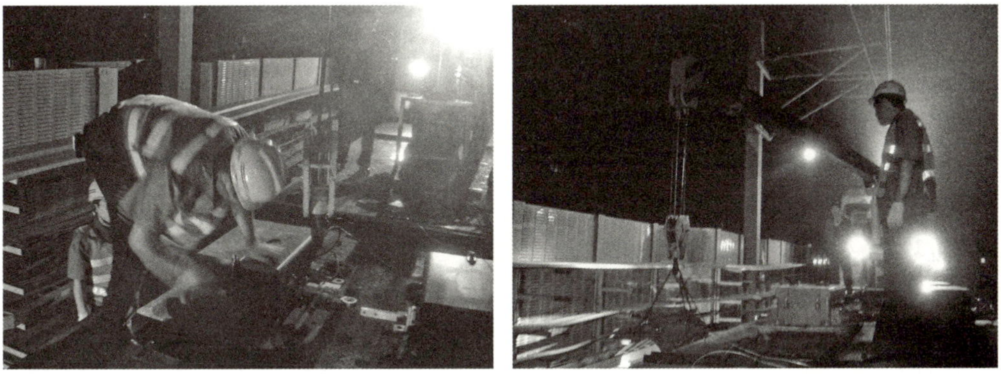

图 7-11　施工人员正在有工程车开行的施工区域内施工

4. 工程车开行的有关规定

1）工程车可以牵引运行，也可推进运行，按正常列车办理，尾部必须挂有标志灯。在工程车中所有车辆的制动机应全部加入列车的制动系统，编入工程车中的车辆不得有关门车。

2）车长负责检查工程车中车辆编挂条件。

3）工程车开行时，挂有装载货物高度超过轨面 3800mm 的车辆时，接触网必须停电。

4）工程车出车场时，应在出场信号机前一度停车，确认信号机开放正确后方可动车。

5）车站原则上不用接发工程车，但开行装载有超长、超限、集重货物的工程车时，车站须派员工在站台监督运行，发现危及行车安全时，应及时报告和显示紧急停车信号；工程车在运行中司机、车长通过无线电台或无线便携台加强与行调联系，掌握运行计划，确认运行进路。

6）工程车编挂平板车时，原则上不准安排在正线进行甩挂作业，因施工或装卸货物的特殊需要，可安排在中途站甩下作业，但要制定足够的安全防护及防溜安全措施，返回时要挂走，在区间不准安排平板车甩挂作业。

7）与运营时间内客车进路由ATC系统的ATS子系统自动排列不同，工程车进路排列由行调负责。行调在指挥工程车运行时要在《施工作业登记簿》上严格确认工程车运行前后有无施工作业并在ATS的人机接口MMI上确认工程车运行的前方进路。

8）一个封锁区内只准有一列工程车运行。在区间或非联锁站作业后折返时，凭调度命令行车。

9）待施工结束后，再开通相关线路，安排工程车回车场；工程车必须严格按照划分的区域进行作业，并在规定时间前离开作业区；车长负责线路出清检查并报告行调，封锁区域工程车的运行由施工负责人指挥。行调应掌握工程车的运行，了解装卸作业进度，检查工程车进出工程区域的情况，确保安全。

项目实施

一、施工组织实施程序

1. 单点登记/注销流程

1）施工负责人应于施工开始前15min抵达车站，并至车控室向车站值班员申请办理施工登记手续；如涉及其他单位配合的，则施工负责人应在确认配合人员到位后，方可申请办理施工登记手续。

2）车站值班员需核对施工负责人所提供的有效证件（工作证/身份证）及检修施工申请单，如需动火则另需核对动火凭证。核对完毕后，通过施工管理系统进行施工登记，完成施工登记后，允许其开始施工。

3）如施工管理系统故障，则施工负责人凭有效证件（工作证/身份证）及检修施工申请单，通过填写《车站检修施工（设备故障）登记簿》的方式进行施工登记。车站值班员签认后，允许其开始施工。

4）如施工负责人无法提供本人有效证件（工作证/身份证）及检修施工申请单，则车站值班员应取消该项施工。

5）临时接报的设施设备故障（以网络运营设施设备故障接报系统的记录为准），施工负责人凭报修记录单和本人有效证件（工作证/身份证）直接至车控室办理施工登记，由车站值班员负责将施工信息录入施工管理系统。如施工管理系统故障，则直接在《车站检修施工（设备故障）登记簿》上进行施工登记。

6）施工过程中，施工负责人全面负责施工现场的施工进程、施工安全和人员安全，并确保该项施工顺利完成；车站值班员或车站工作人员发现施工作业存在超时、超范围或安全隐患时，应停止该项施工。

7）施工过程中，如需延长施工时间，施工负责人须提前20min向车站值班员申请，经车站值班员与施工审批单位确认、同意后方可延长。

8）施工结束后，由施工负责人负责作业现场清场，然后至车控室办理注销手续，经车站值班员同意后，施工负责人方可离开。

2. 多点作业的登记/注销流程

1）单日的车站施工允许登记多点作业，跨天的车站施工不得登记多点作业。

2）车站多作业点施工，仅限于需多个车站同时进行的联合测试或多个车站同时铺开的特定作业。

3）施工负责人在车控室办理施工登记时，应明确告知主登记站值班员，其余作业点的信息（地点、作业点负责人、联系方式），由主登记站值班员负责将信息录入施工管理系统。

4）作业点值班员，核对作业点负责人信息，并通过施工管理系统确认。

5）主登记站值班员，在核对所有作业点已确认完毕后，下发施工。

6）此时，值班员方可允许施工负责人、作业点负责人开始施工。

7）施工完毕，作业点负责人至车控室办理注销。作业点值班员通过施工管理系统进行注销操作。

8）作业点负责人在完成作业点注销后，应向施工负责人汇报，经施工负责人、作业点值班员允许后，可提前撤离。

9）施工负责人在确认所有作业点均注销后，向主登记站值班员申请施工注销。主登记站值班员通过施工管理系统进行施工注销操作。

10）经主登记站值班员允许后，施工负责人方可撤离。

11）如施工管理系统故障，则作业点值班员与主登记站值班员间应通过电话联系，确认登记/注销信息，并通过填写《车站检修施工（设备故障）登记簿》分别办理作业点及施工的登记/注销。

3. 施工作业请销点标准用语

（1）请点

车站：（作业代码）请点。

行调：核对作业计划。

车站：作业代码，作业时间、作业区域、作业内容，接触网供电安排。

行调：核对正确。行调同意（作业代码）作业请点，同意请点时间，施工承认号，行调（行调代码），完毕。

车站：行调同意（作业代码）作业请点，同意请点时间，施工承认号，完毕。

（2）销点

车站：（作业代码）销点。

行调：核对作业计划。

车站：施工承认号，作业代码，作业区域。

行调：核对正确。施工区域是否出清？

车站：确认施工区域出清。

行调：行调同意（作业代码）作业销点，销点时间，行调（行调代码），完毕。

车站：行调同意（作业代码）作业销点，销点时间，完毕。

二、特殊施工作业

1. 接触网停电施工作业操作步骤

1）当车站当日有接触网停电进行施工作业的计划时，应确认无其他必须带电施工与该接触网停电施工冲突的情况。

2）运营结束后施工人员到相应车站办理施工申请手续，行车值班员核对施工计划，确认需接触网停电后，向行调申请接触网停电施工。

3）行调通知电调度指挥办理停电事宜，行调在确认接触网停电后发布准许施工的命令。

4）施工结束后施工负责人到车站登记注销施工并申请接触网送电，行车值班员确认后签认，注销该施工并报告行调。

5）行调发布施工注销号码，注销该施工后通知电力部门办理接触网送电操作。接触网送电完毕后，相关车站确认接触网处于供电状态，以便次日正常运营。

2. 影响通信设备施工作业操作步骤

1）施工人员到车站办理申请手续，行车值班员核对施工计划，向施工负责人再次核实影响哪些通信设备，再根据行车区域施工办理手续，向行调申请施工并说明影响的通信设备。

2）行调根据当日施工计划及实际情况发布准许该施工的命令，行车值班员告知邻站临时通信方式后同意该施工。

3）施工期间发生通信设备严重故障时按《通信设备故障预案》办理。施工结束后施工负责人回车控室注销施工，行车值班员确认相关通信设备恢复正常后向行调注销该施工并通知邻站恢复正常通信方式。

三、工程车的运行办法

施工并需开行工程车时，工程车的运行办法分在非施工封锁区域运行和进入施工封锁区域运行两种情况。其运行办法应按照城市轨道交通企业的《行车组织规则》的规定执行，下面以部分城市轨道交通企业为例说明。

1）行调根据当日行车情况进行把关，确认无误后以调度命令形式下发施工命令，内容包括施工时间及范围。工程车在非封锁区域的正线运行时，凭地面信号行车，行调排列进路，工程车在车站始发或停车后再开时，司机要确认地面信号或按行调的命令行车。

2）工程车到达指定的车站后，行调应及时发布书面命令封锁该作业区域，并布置有关防护措施。由施工区域负责人办理施工登记手续，行车值班员核对无误后向行调申请，行调核实后下达准许工程车进入封锁区域施工的调度命令，工程车可以凭调度命令进入封锁区域开始施工。

拓展与提高

某地铁施工防护设置

1. 开行工程车、电客车的防护区域

1）组织工程车、电客车出场、回场时，在工程车、电客车运行前方必须保证至少有“一站两区间”空闲。

2）在开车作业的封锁作业区两端必须保证“一站一区间”空闲作为防护区域，如图 7-12 所示。

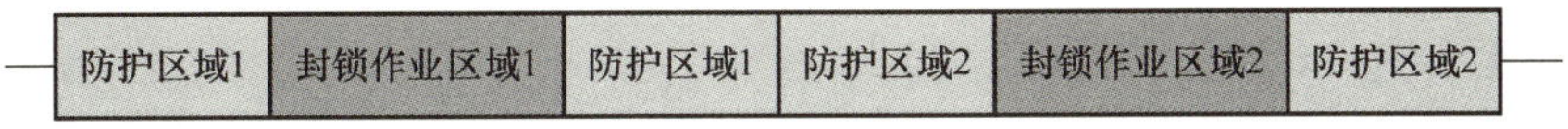

图 7-12　开车作业防护区域示意图

3）原则上两个封锁作业区不能共用同一个防护区域；

4）防护区域需要在施工计划备注中注明。

2. 接触网带电、停电及地线防护

1）电客车调试作业区域带电则其防护区域接触网必须带电；电客车调试作业区域及防护区域接触网供电要求也必须在施工计划接触网供电安排中体现。

2）作业人员包括所持的机具、材料、零部件等与接触网之间至少保证 1m 的安全距离，否则接触网必须停电并挂接地线防护。

3）在未挂接地线的停电区域作业视作接触网带电。

4）供电车间接触网施工作业由其自身负责挂拆接地线。

5）车辆检修作业由车辆部人员负责挂拆接地线。

6）其他部门（单位）施工作业需要挂拆接地线时，由供电车间专业人员配合挂拆接地线。

7）接触网挂好接地线后，在地线绝缘杆正下方轨道中央设置红闪灯，或在绝缘杆距地面 1500mm 处悬挂红闪灯，地线拆除后同时撤除红闪灯。

3. 施工作业红闪灯防护

红闪灯设置方案示意图，如图 7-13 所示。

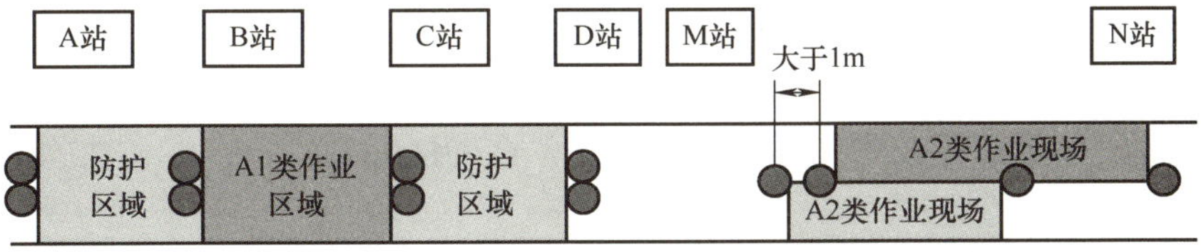

图 7-13　红闪灯设置方案示意图

1）A1 类施工作业由车站在作业区域两端及防护区域端点的轨道中央并排（与轨道方向垂直）放置两盏红闪灯。施工作业请点批准后，由请点车站通知作业区两端车站及防护区域端车站值班员设置红闪灯防护。施工单位作业结束后，销点车站通知相关车站撤除红闪灯防护后办理销点手续。

下列情况除外：

① 组织工程车或调试车出/回场、列车转到其他线路时，运行线路两端不需要设置红闪灯。

② 当工程车或调试车作业区域的一端属于尽头线时，不需要在尽头线端设置红闪灯。

③ 全线开行工程车或调试车作业时，不需在作业区域两端设置红闪灯防护。

④ 涉及联络线的施工作业，由施工负责人组织在联络线临近作业区一端设置一盏红闪灯。

2）A2 类施工作业由施工人员在施工过程中实施必要的防护；设置红闪灯时，必须在作

业现场两端轨道中央各设置一盏红闪灯，遇多个作业需要在同一地段设置红闪灯时，相邻两个红闪灯之间至少有1m以上的距离。

复习思考题

一、填空题

1. 施工进场凭证包含____________和____________。

2. 抢修分为____________和____________。

3. 一个封锁区内只准有____________工程车运行。

4. 行调按照____________的原则根据运营实际情况及时安排抢修作业。

5. 若同一施工项目多个作业点进行，则该施工项目除配备____________外，各点（辅站）的施工需配备____________。

二、选择题

1. 施工计划按时间可分为（　　）。

A. 周计划　　B. 日补充计划　　C. 月计划　　D. 临时补修计划

2. 同一施工作业多站进行时，施工责任人登记请点的车站。同一施工作业辅站数量原则上不超过（　　）。

A. 3个　　B. 4个　　C. 5个　　D. 6个

3. 在正线，当最后一个列车（含客运列车、工程车、调试车等）离开作业影响区域（　　），且其他施工条件达到后，即可安排该施工作业。

A. 一站一区间　　B. 两站一区间　　C. 一站两区间　　D. 两站两区间

4. 工程车包括（　　）。

A. 钢轨打磨车　　B. 接触网放线车　　C. 轨道起重车　　D. 秦岭平板车

5. 工程车开行时，挂有装载货物高度超过轨面（　　）的车辆时，接触网必须停电。

A. 3500mm　　B. 3700mm　　C. 3800mm　　D. 4000mm

三、简答题

1. 简述施工计划的分类。

2. 施工计划的申报和审批有何规定？

3. 简述开行工程车的规定。

4. 简述工程车运行办法。

5. 当正线、辅助线运营时间内发生各类设备故障或事故需封锁区间抢修时，应如何处理？

6. 施工时应做好哪些安全防护工作？

7. 施工时登记请点的规定是什么？

8. 施工时销点的规定是什么？

项目八

行车调度工作

知识要点

1. 行车调度指挥机构设备的应用、人员构成及岗位职责。
2. 行车调度工作内容、原则、方法。
3. 调度命令的发布要求。
4. 列车运行图的基本知识。
5. 列车运行调整基本方法。

项目任务

1. 熟悉行车调度设备，了解调度机构组成及其岗位职责。
2. 掌握行车调度工作内容、原则、方法。
3. 掌握调度命令的发布要求及需发布调度命令的情况。
4. 会看列车运行图，明确运行图各要素的意义。
5. 了解列车运行调整基本方法。

项目准备

1. **场地、工具准备**：列车运行控制系统、模拟沙盘、线路、信号机等行车设备模型、车站模型、列车模型、各种登记表簿、联系电话、调度命令等。

2. **人员安排**：学生按车站数分组，安排行调1人，每站有行车值班员、助理值班员、站务员、扳道员、引导员各1人。

相关理论知识

一、行车调度工作

1. 列车运行指挥日常工作内容

列车运行指挥是整个运输生产活动的中心，在我国的大部分城市，通常由行车指挥调度控制中心（OCC）担任城市轨道交通系统的列车运行指挥工作，它是城市轨道交通系统的运营生产指挥部门，负责所辖一条或多条轨道交通线路行车、电力、消防环控及票务等的运行调度和突发事件处理等工作。

行车调度工作是协调与运营有关的各个工种的工作，在保证安全的前提下以完成列车运行计划为基本任务。行调在工作中，必须掌握指挥主动权，在复杂情况下，能积极主动调整列车运行以实现列车运行图。必须熟悉管内与运营有关的工种、人员设备。如：电力、车辆、信号等调度控制系统的使用；熟悉列车运行图和有关规章制度；掌握客流变化的一般规律，灵活运用各种列车调整方法，充分调动有关人员，确保完成乘客运输任务。

2. 调度机构及其组成

城市轨道交通是一个复杂的技术密集型公交系统。为实行集中统一指挥，有序组织运输生产，轨道交通应设立不同级别的调度控制中心（OCC），OCC实行分工管理原则，按业务性质划分，设置了不同的调度工作岗位，通常在控制中心设有行车调度、电力调度、环控调度、设备调度等工种。各工种调度各司其责：OCC主任全面负责本线路的调度指挥工作；行车主管负责行调的业务指导、突发事件的指挥与报告，运营统计与分析；设备主管负责本线路各相关设备的管理工作，包括施工管理及安全生产管理等，各轨道交通系统可根据自己的具体情况及管理模式设置不同的调度工作岗位。

3. 行车调度工作的基本任务

1）负责组织各站及有关行车部门，按列车运行计划行车，监督各站及有关行车部门的执行情况，及时正确发布有关行车命令及指示。

2）监督列车到发及运行情况，遇到列车晚点和突发事件时，及时采取运营调整措施，迅速恢复列车正常运行。

3）遇列车运行调整时，正确指导车站及有关行车部门进行工作。

4）负责入轨施工作业的管理。

5）负责工程车、试验列车等上线车辆的调度指挥工作。

6）当发生行车事故时，按规定程序及时向上级主管部门汇报，采取措施防止事故扩大，并积极参与救援工作的指挥。

7）建立、健全运营生产、调度指挥等各项原始记录台帐及统计，分析报表，并按规定向上级主管部门报告。

8）密切注意客流动态，协同有关部门根据客流变化采取相应的组织方案。

4. 行调应具备的素质

1）具有中等运输专业以上学历，具有运输专业实践工作经验，并经过调度专业知识的学习，熟悉《调度工作规则》、《行车工作规则》及所在公司的各项运输类规章，并取得调度员上岗资格证。

2）熟悉人、车、天、地、图等各种影响行车的有关因素。

3）熟悉司机、车站值班员等与列车运行有关的作业人员情况，如工作经历、业务水平、性格特点等，充分调动有关人员的工作积极性。

4）身体健康，无色盲、色弱、高血压、心脏病、传染病、肠胃系统等疾病。

5）熟悉车辆技术状态、使用性能和特点等情况。

6）掌握气候变化、节假日、重大活动等因素对客流增减及对列车运行影响的一般规律。

7）熟悉与行车有关的各种技术设备，如线路平纵断面、信号、联锁、闭塞设备、车站折返设备、调度集中设备和通讯广播设备等。

8）应具有高度的责任心，爱岗敬业；应能承受较强的心理压力，具有良好的心理素质；应具有较强的语言表达、人际沟通能力和应急决策能力。

二、行车调度控制方式

1. 人工调度指挥系统

1）控制调度中心设备：调度电话、无线调度电话、传输线路。

2）车站设备：调度电话、传输线路。

3）列车设备：无线调度电话。

该系统主要由行调通过调度电话向车站值班员直接发布指令，按电话闭塞法组织行车。由车站值班员排列接发列车进路，通过与车站值班员的联系，调度员掌握列车到达、出发信息，下达列车运行调整调度命令。调度员通过无线调度电话呼叫列车司机，发布调度指令，指挥列车运行。列车运行图由行调手工绘制。这种方式通常在线路开通初期，设施设备尚未到位等特殊情况下才使用。

2. 电子调度集中系统

1）调度控制中心设备：调度集中总机、运行显示屏、运行图自动绘制仪等。

2）车站设备：调度集中分机、传输线路。

3）机车设备：无线调度电话、信息接收装置。

调度集中控制设备是一种远程控制的信号设备，目前能实现运行调度指挥的遥信和遥控两大远程控制功能。它的特点是区间采用自动闭塞，车站采用电气集中联锁，并利用电缆引接到指挥控制中心。控制中心的行调通过中央 ATS 工作站对各车站进行集中控制，可以直接排列进路，直接指挥列车的运行调整，并通过运行显示屏监控列车到达、出发及途中运行情况，及时掌握线路上列车运行及分布情况，各信号机的显示状态和道岔开通位置，确保列车运行秩序正常。基本闭塞方法为自动闭塞法，列车运行采用自动驾驶。在必要时，可由调度集中控制改为车站控制，即将列车运行进路排列权限下放给车站，由车站值班员操作。

3. 行车指挥自动化控制系统（CATS）

CATS 是一个实时控制系统，一般由调度控制和数据传输电子计算机、工作站、显示盘、绘图仪等构成，电子计算机按双机热备用配置。

CATS 的主要功能包括：具有运行显示及人工控制功能；能发出控制需求信息，并从轨道线路上及信号设备上接收信息；行调人工或自动地将调度指挥信息（如停站时间、运行等级）传递至各集中站 ATC 设备；实现了列车的动态显示，如列车位置、车站到发时分、车次号等；能储存多套列车运行图，如基本运行图、双休日运行图、客流组织运行图，并按照当前使用的运行图调整；监督列车运行，调整列车发车时刻，控制列车停站时分和终点站列车折返方式；自动进行列车运行调查，自动绘制实际列车运行图和生成各种运行报告。

三、行车调度组织工作

正常情况下的运营前准备作业

1. 运营前的准备工作

1）在每日运营前，行调要与车站值班员确认线路上所有施工检修作业已经完成、注销，线路空闲，无侵限。

2）根据运营计划，与车辆段运转值班员核对运行图，当日运行车列数应符合运营计划的要求。出场列车需具备以下条件：

① 列车无线电话和车厢广播设备使用功能良好。

② 车载 ATC 设备日检正常、铅封良好。

③ 车辆设备良好。

④ 每日运营前 ATS 需具备以下条件：中央工作站、表示正确且一致；所有集中站处于中控状态；方向开关、道岔位置及信号表示正确；确认各终端站折返的主要模式；确认系统的调整方式；消除告警窗内所有无效告警；建立并确认计划时刻表。

3）每日运营前须确保接触网系统、消防环控系统、通信信号系统等与运营有关的设备状况良好。

4）每日运营前各车站及信号楼须按规定做好各项运营准备工作。所有运营有关值班人员须到岗，检查、确认无任何异常情况。

5）每日运营前行车值班员、运转值班员等有关运营人员须主动与行调校对以控制中心 ATS 钟点为准的钟表时间（ATS 钟点应与北京时间校对），列车司机须在出乘报到时向运转值班员校对钟表时间。

2. 列车出入场（库）

（1）列车出场　出场列车为 CATS 系统所确认的计划列车，并确定列车的出场径路以及进入运营系统的车站。列车经出场线（入场线）出场，司机凭出场信号机显示的绿色灯光或黄色灯光开出车场。列车在出入场无码区按慢速前行方式限速（20km/h）运行，在进入有码区前一度停车，待设置好车次号及接收到速度码后，以 ATO（或 ATP）方式投入线路运营。遇特殊情况时，列车可以凭行调下达命令投入运营。

（2）列车入场　入场列车为 CATS 系统所确认的计划回库列车，列车入场原则上由入场线开往车场，图定或经由行调准许的入场列车，可由出场线运行至车场。入场列车在有码区按人工 ATP 方式运行，在一度停车标至车场的无码区按慢速行车方式限速（20km/h）运行，司机凭入场信号机显示的黄色灯光进入车场内。

车场接入站和车场信号楼的行车值班员需相互办理行车日志的填报，其内容为车次、开车点、到达点、反向运行时需注明径路（出场线或入场线）及调度命令号等。在中央控制故障改为站控时，车场接入站和车场信号楼的行车值班员须向行调报出入场列车的车次、到开点，车场信号楼的行车值班员应按运行图规定，组织好出、入车场列车的出入场工作。

正常情况下的接发列车作业（运营中）

3. 运营中的调度监督

列车进入正线运营后，行调必须时刻关注列车运行动态，确保安全、正常运行。

正常情况下的列车运行组织是指在营业时间采用基本列车运行控制方式和基本行车闭塞情况下的列车运行组织。目前主要有两种方式：

（1）调度监督下的列车运行组织　调度监督是一种行调能监视现场设备和列车运行状态，但不能直接进行控制的远程监督设备。通常是城轨新线在信号系统尚未全部安装情况下投入运营时采用的过渡期的调度指挥方式。为了实现调度监督，除控制中心的显示盘等设备外，还需要在车站安装行车控制台、道岔局部控制设备及出站信号机等信联闭设备，在实施调度监督时，双线自动闭塞为基本闭塞法。

在调度监督情况下，由车站值班员排列列车进路、开闭出站信号，行调通过显示盘，监督线路上各车站信号机开闭显示、区间闭塞情况和列车运行状态，组织列车运行。

为了实现按图行车，行调要努力组织列车正点运行，而组织列车正点始发又是列车正点运行的基础。对始发列车，行调应在列车出库、列车折返和客流异动等各方面进行具体掌控，以组织列车正点始发。

在始发站列车正点始发的情况下，由于途中运缓、作业延误或设备故障等原因，难免会出现列车运行晚点的情况。行调应根据实际情况，及时采取有效的调整措施，尽可能使晚点列车恢复正点运行或缩短晚点时间。

（2）行车指挥自动化时的调度监督　行车指挥自动化是利用计算机控制调度集中设备，指挥列车运行的一种自动远程遥控设备。在行车自动化时，自动闭塞为基本闭塞法。

行车指挥自动化的基本功能有：

1）由基本列车运行图或计划列车运行图自动生成实际列车运行图。

2）自动或人工监督控制各管辖车站的信号机、道岔及排列接发车进路。

3）跟踪正线列车运行的信息（车次、正晚点）、显示沿线各车站进路占用。

4）自动或人工进行列车运行调整。

5）自动绘制实际列车运行图及运营统计分析报告。

在行车指挥自动化情况下，由计算机通过调度集中设备实现当日使用列车运行图，列车进路自动排列和列车运行自动调整，指挥列车运行。控制中心 ATS 通常储存多套基本列车运行图，经过加开或停运等修改后的列车运行图称为计划列车运行图，使用列车运行图是当日列车运行的实际计划，由基本列车运行图或计划列车运行图生成。行调通过显示盘与工作站显示器，准确掌握线路上列车运行和分布情况，区间和站线的占用情况以及信号机的显示状态和道岔的开通位置等。行调也可应用人工控制功能，通过工作站终端键盘输入各种控制命令，控制管辖区域的信号机、道岔以及排列列车进路，进行列车运行组织。

4. 运营结束后的收尾及施工前的准备工作

运营结束后，首先要核对所有运营列车及备用列车离开运营正线，确保正线线路空闲。

正常情况下的接发列车作业（运营后）

日常的养护维修、施工、原则上利用停营期间进行。作业单位应提前提出计划报运营部，经运营部安排，以检修施工通告的形式下达给有关站、段、总调度所及作业单位。施工前调度员对当晚行车、电力、工务、环控等方面的施工进行核对，落实具体的施工计划、责任人安全细则。

根据施工计划及施工申请，对需要停电区段的接触网通知电调停电，监控施工作业过程。

日常的养护维修、施工，作业负责人应充分做好一切准备，按批准的检修施工计划，提前在车站进行检修施工登记，通过车站值班员向行调申请作业，行调应保证作业时间，并向有关车站、单位及作业负责人发出实际作业命令。作业负责人确认施工内容及起止时间后，在设好停车防护后方可开工，并保证在规定时间内完成。经检验设备使用性能良好，通过车站值班员报行调申请开通区间，由行调下达注销命令号码。如不能在规定时间内完成施工作业，须在规定的施工截止时间前20min与行调联系，得到批准后方可延长作业时间。

行车调度命令

四、行车调度命令

1. 行车指挥原则

行车组织工作必须贯彻安全生产的方针，坚持高度集中，统一领导的原则，发扬协作精神。车务、车辆、维修等部门要主动配合，紧密联系，协同动作，不断提高效率，安全、准时、高效地完成客运服务工作。

在组织列车运行的过程中，行调按规定在进行某些行车作业时需发布调度命令，以表示行调在指挥列车运行过程中的严肃性和强制性的指令。在发布调度命令前，行调应详细地了解现场实际情况，听取有关人员的汇报，按有关规定发布调度命令，各有关行车人员接到调度命令后，必须严格执行。

2. 调度命令的分类

调度命令是行调在调度指挥过程中对行车有关人员发出的要求，并强制其配合完成的指令。调度命令有口头命令、书面命令两种。

口头命令与书面命令虽然形式不同，但具有同样的严肃性，均须做到规范发令、严格执行。

（1）口头命令　一般为同单个受令对象（一般为列车司机）直接发布的短期性指令。在无线录音设备正常状态时，行调发布的行车调度命令均以口头命令下达，包含的内容有命令号、受令人处所、受令人、受令内容、发布日期及时间、发令人姓名及复诵人姓名。

（2）书面命令　一般至少有两个受令对象。有时还需送达司机，较长时间影响行车的命令一般为书面命令。在录音设备故障停用时，遇救援列车、反方向行车及ATP切除运行均需发布书面命令。命令内容同上。

（3）口头通知　在日常进行调整指挥时，行调以口头通知下达，口头通知无须给号，只下达通知内容及受通知人。

3. 调度命令发布要求

1）调度命令须由行调发布。

2）发布前应详细了解现场情况，听取有关人员意见。

3）命令内容应一事一令。先拟后发，书写调度命令简明扼要、用语标准，遇有不正确的字应圈掉后重新书写，对涉及到邻调度区的重要调度命令，应取得调度长同意后发出，发令时应口齿清晰、语速中等。

4）受令处所若为沿线各站及运转，应根据标准填记车站全称或采用标准缩写站名。

5）发令人、受令人、复诵人、复核人必须填记全名。

6）命令中空缺的内容应正确填写，做到不随意涂改，如调度命令内容与固定格式中虚体字内容相吻合时，应及时描实，不需要的虚体字内容用横线划掉。

7）下达命令时，命令号每天由 1 至 100 顺序循环使用，每一个循环不得漏号、跳号、重号使用，发令日期、发令时间按实际发令时间填写，并如实记录在调度命令登记簿上，不随意涂改，如有涂改，应由发布命令的调度员盖章确认，发布调度命令后，应及时将调度命令按照顺序号装订成册，做到不遗漏，不颠倒顺序。

8）在日常执行中如无法及时把调度命令交付司机时，应适时完成补交手续。

4. 需发布调度命令的情况

在下列情况下，行调应发布调度命令：

1）区间发生重大、大事故，对开入其邻线的列车。

2）列车反方向运行。

3）变更行车闭塞法。

4）封锁区间、开通区间。

5）列车清客；区间下人。

6）向封锁区间开行救援列车。

7）临时加开或停运列车。

8）后端驾驶列车。

9）载客通过，开行工程车、调试列车。

10）行调认为有必要的其他情况。

5. 调度命令的传达

行调向司机发布调度命令时，当司机未离段/场前，应发给车辆段/停车场运转值班室，由其负责转达。当列车已出场/段，应由行调向司机直接发布。

行调应使用无线通信系统向司机、行车值班员发布调度命令或口头指示（在通信记录装置故障时，只可以使用调度命令）。有关人员必须复诵正确，具备调度命令内容可执行的条件后，行调才可发布授权执行命令。

6. 调度命令号码的编制

调度命令号码的编制应按不同工种分别编号，行车调度命令号码按日循环，其他工种调度命令按月循环。

调度命令日期的划分，以 00:00 为界。各级调度命令的保存期限一般为 1 年。

7. 书面调度命令的填记标准及常用调度命令样板格式

书面调度命令的填记标准、格式见表 5-3 调度命令登记簿、如图 5-3 调度命令所示。

常用书面命令样板如下：

（1）区间下人命令

受令者：×××站并交×××司机。

内容：“自________时起，准________单位人员________，凭令登________次列车，在________站至________站________行区间抢修施工。”

（2）救援命令

受令者：×××站至×××站，×××站交×××司机、×××司机。

内容：“自________时起，准________站________行故障列车清客，同时，________次，在________站清客后开救________次至________站（站外）与故障车连挂（牵引/推进）运行至________站（回段/折返线）。”

(3) 限速命令

受令者：×××站至×××站，车辆段派班室、×××站（车辆段派班室）交×××司机。

内容：“自________时起，至________时止，________站至________站上（下）行线列车限速________ km/h 运行。”

(4) 取消限速命令

受令者：×××站至×××站，运转。

内容：“自________时起，取消________站至________站上（下）行线列车限速________ km/h，恢复正常速度运行。”

(5) 封锁区间命令

受令者：×××站、×××站并交×××司机。

内容：“自________时起，至________时止，段（站）发________次至________站（站外/折返线），________站（站外/折返线）至________站（站外/折返线）封闭，准________次凭令进入封锁区间。________次至________站（站外/折返线）后，封锁区间自行解除。”

(6) 采用站间电话联系法行车命令

受令者：×××站至×××站，×××站交×××司机。

内容：“因×××站联锁设备故障，自发令时起，×××站至×××站间上（下）行正线采用站间电话联系法组织行车。”

(7) 救援列车加开命令

受令者：×××站至×××站（车辆段），×××站（车辆段）交×××司机。

内容：“①因×××次在×××站上/下行线（×××站至×××站上/下行线×××km+×××m）故障请求救援，准×××站（车辆段）至×××站上/下行线加开×××次到×××站上/下行线（×××站至×××站上/下行线×××km+×××m）担任救援工作，连挂×××次后，推送到×××线（车辆段）[或返程×××站至×××站上/下行线开×××次到×××线（车辆段）]。②×××次由×××次担任，在×××站清客担任救援。③×××次到×××站上/下行站台待令。”

(8) 加开工程车命令

受令者：车场信号楼、派班室、×××站至×××站、车场派班室（×××站）交×××司机。

内容：“因×××单位施工需要，准（车场）×××站至×××站上/下行正线加开×××次，返程×××站至×××站（车场）开×××次；×××次由车场（×××站）×××时×××分开；×××次凭地面信号显示行车；×××次到×××站上/下行站台待令。”

(9) 其他命令（格式自拟）　运行指挥中，如遇其他特殊情况时（即命令内容超出现有标准格式），应由列车调度员将命令内容写在调度命令登记簿中。

口头命令示例：

列车清客时：

适用情况：遇列车不能载客运营时，须令司机广播清客，同时通知车站组织清客。

行调发令：“命令号________，________次________号车，________站广播清客。”

司机复诵：“________次明白。________站广播清客。”

五、行车调度设备

城市轨道交通系统仿佛是一个大联动机，与运输有关的设备、人员紧密联系，协同动作，从而构成了一个庞大的系统性工程。行调是这个系统的指挥官，他能否熟练使用有关运输设备，是否熟悉现场设备，对整个系统的运行起着非常重要的作用。一般情况下城市轨道交通都设有交通控制中心（或称调度中心），该中心应有以下设备：调度监督、调度集中、行车指挥自动化、列车运行图自动铺画、传真、通信记录设备、无线列调系统及调度命令无线传输设备。同时该中心应备有相关的行车调度规章制度汇编，如《行车组织规则》《行车调度指挥规则》《行车事故处理规则》《控制中心手册》等，配备调度指挥使用的有关调度命令格式、电报、列车运行图，管辖线路各站平面示意图、接触网供电系统及信号、联锁、闭塞设备的有关资料。

六、列车运行图

列车运行图

1. 列车运行图的意义

（1）列车运行图是组织列车运行的基础　列车运行图是利用坐标原理来表示列车运行的图解形式，它规定各次列车占用区间的顺序，列车在区间的运行时分和在站停车时分，列车在各个车站的到达、出发（通过）时刻，折返站列车折返作业时间及列车出入场时刻。列车运行图是行车组织的基础，是协调城市轨道交通系统各部门、各单位进行生产活动的重要文件，列车运行图在保证城市轨道交通运营各部门的相互配合和协调动作上起到了重要的组织作用。

（2）列车运行图是运行组织的一个综合性计划　运营生产是一个统一系统的整体，涉及城市轨道交通运营的各业务部门都需要根据列车运行图所规定的要求来安排工作。如车站根据列车运行图所规定的列车到达和出发时刻，安排本站行车组织工作（如排列接发车进路）和客运组织工作；车辆部门每天运营前要整备好运营需求的列车数，车辆运转部门要根据列车运行图的要求确定列车的出库时刻和乘务员的班次安排及倒班计划；工务、通信、信号、供电、机电等部门也要根据列车运行图的规定来安排施工计划和维修计划。因此，列车运行图是城市轨道交通运行组织的一个综合性计划。通过列车运行图，使得城市轨道交通这部大联动机能够协调的运转，保证运输的正常进行。

综上所述，编制一张经济合理的列车运行图，对于充分利用轨道交通设备的能力，满足各时期、各时段乘客运输的需要，使运能与运量很好的结合，既能方便乘客出行的需要，又能使企业获得最佳的经济效益，具有重要的意义。

2. 列车运行图的格式及车次规定

列车运行图是为运营部门提供一种组织列车在各站和区间运行计划的一种图解形式，一般由下列线条组成：

1）横坐标：表示时间变量，按要求用不定的比例进行时间划分，一般城市轨道交通列车运行图采用一分格或二分格，即每一等份表示 1min 或 2min。

2）纵坐标：表示距离分割，根据区间实际里程，采用规定的比例，以车站中心线所在位置进行距离定点。

3）垂直线：是一组平行的等分线，表示时间等分段，一般整小时和整 10min 用粗线表示，0. 5h 用虚线，一分线或二分线用细线表示。

4）水平线：是一组平行的不等分线，表示各个车站中心线所在的位置各水平线间距离的远近基本表示了各站之间的距离远近。

5）斜线：列车运行轨迹（径路）线即列车运行线，一般以上斜线表示上行列车，下斜线表示下行列车。

6）在列车运行图上，列车运行线与车站的交点即表示该列车到达、出发或通过的时刻。由于城市轨道交通列车停站时间较短，一般不标明到、发时间。

7）在列车运行图上，每个列车均有不同的车号与车次。一般按发车顺序编列车车次，上行采用双数，下行采用单数。

列车运行图中车站中心线位置的确定方法有两种：

1）按区间里程的比例确定，即按整个区段内各车站间实际里程的比例来画横线，每一横线即表示一个车站的中心线。采用这种方法时，运行图上站名线间的距离能明显地反映出站间距离的大小。但由于各区间线路的平面和纵断面情况不一，列车运行速度有所不同，列车在整个区段上的运行线往往是斜折线，既不整齐，也不容易发现铺画中的错误，所以一般不采用这种方法。

2）按区间运行时分比例确定，即按整个区段内下行（或上行）列车在各区间运行时分（当上下行运行时分差别较大时，可加以调整）的比例来画横线。如图 8-1 所示，采用这种方法时，可以使列车在整个区段的运行线基本上是一条斜直线，既整齐美观，又便于发现运行时分上的问题，所以多采用此法。例如图 8-2 所示，甲—乙区段下行方向列车运行时分共计 240min。作图时首先确定甲、乙的位置，然后在代表乙站的横线上向右截取相等于 240min 的线段，得 F 点。连接甲、F 两点，得一斜直线。最后按照下行列车在各区间的运行时分标出各车站的位置，通过这些点，即可画出代表 A、B、C、D、E 车站的横线。

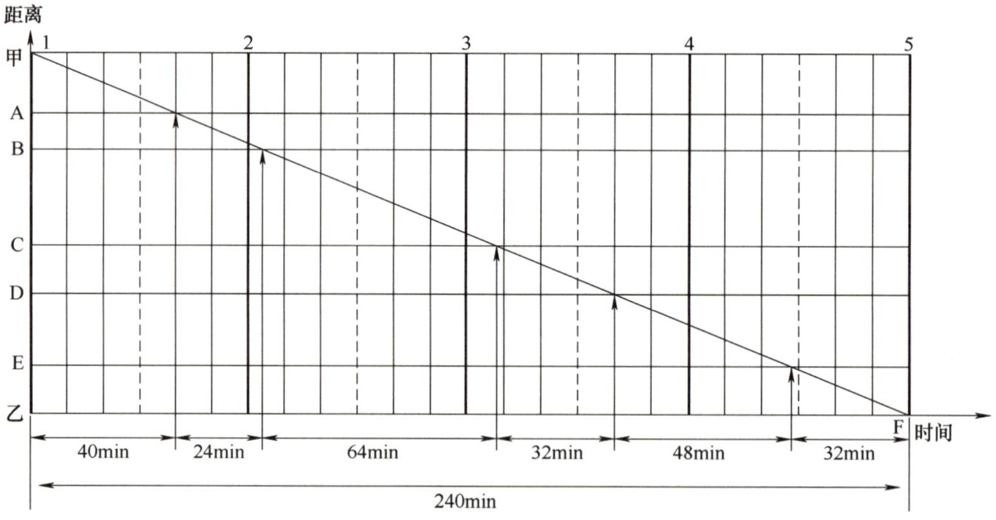

图 8-1　按区间运行时分比率确定车站中心线位置图

列车运行图的分类

3. 列车运行图的分类

（1）按时间轴的刻度划分

1）一分格运行图：它的横轴以 1min 为单位用细竖线加以划分，10 分格和小时格用较粗的竖线表示。这种一分格图主要在编制新运行图和调度指挥时使用。

2）二分格运行图：它的横轴以 2min 为单位用细竖线加以划分，常用于市郊铁路运行图的编制。

3）十分格运行图：它的横轴以 10min 为单位用细竖线加以划分，半小时格用虚线表示，小时格用较粗的竖线表示。这种十分格运行图主要供行调在日常指挥中绘制实际运行图使用。

4）小时格运行图：它的横轴以小时为单位用竖线加以划分。这种小时格运行图主要在编制乘客列车方案图和车底周转图时使用。

在列车运行图上，以横线表示车站中心线的位置，一般以细线表示中间站，以较粗的线表示换乘站或有折返作业的车站。

（2）按区间正线数划分

1）单线运行图。在单线区段采用的运行图，列车的上下行都在一条正线上进行，列车的交会只能在车站进行。在城市轨道交通中，单线运行图很少采用，只有在非正常情况下的运行调整期间，或者在运量较小的市郊铁路使用，如图 8-2 所示。

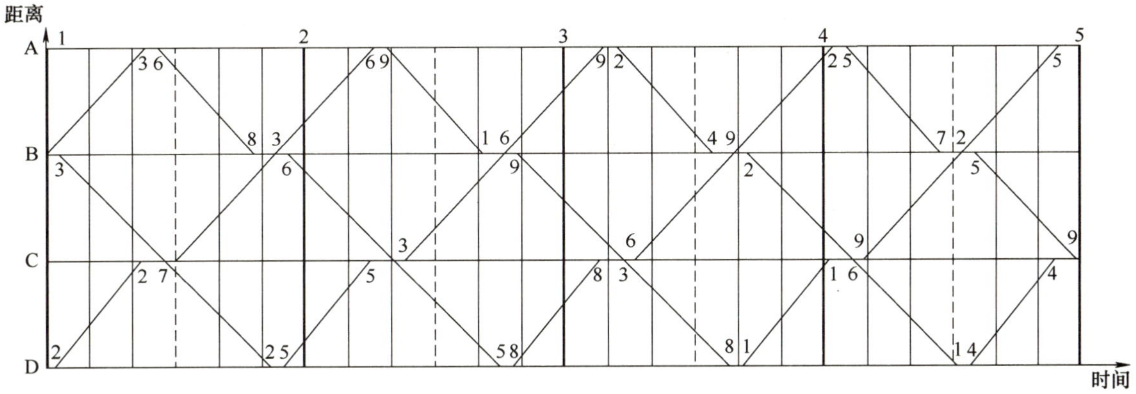

图 8-2　单线运行图

2）双线运行图。如图 8-3 所示，在双线区段，上下行列车在各自的正线上运行，运行互不干扰，可以在区间内或车站上交会，城市轨道交通系统一般都设有双线，采用双线运行图。

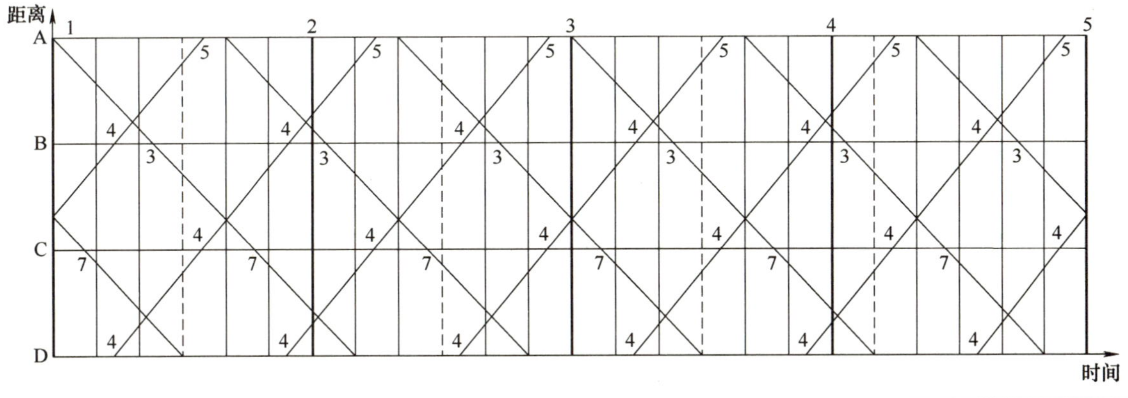

图 8-3　双线运行图

3）单双线运行图。在有部分双线的区段，单线区段和双线区段各按单线运行图和双线运行图的特点铺画运行线，它兼有单线运行图和双线运行图的特征，如图 8-4 所示，在城市轨道交通线网中只在非正常情况下或列车运行调整期间使用。

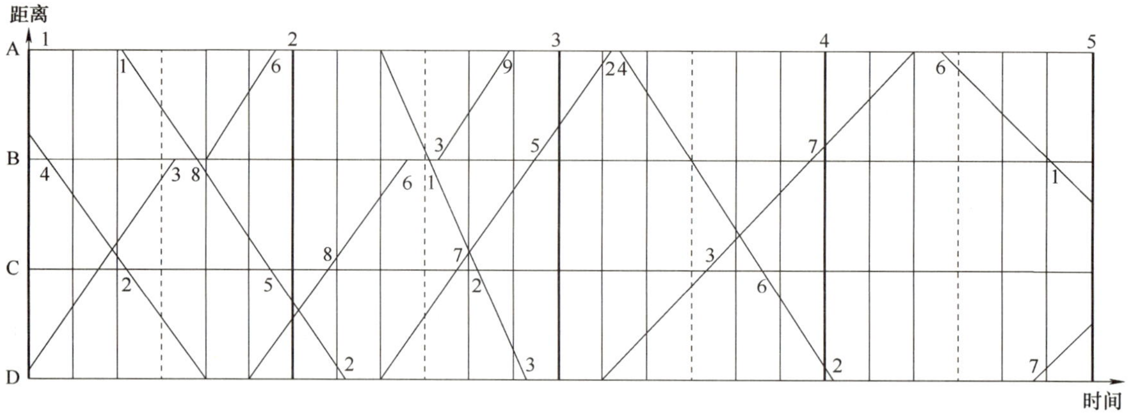

图 8-4　单双线运行图

(3) 按列车之间运行速度差异划分

1）平行运行图：如图 8-5 所示，在同一区间内，同一方向列车的运行速度相同，且列车在区间两端站的到、发或通过的运行方式也相同，因而列车运行线相互平行。

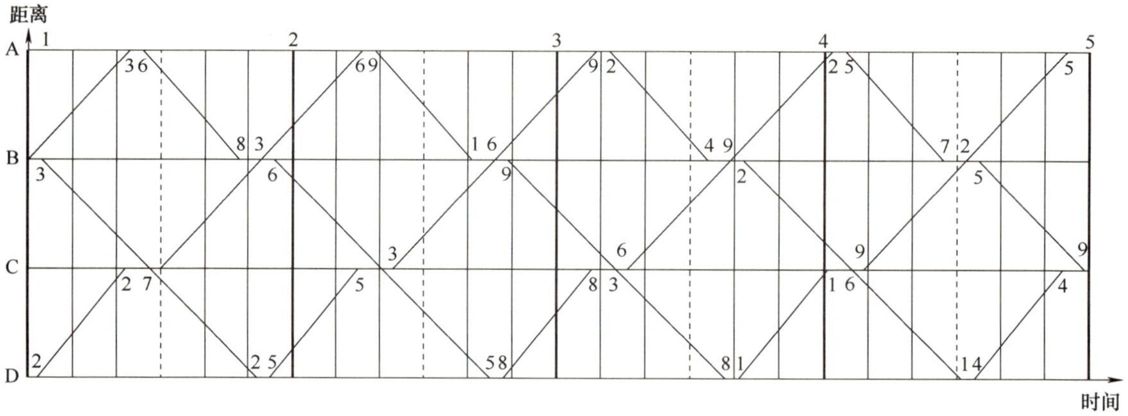

图 8-5　平行运行图

2）非平行运行图：在运行图上铺有各种不同速度的列车，且列车在区间两端站的到、发或通过的运行方式不同，因而列车运行线不相平行。

(4) 按照上、下行方向列车的数目划分

1）成对运行图：同一区段内，上、下行方向列车数目是相等的。

2）不成对运行图：同一区段内，上、下行方向的列车数目是不相等的。

我国城轨大多数区段的上、下行列车数是相等的，所以一般多采用成对运行图。

(5) 按照同方向列车运行方式划分

1）连发运行图：在这种运行图上，同方向列车以站间区间为间隔连发运行，在双线区段上下行列车各自连发运行，在单线区段采用这种运行图时，在连发的一组列车之间不能铺画对向列车。由于城轨基本都采用双线自动闭塞，因此，这种运行图很少采用，只有在非正常行车或运行调整时使用。

2）追踪运行图：在这种运行图上，同方向的列车以闭塞分区为间隔运行，一个站间区间内允许同时有几个列车按追踪方式运行。双线追踪运行图如图 8-6 所示。

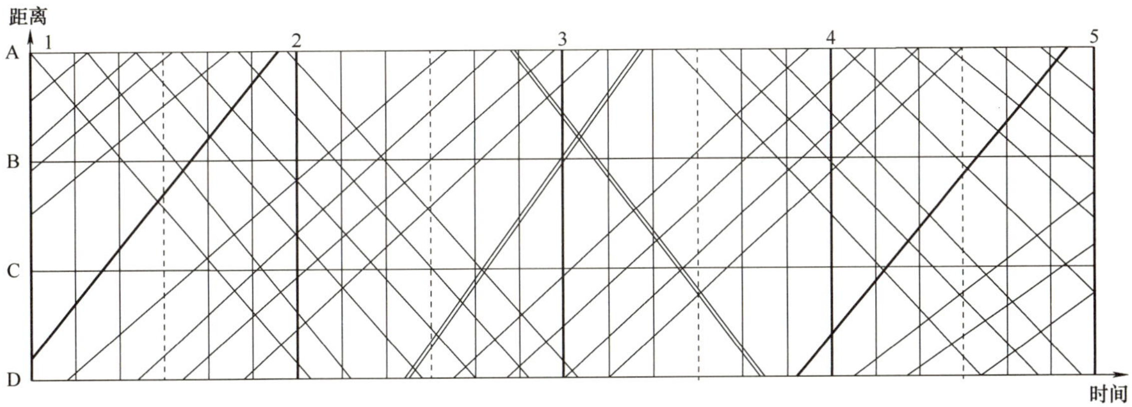

图 8-6　双线追踪运行图

（6）按使用情况划分

按使用情况可分为基本运行图、节假日运行图、其他运行图。

以上所列举的分类方法，都是根据运行图的某一特点加以区别的，实际上每张运行图都具有多方面的特点，例如某运行图，可能既是双线的成对的，又是追踪的，一般情况下，城市轨道交通使用的运行图为双线成对追踪运行图，同时根据客流的变化，有多套运行图来满足不同的需求。

4. 列车运行图的组成要素

城市轨道交通列车运行图组成要素分为 3 类：时间要素、数量要素、其他相关要素。这是编制列车运行图的基础和前提。

（1）时间要素

1）区间运行时分。区间运行时分是指列车在两相邻车站之间的运行时间标准，它由车辆部门采用牵引计算和实际查标相结合的方法进行查定。

列车区间运行时分的运行距离为相邻两车站中心线之间的距离。由于上下行方向的线路平面、纵断面条件可能不同，所以列车区间运行时分应按上下行方向分别查定。对于城市轨道交通，一般在所有的车站均办理客运作业，且编组辆数固定，因此不需要分别查定停车与不停车的情况。

2）停站时间。停站时间是指列车停站作业（包括加减速、开关车门），乘客上下车等所需要时间的总和。

列车停站时间的长短取决于旅客乘降的需要，它与车站客流量的大小、客车车门数的多少、车站的疏导和管理有关。

为了保证乘客的安全，车辆只有在停妥的情况下才能开、关车门，车门开关的时间与车辆的类型有关，一般开门大约在5s左右，关门在3~5s，如果站台上采用站台门设置，还要考虑站台门与车门之间的时间差。

乘客上、下车的时间与乘客数量多少（主要考虑高峰期人数）、车辆车门数和宽度，站务员的疏导管理有密切的关系。根据统计资料，每位旅客上下车约需0. 6s。

$$t_{上下}=\frac{0.6\times Q_{上下}}{N_{列}\times M}$$

式中　$t_{上下}$——乘客上下车时间（s）；

$Q_{上下}$——高峰小时内一个方向本站上下客人数之和（人）；

$N_{列}$——高峰小时通过本站的列车对数（对）；

M——每列车的车门数（个）。

由于乘客的上下车量在时间上是波动的，在各辆车内的分布也是不均衡的，因此在计算结果外尚需考虑一定的富余量。

$$t_{停站}=t_{门}+t_{上下}+\Delta t$$

式中　$t_{停站}$——每列客车在车站上的停留时间（s）；

$t_{门}$——开关门时间（s）；

$t_{上下}$——乘客上下车时间（s）；

Δt——每列车适当的富余时间（s）。

在停站时间的实际确定过程中，除个别客流量较大的车站外，一般车站的停站时间应控制在20~30s，停站时间过长不仅会降低列车运行速度，在高密度行车情况下，还会影响到后续列车的运行。

3）折返作业时分。折返作业时分是指列车到达终点站或在区间站进行折返作业的时间总和。包括确认信号的时间、出入折返线的时间、办理进路时间、司机走行或换岗时间等。折返作业的时间受折返线折返方式、列车长度、列车制动能力、信号设备水平、司机操作水平等多因素的影响。

以站后折返方式为例，当上行到达列车在折返线规定的停留时间结束后，进入下行车站正线，此时最小的折返列车出发间隔时间，可以采用下式计算。

$$h_{发}=t_{离去}+t_{作业}+t_{确认}+t_{出线}+t_{站}$$

式中　$h_{发}$——最短折返列车出发间隔时间（s）；

$t_{离去}$——出发列车驶离车站闭塞分区的时间（s）；

$t_{作业}$——车站为折返线停留列车办理调车进路的时间，包括道岔区段进路解锁延迟、排列进路和开放调车信号等各项时间（s）；

$t_{确认}$——司机确认信号的时间（s）；

$t_{出线}$——列车从折返线至车站出发正线的走行时间（s）；

$t_{站}$——列车停站时间（s）。

4）列车出入停车场的作业时间。列车出入停车场的作业时间是指列车从车辆停车场到达与其衔接的车站正线或返回的作业时间，可以采用查标的方式确定。

5）车站间隔时间。列车在车站的间隔时间（简称车站间隔时间，以下同）是指车站办理两个列车的到达、出发或通过作业所需要的最小间隔时间。车站间隔时间在市郊铁路、城际铁路等轨道交通系统使用。在地铁、轻轨等系统中，只在运行调整、线路或者信号设备不完善的情况下使用。在查定车站间隔时间时，应遵守有关规章制度的规定及车站技术作业时间标准，保证行车安全和最好的利用区间通过能力。

常用的车站间隔时间包括不同时到达间隔时间、会车间隔时间、连发间隔时间、同方向列车不同时发到及不同时到发间隔时间等几种。车站间隔时间的大小，与车站邻接区间的行车闭塞方法、信号和道岔的操纵方法、车站类型、接近车站的线路平面和纵断面情况、机车类型、列车重量和长度等因素有关。

① 相对方向列车不同时到达间隔时间（$\tau_{不}$）。相对方向列车不同时到达间隔时间是指在单线区段相对方向列车在车站交会时，自某方向列车到达车站之时起，至对向列车到达或通过该站时止的最小间隔时间。

为了提高列车运行速度，在列车交会时，除上下行列车在同一车站都有作业需要停车外，原则上交会的两列车中一列通过车站。因此在运行图上较常采用一列停、一列通过的不同时到达间隔时间，如图 8-7 所示。

② 会车间隔时间（$\tau_{会}$）。会车间隔时间是指在单线区段的车站上，两列车交会时，自某一方向列车到达或通过车站之时起，至该站向这一区间发出另一对向列车之时止的最小间隔时间。单线区段各站均应查定。会车间隔时间在运行图上的表示形式如图 8-8 所示。

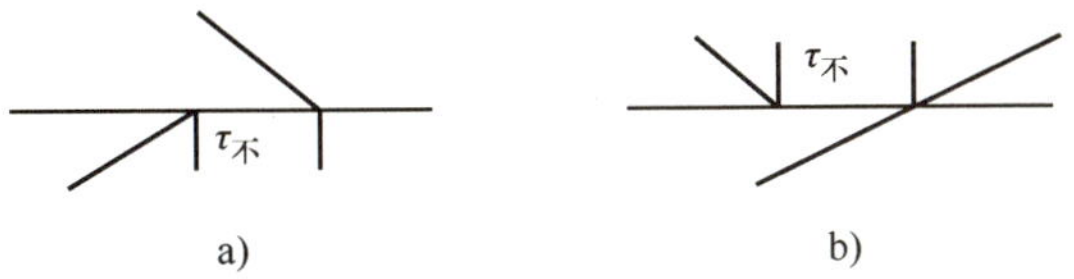

图 8-7　不同时到达间隔时间
a）一列停车、一列通过　b）两列都停车

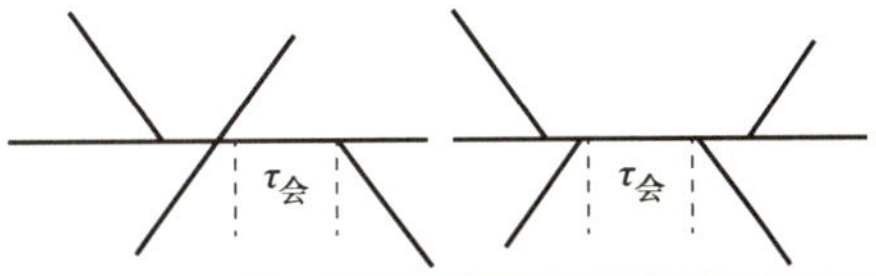

图 8-8　会车间隔时间示意图

会车间隔时间是车站办理各项作业所需要的时间，包括：确认先到列车的到达或通过时间，与来车方向的邻站办理闭塞的时间，准备发车进路及开放出站信号机的时间，发车作业时间等，其计算公式为：$\tau_{会}=t_{作业}$。

6）追踪列车间隔时间。在自动闭塞区段，列车以闭塞分区为间隔运行，称为追踪运行。追踪列车之间的最小间隔时间，称为追踪列车间隔时间。追踪列车间隔时间，决定于同方向列车间隔距离、列车运行速度及信联闭设备类型。

① 三显示自动闭塞区段追踪列车间隔时间。在使用三显示自动闭塞区段，追踪列车间的距离和列车运行速度是列车追踪间隔时间大小的决定因素。列车间的距离应以后行列车不因前行列车未腾空有关分区而降低运行速度，同时，也不能因两列车间距离太远而浪费区间通过能力。在三显示的自动闭塞区段，通常以两列车间隔 3 个闭塞分区为计算追踪列车间隔的依据，即后行列车在绿灯信号下运行。

在自动闭塞区段，列车追踪间隔时间的长短，决定了列车密度和运能的大小。为缩小追踪间隔时间，应在保证安全的基础上，缩短闭塞分区的长度，提高列车的运行速度。

② 四显示自动闭塞区段追踪列车间隔时间。一般称通过色灯信号机能显示诸如红（H）、黄（U）、绿黄（LU）和绿（L）4 种灯光信号的自动闭塞为四显示自动闭塞。在信号四显示自动闭塞区段，通过信号机为三灯四显示，列车之后的第 1 个分区为保护区段，故其后的通过信号机仍显示红色灯光。在黄灯和绿灯信号机之间，增加了一个绿黄灯信号。

四显示自动闭塞一般使用在速度低、运行时间集中的市郊列车，同时又有其他快速列车的繁忙运输干线上，相对于三显示自动闭塞，由于闭塞分区进一步缩短，列车运行速度较高。因而对提高铁路运输能力有很大作用。

③ 准移动自动闭塞追踪列车间隔时间。准移动自动闭塞是预先设定列车的安全追踪间隔距离，根据前方目标状态设定前后列车的安全距离和运行速度，是介于固定闭塞和移动闭塞之间的一种闭塞方式。准移动自动闭塞对前行列车采用固定闭塞的设置方式，对后行列车的定位则采用连续或移动的方式。

④ 移动自动闭塞追踪列车间隔时间。这是目前我国城市轨道交通信号系统普遍采用的模式，移动自动闭塞是在确保行车安全的前提下，以车站控制装置和列车控制装置为中心使追踪列车间的间隔最小的闭塞控制系统。在这一系统中，列车准确定位是关键技术。移动闭塞的追踪目标点是前行列车的尾部，当然会留有一定的安全距离，后行列车从最高速开始制动的计算点是由目标距离、目标速度及列车本身的性能决定的，后行列车的追踪目标点是前行列车的尾部，与前行列车的走行和速度有关，是随时变化的，而制动的起始点是随线路参数和列车本身性能变化的。前后列车之间的空间间隔距离是不固定的，所以称为移动闭塞。其追踪运行间隔要比准移动闭塞更小一些。而对于接近进站的列车，则根据调度命令由车站发出允许该列车进站及进入股道等信号。采用移动自动闭塞系统可以有效地压缩追踪列车间隔时间，提高区间通过能力。移动闭塞一般采用无线通信和无线定位技术来实现。

综上所述，列车追踪时间的最小值是由所采用的信号系统、车辆性能、折返能力、运行时间、停站时间、投入运行的列车数等多种条件决定的。在城市轨道交通系统的运营高峰时，线路上个别车站的客流量大，上、下车时间较长。在固定设备和运营模式固定的条件下，应尽可能压缩停站时间，提高输送能力，同时，最小追踪间隔时间应留有一定的余量，当列车运行偏离运行图时，便于行调采取必要的调整措施，使整个系统的列车运行秩序尽快恢复正常。

7）营运时间。营运时间是指城市轨道交通运营线路运送乘客的时间。它一般和该城市的工作时间及生活习惯有关。一般说来，各国城市轨道交通系统均有一定的夜间时间（2~6h 不等）进行设备、设施的维修和维护。

8）停送电时间。停送电时间指每天营运开始前送电和运营结束后停电所需操作和确认时间。

（2）数量要素

1）全日分时段客流分布。按客流的时间分布进行预测、调查分析，确定高峰、低谷时段客流量，从而对列车编组数或列车运行列数等相关因素进行合理安排，并作为开行不同形式列车的主要依据，如区间列车、连发列车等。全日分时段客流的分布主要取决于轨道交通的运能、车站所处的交通位置及周围客流的交通需求。

2）列车满载率。列车满载率是指列车实际载客量与列车定员数之比，编制列车运行图时，既要保证一定的列车满载率，使运输能力得到充分利用；又要留有一定余地，以应付某些不可测因素带来的客流量波动，同时也要考虑乘客的舒适水平。

3）出入库能力。单位时间内通过出入库线进入正线运营的最大列车数，称为出入库能力。

由于车辆基地与接入车站之间的出入库线有限，加之出入库列车进入正线受正线通过能力的影响。因此，出入库能力的大小是编制列车运行图的一个重要因素。

4）列车最大载客量。列车最大载客量即一个编制列车按车厢定员计算允许装载的最大乘客数，分为定员载客量和超载客量。列车最大载客量主要与采用的车辆类型及编组辆数有关。

（3）其他相关要素

1）与城市其他交通方式的衔接。城市轨道交通应与其他交通方式实现有效的衔接配合，包括大交通方面的铁路车站、港口、机场、公路交通枢纽，城市交通方式的公交系统、自行车交通、其他交通（如私家车）等，使乘客换乘尽可能的方便和快捷。

2）与城市其他公共设施的衔接。城市中有大量客流聚集的公共设施，如大型体育场、娱乐、商业中心、大型工矿企业等，这些场所经常会有短时间的大量的突发客流，对城市轨道交通的正常运营带来一定的考验，造成一时的运力和人力的紧张。

3）列车试车作业。检修完毕的车辆，应首先在车辆检修基地的试验线上进行试验，各项指标合格后才能投入运营，有时候，某些项目的测试需要在正线上完成，此时，需要在运行图上做出适当的安排。

4）列车检修作业。经过一定时间的运营后，车辆需要进行定期的维修和维护，因此需要合理安排列车运行时间和检修时间，保证每列车都有日常的维护时间，又能使各列车的走行公里接近，达到各列车均衡使用。

5）列车司机作息时间安排。列车司机的作息时间与列车交路、交接班地点、途中用餐、工时考核等因素有关，应均衡安排好列车司机的休班和工作时间。

6）车站的存车能力。城市轨道交通系统中大部分车站不设配线，没有存车能力，只有在区间个别车站或终点站设有停车线，可以存放一定数量的车底，可作日常维护用或作为备车，夜间作为停车线，以减少列车的空驶，均衡早晨的发车秩序。

7）投运电动列车数目。电动列车是城轨运营的主要行车设备，唯一的载客工具。增加投运电动列车数目是提高运营能力的主要措施。但绝非是投运的电动列车数目越多越好。作为运营企业，首先要考虑运营成本，要做到运能和运量之间很好的配合，经济合理的安排电动列车的数量。

5. 列车运行图的有关符号

列车运行实际图是记录列车运行实际情况的图表，它采用不同的线条和符号表示列车运行的有关信息，国内城市轨道交通一般采用如下的表示方法。

1）列车运行图上的列车运行线符号，见表 8-1。

表 8-1　列车运行图上的列车运行线符号

列车种类	符号	说明
客运列车		红色实线
临时加开列车		红色虚线
专运列车		红色实线加箭头
排空列车	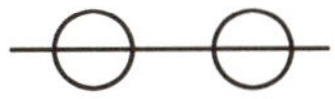	红色实线加圆圈
救援列车		红色实线加叉
调试列车		蓝色实线
施工列车		黑色实线

2）列车运行图上的有关表示符号，见表 8-2。

表 8-2　列车运行图上的有关表示符号

序号	列车运行图上的表示符号	表示意义
1	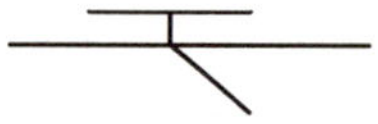	列车始发
2	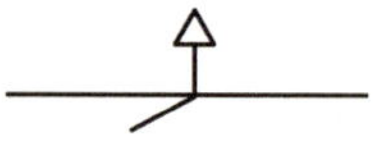	列车终到
3		列车由邻线转来
4	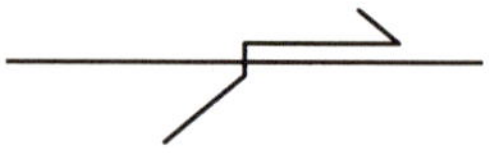	列车开往邻线
5	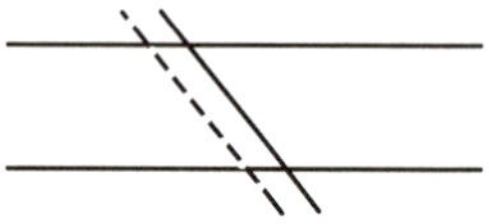	列车合并运行时，在红色实线下方加红色虚线
6	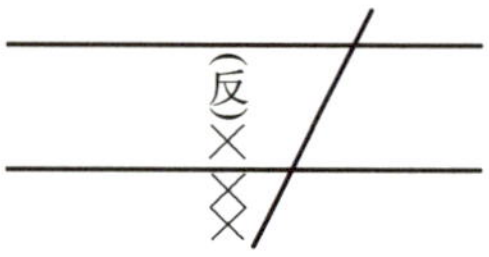	列车反方向运行时，在反方向运行区间的运行线上填写车次及“反”字
7	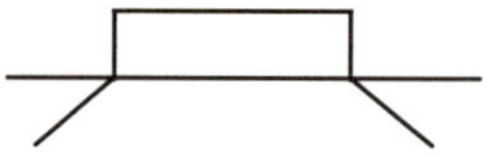	列车折返
8	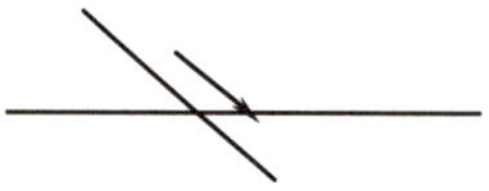	列车不停站通过，在列车运行线上方加带箭头的红色短实线
9	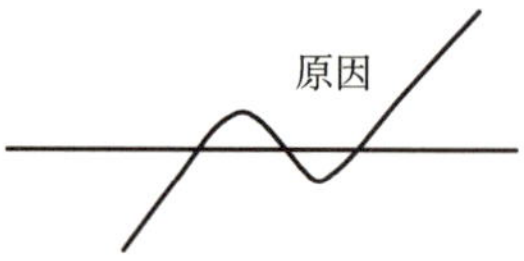	列车停站超时，图解实际站停时间，并注明原因
10	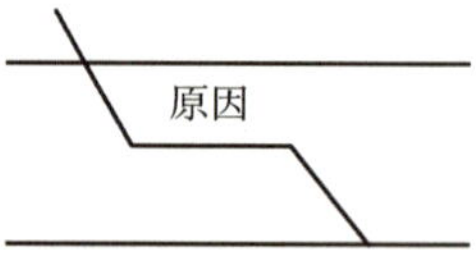	列车在区间停车，图解停车时间，并注明原因

注：列车早点红笔画圈，圈内注明早点时分。列车晚点蓝笔画圈，圈内注明晚点时分，晚点原因应简略注明。有关施工、封锁线路、设备故障、控制权下放等要在运行图中注明事项和原因。

扩展阅读

心怀路网畅通　担当高效指挥

陈文，中共党员，高级工程师，现任北京地铁公司调度指挥中心主任，从事轨道交通调度指挥工作30余年，曾获北京地铁国庆70周年服务保障工作记功个人、北京市劳动模范、2020年感动交通年度人物、北京市优秀共产党员等称号。

1. 主动作为——打造轨道路网“最强大脑”

1）积极搭建网络化应急抢险抢修体系平台，实现了突发事件的快速报告和路网资源的精准高效调动，提升突发事件处置水平和故障修复效率。他以缩短抢修人员到达现场时间、提高抢修效率为目标，组织人员深入一线调研，优化网络化故障抢修布点方案，研发网络化故障抢修资源信息调度管理平台，实现了网络化布点物资和值守人员的在线调度，确保了抢修人员到现场的时间为市区5min，远郊区10min，强化了区域联动快速处置效率，有效削弱“小问题、大影响”。

2）持续完善公司三级应急预案体系建设，结合30多年的调度指挥经验，陈文带领部门和相关人员，修编公司突发事件综合应急预案、补充完善专项预案类别及内容，完成行车组织和客运组织、活动保障、舆情、消防安全、公共卫生等11类66项专项预案的增补及修订工作；同时，为切实提升年轻职工现场处置突发事件的能力，他以“具体、简单、针对性强”为原则，修编车站“一站一方案”、车辆设备设施“一故障一方案”的现场处置预案共计308项。

3）积极开展“情景构建+”创新形式的应急演练，强化应急演练实兵实战效果。陈文利用历史素材和实景拍摄重构，以情景再现的方式集中展现多个突发事件场景和对运营的影响，形成防汛、公共安全、消防等题材的20余部视频。同时把情景构建引入“应急指挥官”培训班，以4大类多见频发故障的桌面推演形式，开展多领域多专业无脚本“双盲”综合应急演练，通过视频演绎牵引事态发展，确保了演练“以练促训、以练备战”的实效，达到检验预案、锻炼队伍、磨合机制、完善准备的目的。

2. 高效指挥——重大活动保障“零”误差

高效指挥，不负使命。国庆70周年活动运输以确保专列开行为原则，他制定车辆设备故障应急预案、专运列车运行保障预案、普通列车和专运列车转换预案。特别是为确保专运列车与重点人群的对接，陈文以最后进站人员为控制点，倒推确定列车到站时间和最后一次专列运行时间；同时针对重点人群进站延迟情况，及时增开5列收尾专列，延长部分专列站停时间，做到了精细调控，确保了衔接到位。

为实现党的二十大期间“保安全、保健康、保畅通、保服务”，陈文以“时时放心不下”的责任感和“事事落实到位”的执行力，从强化检修维护、隐患治理、运营准备、应急值守、应急响应、信息报送等各个工作方面，制定下发《关于加强战时保障期间相关工作安排的通知》，发挥了全时段响应、全过程调度、全环节处置的作用，保证了值守工作质效，进一步提升了作战能力。

陈文一直坚持“走出去、引进来、学得到”，不断吸取同行经验，创新行车组织方式，灵活运用大小交路套跑、放空上人、大站快车、越行快车等多种方式，使北京地铁调度指挥工作走在了世界前列，列车准点率在CoMET指标排名中连续多年名列前茅。

这就是地铁人的使命和担当。他们面对着每日大客流的平安出行，用行动诠释了新时代调度队伍“胸怀路网畅通，担当高效指挥”的铮铮誓言。

项目实施

一、ATS控制下列车运行采用ATO自动驾驶模式行车组织办法

1. 基本模式

1）进路控制模式：由ATS控制，方式为控制中心自动控制。

2）列车运行模式：采用ATO自动驾驶模式行车（简称ATO模式）。

3）列车运行控制：采用时刻表控制行车作业。

2. 行车作业

（1）出/入段/场作业　列车驶入转换轨后，司机将驾驶模式转换为“ATO驾驶模式”，建立ATO模式，与行调进行通信测试，同时核对计划的DID号；列车在回段/场，已驶离转换轨（转换轨上无列车占用）时，行调核对行车计划确认为回段/场列车，在调度终端中删除该列车的车次窗。

（2）控制中心作业　行调于每日首班列车在段/场转换轨发车30min前，将当日的时刻表由ATS调出，确认信号控制权在中心，并进行道岔的测试；行调通过调度终端或大屏幕，监控列车的运行情况。

（3）车站作业　车站督导员通过SCC监察列车的运行情况，发现问题立即报告行调；接发车作业站台站务员在距紧急停车按钮（发车方向第1个）2~3m附近的黄色安全线处接发列车，观察路轨及接触网情况。

二、ATS控制下列车运行采用ATP监督下的人工驾驶模式行车组织办法

1. 基本模式

1）进路控制模式：由列车ATS控制，方式为控制中心自动控制。

2）列车运行模式：采用ATP监督下的人工驾驶模式行车（简称ATP模式）。

3）列车运行控制：采用时刻表控制行车作业。

2. 出段/场作业

1）按运行图规定或行调的调度命令，采用ATP监督下的人工驾驶模式出段/场，当列车驶入转换轨后，司机确认驾驶模式为“ATP驾驶模式”，与行调进行通信测试，收到DID后，核对DID与计划相符。

2）列车在回段/场，已驶离转换轨（转换轨上无列车占用）时，行调核对行车计划确认为回段/场列车，在调度终端中删除该列车的车次窗。

3. 车站作业

1）遵照 ATO 下正常作业程序执行。

2）车站督导员应密切监视车站 SCC，发现异常情况立即报告行调。

4. 控制中心作业

1）遵照 ATO 下正常作业程序执行。

2）列车按照运行图进行驾驶模式的转换后，与司机核对车次及 DID。

三、列车运行图的编制

全日行车计划

1. 列车运行图的编制原则

1）在保证安全的前提下，提高列车的运行速度，缩短列车的运行时间。

2）尽量方便乘客。

3）充分利用线路的能力和车辆的能力。

4）在保证运量需求的条件下，运营车数最少。

2. 列车运行图的编制步骤

城市轨道交通列车包括载客列车、空驶车、工程车、试验列车等。其中载客列车是指参加正常营业运输，乘客在车站上下车的列车，数量最多，行车密度较高；空驶列车是指停运或清客后，乘客全部下车，列车驶往车辆段或固定停车地点的列车，通常在营运开始或结束的时候，或行车密度发生变化的时候；工程车是指进行线路施工或抢修的列车，一般在营运后或进行抢修施工的时候开行；试验列车是指新车或车辆检修完毕，在投入运营前需要利用非营运时段或低谷时段进行必要的测试，通常载有必要的设备和相关技术人员。

在新线开通或线路的客流量、行车组织方法、相关技术设备发生重大变化时，需要编制新列车运行图。基本步骤为：准备资料阶段、编制阶段、计算指标及实施前的准备阶段。

具体步骤为：

1）按编制要求和编制目标提出编图的注意事项。

2）收集编图资料，对有关数据进行现场调研、测试和分析整理。

3）修改运行图需要分析现行运行图的优点和缺点，完成情况和存在的问题，提出改进意见，新编制运行图需确定相关数据。

4）根据线路客流量大小及变化情况，确定全日行车计划。

5）计算所需用客车的数量。

6）确定列车交路，铺画列车方案图。

7）征求调度部门、客运部门、车辆部门的意见，对列车方案图进行必要的调整。

8）根据列车方案图，铺画列车运行图详图，计算有关指标，编制列车时刻表。

9）对编制的列车运行图详图进行全面检查，并与有关部门沟通。

10）将编制好的列车运行图、列车时刻表和编制说明交由上级部门审批，批复后，下达给各相关部门，进行实施前的学习和准备工作。

3. 列车运行图的检查和指标计算

列车运行图编完后，必须对运行图的编制是否符合有关规定，是否满足安全运行条件等方面进行仔细的检查。检查的主要内容有：

1）上、下行各区段始发载客列车在始发站的开车时间是否符合营运时间的规定。

2）列车运行线的铺画是否符合规定的各项时间标准。

3）列车运行图上铺画的列车数和折返列车数是否符合要求。

4）各时段列车运行间隔是否符合高峰、一般及低谷客流时段的运能需要。

5）列车乘务员的工作和休息时间是否符合有关规定。

6）换乘站的列车到发密度是否均衡。

在检查并确认列车运行图完全符合相关的规定后，就可以计算列车运行图的有关指标。

1）总开行列车数。凡列车在运营线路上开行一个单程，无论是全程行驶还是短交路折返，都统计为开行列车数。

总开行列车数=载客列车数+空驶列车数

2）技术速度。技术速度是指列车在线路上的运行速度，运行距离为列车单程运行所走行的路程，时间为列车在区间的运行时分，包括区间纯运行时分、起停车附加时分、慢行时分，但不包括列车在车站的停站时间及在线路两端的折返时间。

$$v_{技}=\frac{L}{t_{运}-t_{站}}$$

式中　$v_{技}$——列车运行技术速度（km/h）；

L——运营线路长度（km）；

$t_{运}$——列车单程运行时间（h）；

$t_{站}$——列车停站时间（h）。

3）运行速度。运行速度可以用列车在营业时间内走行公里和所消耗的时间（包括运行时间、起停车附加时分、和停站时间）来计算。

$$v_{旅}=\frac{\sum nL}{\sum nt}$$

式中　$v_{旅}$——列车运行速度（km/h）；

$\sum nL$——在营业时间内完成的公里数（km）；

$\sum nt$——完成走行公里所消耗的时间（h）。

4）输送能力。

输送能力=乘客列车开行列数×列车定员

5）高峰小时运用列车数。按照早高峰和晚高峰分别计算。

6）全日车辆总走行公里。全日车辆总走行公里为轨道运输车辆为运送乘客在运营线路上走行的公里数，包括图定的列车空驶里程，由于某种原因列车在中途清客或列车在少数车站通过后仍继续载客的空驶里程。计算公式为：

全日车辆总走行公里=Σ(旅客列车数×编成辆数×列车运行距离)

7）车辆日均走行公里（简称日车公里）。指每一运用车辆每天走行的公里数。

$$日车公里=\frac{全日车辆总走行公里}{全日车辆运用数}$$

8）车辆全周转时间。指车辆完成一次周转消耗的时间。

$$车辆全周转时间=\frac{全日营业时间\times运用车组数}{全日车辆运用数}$$

9）车辆周转时间。车辆在营业线路上完成一次周转（不含回库检修时间）所消耗的时间。

10）满载率。表示车辆客位的利用程度，用客运周转量和客位里程来计算。

$$满载率=\frac{客运周转量}{客位里程}\times100\%$$

4. 新图施行前的准备

新的列车运行图在编制完成后，为了进一步评价新运行图的编制质量，除了计算相关指标，还要与现行的运行图进行比较，分析各项指标提高或降低的原因。列车运行图经过审批，在实施前还需做好以下工作：

1）确定实行新图的日期，发布实行新图的命令。

2）印刷并分发列车时刻表。

3）组织有关员工认真学习新运行图，制定保证实现新运行图的措施，并按时做好实行新运行图前的各项准备工作。

4）根据新列车运行图的规定，组织各站修订有关作业流程。

5）及时做好车辆和乘务人员的调整工作。

5. 编制列车时刻表

在铺画好列车运行图以后，应着手编制列车时刻表。列车时刻表是列车运行的另一种表示方法，它具体表示的是列车在上下行区间运行时间及在各站的停站时间标准。由于城市轨道交通系统的列车开行密度较高，对外公布的时刻表包括主要的开行时段，开行密度，以及首、末班列车时刻表。列车时刻表按照使用范围不同可以分为内部使用和对外公布两种。

四、列车运行调整

1. 列车运行调整原则

1）坚持按图行车，提高列车正点率的原则。

2）单一指挥的原则。

3）下级调度服从上级调度指挥的原则。

4）安全生产的原则。

5）按列车运行状态及等级进行调整的原则。

2. 正常情况下的列车运行监控

（1）调度集中控制条件下的列车运行组织　调度集中控制条件下的列车运行组织是在调度所行调的指挥下，利用集中设备，对车站上列车的到、发、通过、折返等作业进行远程控制和调整，行调是唯一的行车指挥者和操作者，车站一般不参与行车指挥工作，只是对有关作业进行监督。

调度集中控制设备必须具备以下功能：

1）车站采用电气集中联锁或微机联锁，能够对车站的设备（如道岔、进路）进行远程控制，车站设备要保证列车的安全运行。

2）行调能够通过调度监督设备（微机显示器或显示屏）监护列车在线路上的运行状态，所有的信号显示，道岔位置及进路的布置。

3）行调能够远程控制车站的道岔转换、进路排列、信号开放、指挥和调整列车的运行。

4）设有自动或人工绘制列车运行图的设备。

（2）调度监督下的自动运行控制　这是目前城市轨道交通采用的主要列车运行方式。它是利用计算机技术对列车实行自动指挥和自动运行监护，并利用ATP保护列车运行安全。在正常情况下，系统能够根据列车运行图自动排列车站的接发车进路，列车按照自动运行（ATO）系统模式自动运行。调度监督下的自动运行控制应能实现以下功能：

1）计算机系统内存储多套列车运行图，根据实际使用的运行图实现列车自动运行。

2）对运行的列车实时跟踪监控，对线路占用、道岔位置、信号显示、进路布置能够通过终端系统显示其状态。

3）能够实现集中控制系统和车站控制系统控制权的转换。

4）能够自动或人工对列车运行做出必要的调整，包括车站进路排列、道岔转换、信号开放等。

5）列车运行一般采用ATO系统模式，必要时转换人工控制，列车占用区间的凭证为列车收到的速度码。

6）ATP为列车运行安全提供保证，使前后列车保持必要的间隔。

7）能够自动或人工绘制列车实际运行图。

（3）调度监督下的半自动控制　调度监督下的半自动控制是在调度所的统一指挥和监督下，由车站控制列车进路的排列、信号开放等作业的一种运行模式。这种模式在早期运营的城轨中采用，并一直沿用到现在。在新修建的城轨中，信号系统尚未安装调试到位，过渡期运营时也可采用此模式，在正式运营中，当中央ATS发生故障，或者特殊情况进行运行调整时，也可采用此模式。

调度监督下的半自动控制应实现以下功能：

1）车站采用电气集中联锁或微机联锁，能实现进路排列、道岔转换、信号开放等功能。

2）能够实现线路状况、进路占用情况、道岔位置、信号等状态的实时监控，对列车的运行进行监护。

3）能够对列车运行的数据进行记录，便于调阅。

4）车站能够根据行调的指令调整列车运行。

5）人工或微机绘制实际列车运行图。

3. 非正常情况下的列车运行调整方法

正常情况下列车能够按照列车运行图规定的时刻运行，实现按图行车。对于较小的行车延误，系统可自动进行调整干预，努力实现列车正点运行。

列车的正点运行，应首先保证列车的正点始发，当出现列车途中运缓、作业延误或设备故障造成列车运行晚点时，特别是在某些特殊情况下，如重要政治活动、重大体育赛事、文化演出或线路出现突发紧急事件时，行调应根据晚点的实际情况，按照上级指示及时、准确地做出调整，以满足实际运营需要。

以下是一些常用的列车运行调整方法：

1）始发站提前或推迟出发列车。

2）根据列车的技术状态、线路允许速度，改变列车等级，组织列车提高速度，恢复正点运行。

3）组织列车在车站快速作业，缩短停站时间。

4）组织列车载客通过，又称为列车跳停。一般情况下不采取此措施。只有当某一列车因故晚点，后行列车大量拥堵，且在短时间内无法恢复，造成运行秩序紊乱，系统无法及时调整时，行调可以适当地使该列车不停车（放站）通过某些车站，以缩短运行时间，减少对后续列车的影响，恢复列车的正常运营秩序。

行调应掌握跳停的使用，下列情况原则上不允许使用跳停：

① 客流量较大的车站。

② 该列车为首、末班车。

③ 连续两列车跳停同一车站。

④ 列车运行的高峰时段慎用。

⑤ 广播出现故障的列车。

在实际使用跳停时，应在始发站乘客上车前做出安排，途中需要安排时，应提前两站通过广播或其他方式通知乘客。

列车跳停的设置可由行调在中央工作站完成，也可以由调度员命令司机在当次列车上完成。列车跳停仅对 ATO 运行列车设置有效。

5）加开备车。当出现列车晚点、客流异常、列车故障、开行专列等情况时，可以使用加开备车的调整方法。备车可通过自备车停车线或车库进入正线投入运营，从而提高运能，解决运输瓶颈。该方法已经成为一种常用的调整方法，可以有效地解决短时运力紧张的局面。

6）列车清客。列车清客是指在列车运行过程中，出现某些异常情况（如列车故障、线路故障、自然灾害、火灾、爆炸等），无法保证列车运行安全、无法正常行驶，或因列车调整的要求，列车改变正常的行车路线时，需要进行清客作业。

当列车调度员做出清客决定后，应及时通知司机、车站做好准备，司机、车站负责做好乘客的解释工作，司机关闭车厢照明，车站协助司机做好清客工作，清客完毕后，由车站通知司机关闭车门，司机请示行调后启动列车。

遇乘客不配合清客作业时的处理：

清客 2min 后，若车上有乘客未下车，车站应通知司机车内乘客情况，司机应与行调联系，确定开车还是再次清客。

若客车上的乘客未清完，则在列车退出运营的最后一个车站再次清客，并及时通车车站工作人员给予配合。若乘客在客车退出运营的最后车站仍然不下车，行调指示列车回库后。通知车库的工作人员及公安解决善后问题。

7）列车反方向运行。一般情况下，城市轨道交通线路均为双线设置，上下行列车各自运行，互不影响。列车反方向运行主要适用于特殊情况下的列车运行调整以及救援列车的开行。通常列车反方向运行都没有 ATP 保护，因此只有在满足一些必要条件后，行调才可以考虑使用这一调整措施。

列车反方向运行的办理方式有两种：人工 ATP 驾驶方式和切除 ATP 人工驾驶方式。

① 人工 ATP 驾驶方式。只有当列车反方向运行区段设有 ATP 速度码时，才可以采取此方式。此时，列车反方向运行按人工 ATP 方式办理，行车凭证为列车收到的速度码，依据行调下达的准许列车反方向运行的调度命令办理，区间运行按列车收到的速度码执行。

② 切除 ATP 人工驾驶方式。当列车反方向运行区段没有速度码时采用此方式。行调下达准许列车反方向运行的调度命令，按站间电话闭塞法办理行车，列车发车间隔需满足站间区间空闲的要求，列车运行速度按行调指令或按规定速度运行，行调下达反向切除 ATP 运行的调度命令时，应封锁与反向运行区段末端相邻的一个站间区间，严禁对向列车进入该封锁区间，确保行车安全，同时行调应跟踪调度指挥，保证反方向列车的运行安全。

8）隧道内线路积水时的行车。巡道、巡检人员、司机及其他行车有关人员发现隧道线路积水时，应立即报行调，行调要及时通知相关维修部门进行抢险，并根据需要下达抢险命令。

积水区间的列车运行速度按行调下达的命令规定执行，列车运行以 ATP 方式进行，越过积水区间，到前方站后恢复 ATO 方式运行。

由于天气或设备的影响，造成地下隧道内发生积水情况时。为了保证列车运行安全和运行秩序，应根据积水面距轨面高度的不同，设定列车的不同行驶速度。当积水面距钢轨轨面的距离越小时，表明积水越深，对行车和列车车辆的影响也越大。因为此时列车司机无法判断线路状况是否符合行车安全的要求与条件；列车通过该段线路时，水是否会进入列车下部设备，特别是电机、电器设备等，造成电器短路，损坏列车。

行调在指挥行车的同时，应按有关程序上报，尽快查明隧道线路积水原因，通知有关人员按照相应的预案，采取抢险措施排除积水。抢险人员随列车进出积水区间，应配备通信工具并做好自我及邻线防护。地下线路或地面、高架线路夜间抢险时，行调须令相关车站的行车值班员启动积水区间的照明。

9）地面车站或区间遇大雾、暴雨、大风等恶劣天气时的行车组织。

① 地面车站或高架线路遇大雾时。列车按原来的 ATO 方式运行；列车进站时，司机要加强瞭望，鸣笛示警，遇有险情时，立即采取停车措施；车站要加强组织，执行恶劣天气下的组织预案，特别要强调站台组织，注意乘客的乘车安全，避免出现人员伤亡。

② 地面车站或高架线路遇台风、暴雨时。列车继续以 ATO 方式运行，列车进站时，司机要加强瞭望，鸣笛示警；车站要执行恶劣天气下的组织预案，强化站台乘客组织，注意利用广播提示乘客客车的运行信息，注意人身安全，遇有险情时，及时采取停车措施。

当发生十级（含十级）以上台风时，列车要采取停运措施，并进入到安全的车站待命，尽可能使列车利用折返线转入地下运行，执行小交路运行。同时车站要及时利用广播、站台车厢内电视等形式告之乘客列车运行的有关信息。

10）大客流情况下的运行组织。随着我国城市化进程的加快，城市人口急剧增加，经常出现在某一时段、某一地区大客流突发的情况，此时需要采取一些及时的措施疏散客流，防止出现意外事件。

① 当某一车站出现大客流时，客运调度员要通过各种渠道及时发布相关信息，通知全线各站，并告知乘车的乘客，并请轨道公安部门配合，组织好车站客流的疏散和安置工作。

② 如站内客流超过安全容许的程度，要及时采取封站措施，禁止乘客进入，做好站外到站厅客流截流工作，以减轻站台的压力，并处理好乘客的情绪；同时，请求其他运输方式的配合，共同输送乘客。

③ 如遇大客流发生在轨道换乘站，相邻线路的行调要互通信息，加强配合，尽可能通过其他车站换乘乘客，当换乘站客流持续增长要及时通知相邻换乘站启动换乘站客流组织应急预案。

当换乘站客流超出容许限度时，要采取限制换乘人数、临时关闭换乘通道、临时停售车票等措施，并请轨道公安部门配合好乘客的组织工作，同时通过广播等媒体及时向乘客通报有关信息，稳定乘客的情绪，避免出现乘客拥挤、摔倒等现象，确保安全。

当大客流得到有效疏散，客流恢复到正常水平时，车站应及时向行调汇报，取消应急预案，打开封锁的换乘通道，恢复正常运营行车。

拓展与提高

行车调度工作分析与列车交路计划

1. 行车调度工作分析

行车调度工作分析是通过对运输工作进行综合分析。肯定成绩、总结和推广先进经验，及时发现日常运输生产中出现的问题，找出行车秩序不正常的原因，寻找规律性的因素，针对存在的问题提出各种解决措施，以便完善工作，为运行图的修改和上级领导的决策提供依据。

调度工作分析不仅要对日常运输工作进行事后分析，而且要走在运输工作的前面，充分发挥参谋部的作用。这就是说，通过分析研究，预见到运输工作发展的趋势和可能出现的问题，并拟定相应的措施，最大限度地化不利因素为有利因素，因势利导，顺利完成乘客运输任务。

调度工作分析必须及时、准确。只有准确的分析，才能客观地反映运输工作的实际情况，恰当地评价工作中的优缺点，以便针对存在的问题，制定可行的解决措施。另外，运输工作具有多变性，这就要求调度工作分析必须及时，以便拟定并采取措施。如果分析不及时，等到分析完问题，提出解决措施，实际情况已经发生了变化，提出的措施没有了针对性，自然就没有作用了。

调度工作分析可以分为日常分析、定期分析和专题分析。

（1）日常分析　是指每日工作结束后，对本班次运输生产情况进行分析，总结优点，发现缺点，对存在的问题应查明情况及原因，及时采取相应的措施。

（2）定期分析　是在日常分析的基础上，根据一段时间（旬、月、年等）内运输生产各项指标完成的情况进行分析，并提出改进日常运输组织工作的意见。

（3）专题分析　是指运输生产的某一方面或某一项指标有比较突出的变化或问题，严重影响到运输生产。此时，有关人员要深入调查研究，收集整理资料，找出问题，及时上报，并提出切实可行地解决措施，以保证运输生产的正常进行。

（1）行车调度工作考核指标

1）列车运行图的兑现率体现了基本运行图的完成情况。

$$兑现率=\frac{实际开行列车数}{计划开行列车数}\times 100\%$$

式中，计划开行列车数是当日运行图计划开行列车总数（含空车）；实际开行列车数是当日实际开行的计划列车数（不包含加开列车）。

2）正点率是指一定时期内正点运行的列车与总开行列车数之比。

$$正点率=\frac{正点运行列车数}{总开行列车数}\times 100\%$$

式中，总开行列车数是实际开行列车数与加开列车数之和。

列车正点率包括列车始发正点率和列车到达正点率，列车正点统计的规定如下：

① 凡按列车运行图规定的车次、时间正点始发、正点运行的列车统计为正点列车数，早点或晚点不超过 2min 的按正点列车统计；临时加开的列车按正点统计。

② 由于客流的变化，行调采取临时措施，抽调或加开部分列车时，调整后的运行时间，一律按正点统计。

③ 列车运行时刻的确定。

到达时刻：以列车在站台规定位置停稳，不再移动为准。

出发时刻：以列车在车站（或存车场、车库）启动时刻为准。

通过时刻：以列车前部机车通过车站规定位置为准。

3）平均满载率是指在单位时间内，车辆载客能力的平均利用效率。

$$平均满载率=\frac{日均客运量\times 平均运距}{输送能力\times 线路长度}\times 100\%$$

4）清客统计：当运营列车发生清客时，需要在车站或区间将车上的乘客清除至站台，该列车按清客统计。

5）载客通过（放站）：由于运输的需要，载客列车在运行过程中在某一站或某些站不停车通过，该列车放站统计。

6）责任事故率：责任事故率是指在单位距离内，发生责任事故的比率，计算公式为：

$$责任事故率=\frac{责任事故次数}{列车行驶公里}$$

（2）列车运行图分析

列车运行图是轨道运输组织的基础。列车实际运行图是各部门工作协同动作情况的综合体现，反映处于运输有关部门的工作质量，按图行车是运输生产的基本要求，是保持运输良好秩序的基本条件，因此，应对列车按运行图行车的情况进行分析。

对列车运行图进行分析的目的是查明未按列车运行图行车的原因，分清楚各部门的责任，以便采取相应的改进措施，保证运输生产的顺利进行。

1）日运行图分析通常是由当班的行调完成，主要分析列车运行计划完成情况、车辆运用情况、电力运用情况、施工进度完成情况、列车运行正点率情况等。

2）旬运行图分析是指由控制中心分析调度员完成，是在日常分析的基础上，对列车运用、运行正点率、走行公里数、列车开行兑现情况、客流量变化情况等进行分析。

3）月运行图分析是在列控中心主任的主持下，对每月列车运行总的情况进行分析，主要包括列车运用、运行正点率、运营公里、空驶公里、列车调整措施的运用、列车运行速度、行车安全情况等。

4）专题分析是对列车运行中某些突出的问题进行专门分析，主要是对一段时间内列车运行出现的共性问题如列车晚点、行车安全、人身伤亡、行车设备故障、客流异常等进行调研分析，查找原因，提出解决措施，使运行秩序恢复正常。

2. 列车交路计划

我国城市轨道交通列车运行方案基本采取的是单一交路运行、站站停车的运行方式。这种运行方式可以满足每个车站乘客坐车的需要，缺点是单次运行时间较长，不能很好地满足长线乘客的需要。随着轨道交通线路的延长、城轨交通网络的发展和其他运输方式的衔接等新情况的出现，迫切需要对原有的列车开行方案进行改进，以满足长线乘客和短线乘客的需要、区段客流大小不同的需要、峰谷客流和峰底客流的需要、上下行客流相差悬殊的需要和不同运输方式衔接运行的需要。

面对不同的客流和设备条件，轨道交通应采用灵活的列车开行方案，实现运输能力和客流大小、乘客乘车距离差异、车辆设备之间协调配合，以使经济效益和社会效益最优化。

（1）列车交路的种类

在列车开行计划中，列车交路规定了每一列车运行的区段、折返的车站和按不同运行方式开行的列车对数。当线路各区段的客流量差别较大时，通过列车交路的科学设计，在满足乘客需要的前提下，提高车辆的使用效率，使运能和需求很好地结合。

目前城市轨道交通运输使用的交路包括长交路、短交路和长短交路。长交路是指列车在两个终点站之间往返运行；短交路是指列车在指定的中间站折返，运行较短的距离；长短交路是指列车结合了长、短交路两种情况，既可以在终点站折返，也可以在中间站折返，运行较为灵活。

图 8-9 所示为长交路的图解形式，在这种运用方式中，列车运行组织方法较为简单，列车只是简单的在两个终点站之间折返运行，对中间站的设备要求不高，但是在各区段客流量不同时，容易造成部分运能的浪费。

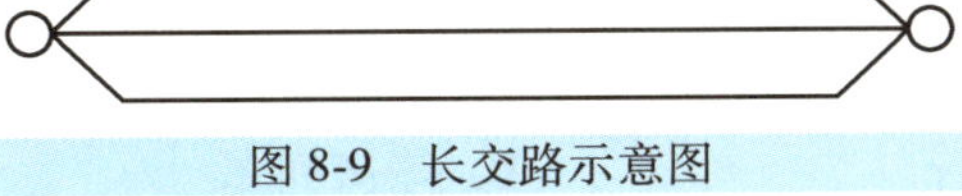

图 8-9　长交路示意图

图 8-10 所示为短交路的图解形式，短交路运行距离短，能适应不同区段客流的需要，运营较为经济，但对中间站的要求较高，不仅需要折返线路，还要具备方便的换乘条件，投资较大，且长线旅客出行不方便，因此在城市轨道运输中较少采用。

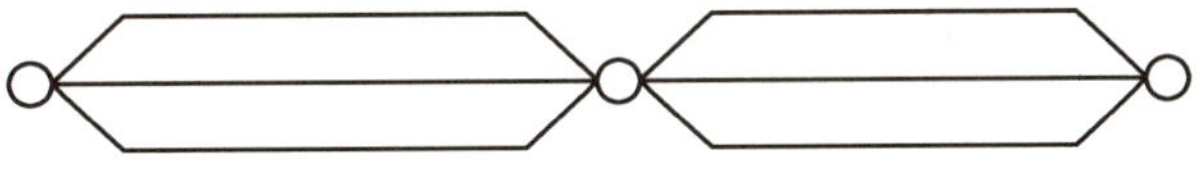

图 8-10　短交路示意图

长短交路是采用长交路和短交路混跑的方案，兼顾了不同乘客的需要，在各区段客流量差别不大的情况下，以长交路为主，短交路为辅，组织列车在线路上以不同的密度运行，当低谷客流在空间上分布相差悬殊时，可以在此时间段内采用短交路运行，组织列车在中间站折返，既顺利完成了乘客运输任务，又不影响线路通过能力，还取得了很好的经济效益。

（2）列车交路计划的确定

列车交路计划的最终确定应建立在对线路各区段客流量统计分析的基础上，结合线路通过能力和客流量的大小，进行可行性研究后加以确定。

区段客流的大小是列车交路确定地最主要的因素，也就是在客流调查分析的基础上，根据客流在空间、时间上分布的规律加以研究，确定列车开行方案，勾画列车交路。另外，城市轨道交通线路在设置的时候，根据车站位置的不同、客流量的大小，只有少量车站设置了能够进行调车作业的线路，能够满足列车折返作业的需要，列车交路的实现只能在两个设有调车或折返线路的车站之间进行，列车交路还需要考虑是否会影响行车组织的其他环节，如行车间隔、车站后续列车的接车等。最后，客流组织的方式也是确定列车交路的重要因素之一，由于列车交路计划的调整可能导致列车运行终到站的变化，相关车站的乘客乘降作业、列车清客、转线和客运服务作业组织都会出现相应的变化，这些都对车站作业组织提出了较高的要求，如果客运组织水平无法满足，就会对列车的运行产生不利的影响，因此，客运组织也是确定列车交路时需要考虑的因素。

复习思考题

一、填空题

1. 行车组织工作必须贯彻________________的方针，坚持________，________的原则，发扬协作精神。

2. 城市轨道交通列车运行图的组成要素是编制列车运行图的基础，分为3类：________、________、________。

3. 调度命令有________、________两种。

4. 调度工作分析可以分为________、________、________。

5. ________、________、________是目前城市轨道运输使用的交路形式。

二、选择题

1. 在下列（　　）情况下，行调应发布调度命令。

A. 列车反方向运行　　B. 列车清客

C. 组织列车反方向运行　　D. 停运列车

2. 按列车之间运行速度差异分，列车运行图分为（　　）。

A. 平行运行图　　B. 非平行运行图

C. 成对运行图　　D. 不成对运行图

3. 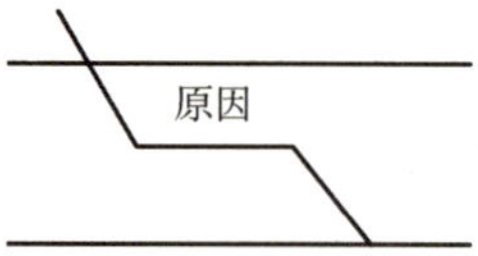

，此符号在列车运行图上表示（　　）。

A. 列车在区间停车　　B. 列车停站超时

C. 列车反方向运行　　D. 列车开往邻线

4. 列车运行调整的原则包括（　　）。

A. 按图行车　　B. 单一指挥

C. 下级调度服从上级调度指挥　　D. 安全生产

E. 按列车运行状态及等级进行调整

5. 列车运行图分析一般可以分为（　　）。

A. 日运行图分析　　B. 旬运行图分析

C. 月运行图分析　　D. 专题分析

三、简答题

1. 简述城市轨道交通调度机构工作岗位的设置及其职责。
2. 简述行车调度工作的基本任务。
3. 简述行车调度的控制方式。
4. 客车出入车场的行车组织方法是什么？
5. 简述行车调度命令发布的要求。
6. 行车调度命令在何种情况下发布？
7. 列车运行图的编制需要哪些要素？
8. 常用的列车运行调整方法有哪些？
9. 隧道内线路积水时的行车组织办法是什么？
10. 地面站及地面区间迷雾、暴雨情况下行车组织方法是什么？

项目九

行车突发事件应急处理

知识要点

行车突发事件应急处理规定及处理方法。

项目任务

1. 掌握挤道岔时的处理办法。
2. 掌握发生火灾时的处理办法。
3. 掌握列车脱轨时的行车组织办法。
4. 掌握列车在区间被迫停车后的处理办法。

计轴区段红光带时的行车组织

引导接车

项目准备

1. **场地、工具准备：** 列车运行控制系统图、站台门控制及仿真系统图、《国家城市轨道交通运营突发事件应急预案》(〔2015〕32号)、城市轨道交通突发事件应急处理预案（以某城市轨道交通线路为例）。

2. **人员安排：** 每8人为一小组，安排站长1人，值班站长1人，行车值班员1人、客运值班员1人、站务员1人、行调1人、急救人员1人、警务人员1人，也可以根据相应的应急处理事件增减相关人员。

相关理论知识

一、挤道岔时的处理

1. 基本概念

（1）道岔定义　道岔是轨道线路相连接或相交叉的设备总称。道岔是轨道的组成部分之一，作用是引导机车车辆由一条线路转往另一条线路或越过与其交叉的另一条线路。

（2）道岔种类　常见的道岔种类有单开道岔、对称道岔、三开道岔、交分道岔、菱形道岔等。用道岔中心线表示的各种道岔如图9-1所示。

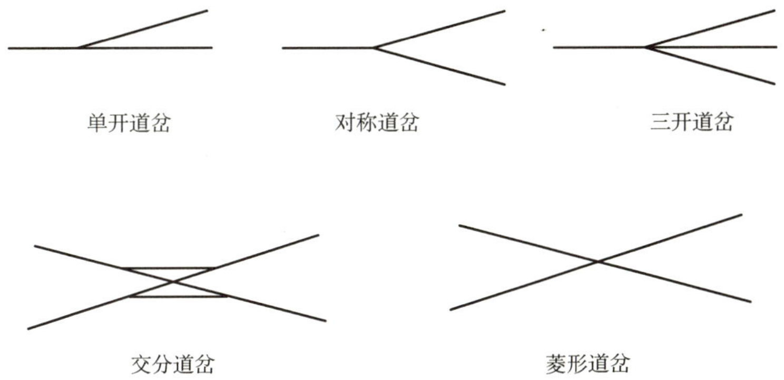

图 9-1　道岔中心线表示的道岔

（3）道岔组成　普通单开道岔由转辙器部分、连接部分、辙叉及护轨部分组成，如图 9-2 所示。

（4）挤道岔　车轮挤过或挤坏道岔，即为挤道岔事故。

处于良好状态的道岔，一侧的尖轨与基本轨密贴，另一侧的尖轨与基本轨分离。发生挤道岔事故后，由于车轮强行挤开与基本轨密贴的尖轨，往往造成尖轨弯曲变形，转辙机遭到破坏，使得道岔损坏，尖轨不能与基本轨密贴。

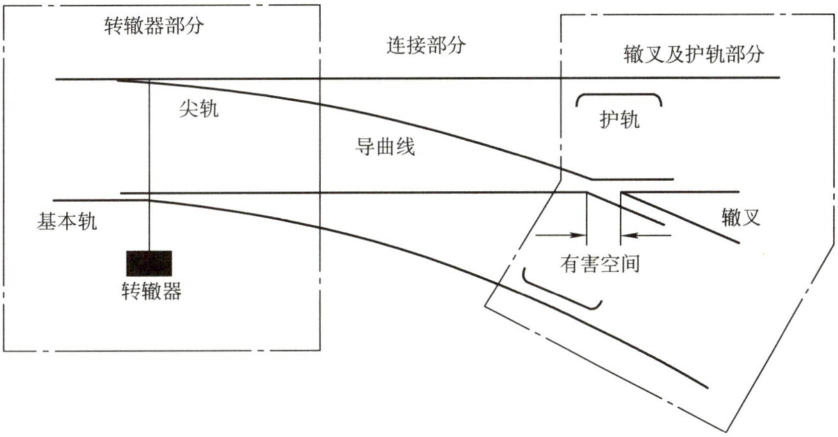

图 9-2　单开道岔组成示意图

2. 挤道岔时的处理

（1）对列车的处理　发生挤道岔事故后，要根据列车停留位置及道岔类别具体处理。

1）列车已全部挤过道岔。通知维修部门对道岔进行检查，并根据损坏情况处理。

2）列车停留在道岔。组织压在道岔上的列车顺道岔方向缓缓移动，待全部拉过道岔后，由维修部门处理。不要组织列车逆尖轨方向后退，因为后退很容易造成脱轨，扩大事故。必须后退时，应将尖轨钉固后再后退。如果列车停留在复式交分道岔上，由于复式交分道岔结构复杂，挤岔后禁止移动，应由线路维修部门处理。

（2）维修部门的处理

1）检查道岔尖轨是否损坏。如尖轨经拨动后仍然可以密贴，可以用钩锁器锁闭；如尖轨损坏，应及时更换道岔尖轨。

2）更换转辙器相关设备。根据现场情况，当场或事后更换电动转辙器及其有关装置。

3）检查试验。修复后，对道岔的动作状态予以检查调试，与车控室内行车值班员共同试验，确保状态良好。

4）清理现场。检查工具是否齐全，对现场彻底清理，保证轨道及限界内没有遗留任何物料，消除事故隐患。

二、列车脱轨时的处理

脱轨指车轮落下轨面（包括脱轨后又自行复轨），或车轮轮缘顶部高于轨面（因作业需要的除外）。每辆列车只要脱轨 1 轮，即按 1 辆计算。

1. 乘客疏散

发生脱轨事故后，列车司机应立即广播通知乘客，安抚乘客情绪，提醒乘客准备清客。并检查乘客伤亡情况及有无残疾人士，向控制中心调度员报告列车的准确位置、大约载客量、乘客伤亡人数及是否需要救助。

对于站台上的乘客及从列车上清客到站台的乘客，车站应做好以下几点工作：发布列车暂时不能运行的消息；向乘客提供相关路段公共汽车运行资料；组织滞留乘客有序离开车站。

（1）列车在车站脱轨　得到调度员清客指示后，车站广播提醒站台上的乘客不要登乘列车，并安排人员到站台组织清客。列车司机广播通知车厢内乘客进行清客的决定，打开车门，协助乘客返回站台。清客完毕及时向调度报告。

（2）列车在区间脱轨　控制中心调度员做好保护措施：停止相邻轨道以及乘客疏散可能经过轨道的行车，根据需要指示电力调度员断开牵引供电。指示就近车站工作人员迅速赶赴现场，由驾驶员协助清客。通知公安部门前往事故地点控制客流并协助疏散。

列车司机在准备清客的车门上安放好应急梯，通知乘客应急梯的位置及使用办法，并通过广播不断发布救援信息以安抚乘客，避免引起恐慌情绪。车站人员到达后，指示乘客跟随车站人员步行去往附近车站。

车站指派清客负责人率领人员携带无线通信设备、扩音器及信号灯前往事故地点，执行清客任务。确定乘客全部撤离列车后，协助列车司机收回应急梯。在清客过程中，做好组织工作，引导乘客有序疏散，保证全部安全返回站台，抢救伤者脱离现场。对于道岔、交叉口或其他有潜在危险的地方，应当安排人员驻守，避免乘客偏离清客路线，提醒乘客注意脚下障碍物。

确认所有人员撤离车厢以及轨道，路段上没有人或障碍物后，向调度员报告。

2. 列车救援

（1）事故报告及救援前的准备工作　列车司机检查确认脱轨后，向控制中心调度员请求救援，报告列车的准确地点、脱轨位置及辆数、线路设备损坏程度等情况，并做好防护措施。如列车停在区间，应注意对列车前后线路进行巡查。

调度员接到事故报告后，指示后续列车停留在车站，如区间有其他列车运行时，应指示尽量驶往就近车站停留，避免停在区间。停止相邻轨道的列车运行。

（2）事故救援　对事故现场进行全面勘察，根据脱轨程度、脱轨地点、破损情况及其他实际条件制定具体的起复方案。由一人负责指挥，要分工明确，由胜任人员作业，做好防护。在起复作业中应注意安全，防止发生人身伤亡事故或扩大脱轨事故。

起复完毕后，应当检查列车、线路及其他设备损坏情况，以便及时更换钢轨、枕木或道岔。事故勘察、救援工作及公安调查完成后，清理轨道，把一切工具撤出线路，立即将列车拉到附近的停车场、车辆段或侧线，以及时开通线路。

三、发生火灾的处理

火灾发生后，应当快速做出反应，贯彻“救人第一，救人与灭火同步进行”的原则，积极疏散乘客，进行施救。把握好起火初期，采取正确的应急措施，有效扑灭火灾，最大限度地减少人员伤亡和设备损失。

1. 火灾事故报告

确认发生火灾后，应当立即报告控制中心，并立即报告 119 火警、110 报警中心，视情况需要还应报告 120 急救中心及公安部门。报告的主要内容如下：

1）火灾的确切地点。

2）火灾原因的初步判断。

3）火灾蔓延趋势及方向。

4）现场扑救力量。

5）人员伤亡及救助情况。

6）设备损失及对铁路行车的影响。

2. 灭火自救

在确保自身安全情况下，现场员工应抓住火灾初期的关键时间，积极尝试扑救。

只有同时具备可燃物、助燃物和火源这 3 个要素，火才能燃烧起来，所以，只要有效地去掉这 3 个要素中的任何一个，即可扑灭火灾。一般情况下可采用如下方法：

（1）移走可燃物　将燃烧点附近的可燃物迅速移开，以防止火势蔓延，没有可燃物，燃烧自然就会中止。

（2）冷却降低燃烧物的温度　燃烧物的温度降到燃点以下，燃烧就会停止。主要办法是向燃烧物上喷水或灭火剂。

（3）隔绝空气　燃烧物得不到充足的氧气也会熄灭。可以用棉毯、湿棉被、沙、泡沫等覆盖在燃烧物上，也可以关闭现场门窗及其他通道口。

（4）切断电源　发生火灾后，应迅速切断电源，防止火灾事故扩大。

（5）引导消防人员进入灭火现场　如果火势很大依靠员工无法控制时，应撤离车站。等待消防人员到达后，引导其进入现场灭火，参与应急处理救援的外围工作。

3. 逃生帮助

（1）指导所有人员有效逃生，避免烟熏窒息　火灾发生后，烟雾是人员伤亡的第一杀手。因此，指导人员逃生时，尽量捂住口鼻，低头弯腰贴地快速跑出烟雾区，减少烟气吸入，避免中毒。

（2）启动隧道通风排烟系统　输送新鲜空气，将烟雾向远离乘客疏散方向的一端排出。

4. 火灾处理

根据火灾发生的位置，可分为车站火灾和列车火灾两类，它们的处理方式稍有不同。

（1）车站火灾

列车站台火灾的应急处置

1）车站报告及扑救火灾。车站派人携带无线通信设备前往现场，证实火灾发生后，立即报告119火警、110报警中心和控制中心调度员，并根据情况报告120急救中心、公安部门。警告乘客及其他人员远离火灾现场，在保证自身安全的前提下积极灭火。

消防人员到达后，汇报火灾的准确位置、电源切断情况、火灾现场是否有人被困。引领消防人员进入现场灭火，配合救援处理。

2）车站疏散。当火势较大，向控制中心调度员请求后执行车站疏散程序。在紧急情况下进行车站疏散时，乘客容易恐慌而导致混乱，所以车站有关人员平时必须熟悉疏散路线及疏散集合地。这样的话，一旦需要就能安排乘客按照疏散路线迅速有序地离开车站，车站人员也能迅速到达预设的疏散集合地点。需要疏散时通过广播通知乘客疏散原因、疏散线路、车票处理，打开所有闸门加快疏散速度，派人现场引导乘客按预定线路紧急从各个出口出站，对于有困难的乘客应积极提供帮助。

接到疏散指示后，车站人员立刻停止服务，关闭售票机和充值机，安全处理票款。乘客疏散完毕后，车站员工迅速撤离车站，前往紧急集合地点。关闭车站除紧急出入口外的其他出入口，并张贴“车站关闭”的告示以及换乘公共汽车等其他交通工具的指南。

3）火灾后的处理。控制中心调度员应停止所有须经过该站的列车运行，严禁将列车驶入着火车站。确定站内火灾完全扑灭、烟雾消散后，组织车站员工进入车站清理现场，维修部门对线路、通信信号、供电等设备进行检查、修复。待事故隐患彻底消除，列车即可开行，车站重新开放，恢复运营。

（2）列车火灾

1）司机报告及前期处置。列车着火后，司机应向车厢内的乘客详细查询如下情况：起火或冒烟的车辆及位置；火势大小及烟雾浓度；起火原因；人员伤亡情况及设备损毁程度。然后将这些内容立即向控制中心调度员报告，同时说清楚列车车次、所处位置。同时安抚乘客情绪，并指导乘客使用车厢中的灭火器灭火自救。

列车在区间发生火灾应急处理

2）列车在区间发生火灾时的处理。发生火灾的列车处于区间时，应尽量将列车驶入前方站，再进行处理。这样有几个好处：①便于利用站台疏散乘客。在区间发生火灾，尤其地下隧道狭窄，火势比较集中，烟雾不易散发，逃生困难。而且乘客只能沿轨道前往车站，走行距离长，乘客本身比较恐慌，再加人员密集，容易造成混乱；②便于利用车站消防设施灭火。车站空间相对开阔，消防设施全面，车站人员较多，有利于组织扑救火灾。

如果列车无法驶入前方站，司机立即报告行调后，将列车停在区间，安排乘客紧急疏散。根据火灾位置、烟雾扩散方向，打开相应的疏散门，广播通知乘客按安全的方向疏散，下车后迅速步行前往车站。

车站接到列车疏散命令后，打开站台门，派人携带无线通信设备及防护用品，前往区间协助列车清客，将乘客领回车站。准备好消防器材，选择合适的位置协助灭火，并启动通风系统排除烟雾。

3）行调的处理。控制中心调度员确定列车发生火灾后，及时报告119火警、110报警中心，并根据情况报告120急救中心、公安部门。停止续行列车的运行，并停止相邻线路的行车。应使本线续行的列车及相邻线路的列车进入就近车站停车，避免在区间停车，以免引起乘客恐慌。彻底灭火后，组织开行救援列车，将着火列车拉到附近的停车场、车辆段或侧线。由维修部门检查、修复损坏的线路及其他设备后，清理轨道，及时开通线路。

四、站台门故障的处理

1. 站台门及其作用

（1）站台门的设置　新型轨道交通车站一般都安装有站台门系统，设于站台边缘的有效站台长度范围内，以站台中心线两端对称布置，将列车运行区域与站台区域隔断，其滑动门与列车的车门相对应。

（2）站台门开闭方式　当隧道内无列车及列车在区间运行时，车站站台门处于关闭状态。列车进站停稳后，通过司机一人操作，列车门开启，站台门打开。为了保证站台门动作可靠，站台门自动打开后，列车不能移动，直到接收到关门信息才能动车。乘客上下车完毕后，仍由司机一人操纵，列车门关闭后，站台门随即自动关闭，列车才能驶离车站。

另外，在正常停车的情况下，列车驾驶室门处于站台门端门外，能不受阻碍地开放，这样就能保证发生故障或灾害时，乘客能安全疏散。

（3）站台门的作用

1）保证乘客的人身安全。站台门隔断了车站区域与轨道区域，可以把候车乘客阻断在站台区，防止乘客掉落轨道。而且站台门只有在列车到站停妥后才能开启，随着列车门的关闭而关闭，这就保证了乘客在站台上下车的安全，有效防止伤亡事故发生。

2）节约能源，降低噪声。在地铁车站，由于站台门系统的隔断作用，减少了列车在隧道内运行带来的冷气流与站台区域热气流的交换，可以节约车站环控设施的能源。同时站台门的阻隔还可以降低列车的噪声，使乘客候车环境更加舒适。

3）节省人力资源。由于站台门能完全阻断站台与轨道，保证乘客人身安全，因此，可以减少站台的接发列车人员，大大节省了人力资源。

2. 站台门故障处理

（1）站台门不能打开时的处理

1）司机手动操作可打开整侧站台门时的处理。司机到站后按压列车开门按钮，发现站台门不能打开时，再按压一次开门按钮，如果站台门仍然不能打开，操作就地控制盘进行手动开门，将随身携带的钥匙插入就地控制盘，转到开门位置，打开整侧站台门后取出钥匙。同时向控制中心的行调报告，行调通知维修单位到该车站排除故障。

单档站台门故障处理

2）司机手动操作只能打开部分站台门时的处理。使用就地控制盘打开站台门，如果仍有1个或多个站台门不能打开时，司机应报告行调，并广播通知乘客从其他车门下车。行调通知整条线路上的列车进行速度控制并做好广播安抚乘客的工作，安排维修单位到该车站排除故障。车站在故障门上张贴告示并设好隔离带，对乘客进行安全广播，引导乘客从能正常开放的站台门处上下车。待维修人员排除故障后，必须经过手动开关门试验，才能转到自动控制。也就是使用开关钥匙切换到测试位置，操纵测试开关，打开站台门，再关上站

站台整侧滑动门开门故障处置

台门，至少进行一次开关门，就可以用钥匙切换到自动位置，恢复站台门的自动控制。

3）司机手动操作，整侧站台门不能打开时的处理。使用就地控制盘打开站台门，如果整侧站台门不能打开，司机应报告行调，并广播指导乘客自行手动打开站台门。行调通知全线列车，并安排维修。车站张贴告示并将部分门道隔离，对乘客进行安全广播。使用专用钥匙强行打开已做好隔离的滑动门，并对这些滑动门加强监控和防护。待故障排除后，确认手动开关门测试良好，转为自动控制。撤除隔离，向行调报告，全线列车恢复正常运行。

整侧站台门无法开启故障处置

(2) 站台门不能关闭时的处理

1）司机手动操作可关闭整侧站台门时的处理。司机出站时按压列车关门按钮，发现车门关好后站台门不能关闭时，再按压一次关门按钮，如果站台门仍然不能关闭，操作就地控制盘进行手动关门，将随身携带的钥匙插入就地控制盘，转到关门位置，整侧站台门关闭后取出钥匙。同时向控制中心的行调报告，行调通知维修单位到该车站排除故障。

站台单档滑动门关门故障处置

2）司机手动操作只能关闭部分站台门时的处理。使用就地控制盘进行关闭站台门，如果仍有 1 个或多个站台门不能关闭时，司机应报告行调。行调通知全线列车，并安排维修。车站张贴告示并设好护栏，对乘客进行安全广播。对不能关闭的站台门使用钥匙切换到隔离位置，将该滑动门进行隔离处理。手动关闭滑动门，对不能关闭站台门进行监护。如果列车不能收到站台门关闭信号，无法出站时，使用钥匙操纵就地控制盘上互锁解除开关，模拟关闭锁紧信号，待列车驶离车站后松手。故障排除后，手动开关门测试良好，转为自动控制，撤除隔离，向行调报告，全线列车恢复正常运行。

站台整侧滑动门关门故障处置

3）司机手动操作，整侧站台门不能关闭时的处理。使用就地控制盘关闭站台门，如果整侧站台门不能关上，司机应报告行调。行调通知全线列车，并安排维修。车站张贴告示并设好护栏，对乘客进行安全广播。保持整侧站台门的开启状态，加强监控与防护。使用互锁解除开关，模拟关闭锁紧信号，便于列车进出车站。故障排除后，对整侧站台门测试良好，转为自动控制。撤除隔离，向行调报告，全线列车恢复正常运行。

整侧站台门无法关闭故障处置

(3) 站台门玻璃碎裂时的处理　车站报告行调，行调通知全线列车广播通知乘客，并安排维修。车站立即疏散周围乘客，张贴告示并设好隔离带，对乘客进行安全广播，对该道站台门加强监控与防护。用胶带纸将破碎玻璃粘贴好，手动打开左右两边滑动门，并对打开的站台门及玻璃破碎的站台门进行隔离处理。进一步检查，发现玻璃碎碴掉入轨道且影响行车时，向行调报告并请示，做好防护后去轨道清理，清除干净后再次报告。由行调通知全线列车恢复正常行车。

五、列车在区间临时故障停车的处理

列车在区间停留，会延误大量后续列车的运行，造成大面积晚点，影响企业形象。同时列车停在区间，尤其在地下隧道内，容易引起车上乘客

列车在区间迫停时乘客疏散救援处置

恐慌，情绪不稳。所以，当列车由于故障停在区间时，应积极采取措施尽快恢复运行。首先应由司机立即进行处理，争取在短时间内排除故障，列车得以继续运行。如果处理故障时间较长，就要考虑清客后救援，将列车拉回停车场再行处理。

1. 司机的处理

列车由于故障在区间停车时，司机应立即报告控制中心行调，然后对列车进行检查，初步判断故障后着手处理，并随时向行调报告处理进程。经初步处理仍无法消除故障时，司机应发出救援请求，并根据需要提出疏散乘客申请。已请求救援后，司机可以继续处理故障，但禁止移动列车，并做好列车的防护和救援准备工作，以保证救援列车与该列车安全连挂。得到行调疏散乘客的命令后，引导乘客下车，与车站人员一起妥善疏散乘客，将乘客引领至车站。

2. 车站的处理

接到列车在区间故障需要疏散乘客的命令后，派人携带必要备品进入区间，协助司机清客，引导乘客安全返回车站。根据救援列车的开行命令，办理救援列车进入区间实施救援。对于因列车故障造成的延误及运营调整，应及时广播通知在站乘客。

3. 行调的处理

接到司机的故障报告后，提出处理意见辅助司机进行故障的判断和排除。需要疏散乘客时，发布命令要求司机和附近车站做好乘客疏散和救援工作。列车故障一时无法消除时，根据司机的救援请求，清客完毕后下达封锁区段及开行救援列车的命令。除救援列车外，禁止放行其他列车进入该区间线路。救援列车应距离故障列车适当位置处停车，由救援负责人指挥与故障列车连挂妥当后，拉回附近的停车场、车辆段或侧线。接到现场处理完毕的报告后，下达开通线路的调度命令，恢复列车运行。

六、大客流时的运营组织方法

轨道交通车站一般与城市客流集散点相连接，由于节假日、大型活动等原因，一些车站会不定期地突发大客流，对车站的客流承受能力有一定冲击。在大客流的情况下，车站应加强客流组织，通过增加列车运行能力、加大售检票力度，对乘客进行分流和疏导。

1. 大客流的定义

大客流是指车站在某一时段集中到达、超过车站正常客运设施或客运组织措施所能承担的客流量时的客流。

2. 大客流的特点及对运营的影响

（1）可预见性的大客流

1）节假日大客流。节假日期间，城市流动人口增加，外地乘客增多，其中不乏初次乘坐地铁的乘客，购买单程票者居多，使得车站和列车比较拥挤。这种客流集中涌入，上升幅度大，可持续一段时间，对全线车站的运营冲击很大。

2）暑期大客流。暑假期间，乘客构成以学生为主，高峰时段一般集中在白天，持续时间长，对全线车站运营均有冲击，但影响不是太大。

3）大型活动大客流。由于大型活动，使得客流在短时间内迅速增加，但是客流产生的时间、地点、规模可以预见，持续时间较短，影响范围小，不会对全线车站造成影响，只有活动地点附近的车站压力较大。

（2）突发性大客流　客流在短时间内激增，这种客流是偶然爆发的，无法预见。比如恶劣天气时，市民乘坐地面交通遇到较大困难，一般会改乘地铁，全线地铁车站的客流均明显上升。但是有一些人进入地铁不是为了乘车，而是为了躲避恶劣天气，所以站台会比较拥挤，全线车站客流组织上有一定困难。

3. 运营组织办法

（1）加强运营组织

1）车站的处理。车站及时向控制中心行调报告，根据客流拥挤情况请求加开列车。严密监控站台状况，发现危及行车和人身安全时，立即按压扣车或紧急停车按钮。临时增设隔离带、告示牌、临时导向标志，通过广播、手提广播，对乘客进行宣传引导。增加工作人员，加强巡视，维护好候车秩序，避免上下车拥挤。做好服务工作，增设临时售票点，避免乘客在售票点过度拥挤。发生站台拥挤，乘客上下车困难时，进行客流控制，缓解站内客流压力。

2）行调的处理。控制中心行调加强全线车站的客流监控，重点掌握发生大客流的车站。因为客流拥挤，得到车站加开列车的请求时，根据大客流方向，利用就近的折返线、存车线组织开行列车，保证大客流的疏散。

3）司机的处理。司机要确保行车安全，出库前做好列车安全检查，驾驶时加强瞭望，发现危及行车和人身安全时立即停车。在大客流车站停车时密切注意站台乘客情况，发现乘客上车困难或车门、站台门关闭受影响时，及时报告行调，广播引导乘客，在车站人员协助下正确处理，避免发生乘客伤亡事故。

（2）加强售检票工作

1）对于可预见性大客流。在大客流发生前，对车站的售、检票设备全面检修，防止大客流时出现故障影响正常使用。根据大客流进出站的方向，选择进站客流相对集中的地点，设置临时售票亭。根据客流预测，制作足够数量的预制单程票，配发到各车站。车站除核收保管好预制票外，还应储备充足的零钞。

2）对于突发性大客流。车站要密切注意车票的站存数量和售卖速度，发现不能满足客流需求时，立即向票务室报告，申请配发足够预制单程票。在适当位置增设临时售票亭，增派工作人员，加强现场督导，做好售票服务工作。

（3）客流控制　发生大客流时，车站应保证各出入口畅通，增设各岗位工作人员，并请求公安协助维持秩序，防止发生意外。如果出现客流过大的情况，可考虑实行客流控制，采取措施使乘客少进多出，缓解车站压力。减少乘客进入车站主要依靠减慢买票速度、控制进站客流实现，通过合理组织乘客上车，加快乘客出站。

车站应以出入口、进站闸机、站厅、站台的楼梯、自动扶梯为重点，通过适量关闭自动售票机、进站闸机及在出入口实行单向疏导等措施，加强客流监控，缓解客流压力。

1）站台客流控制办法。以站厅与站台的楼梯、自动扶梯为控制点。多派人员组织好秩序，如果客流过大，可以考虑将站厅与站台之间的自动扶梯改为出去方向，加快站台客流的输出，减缓客流进入站台的速度。

2）站厅付费区客流控制办法。以进站闸机处为控制点。根据客流情况设置防护栏隔离进站闸机，也可以适当关闭部分进站闸机、自动售票机，并将部分双向闸机设置为只能出不能进。通过这些措施能够使乘客进入付费区的速度减慢，避免付费区内人员过多，拥挤过度、流通不畅，发生意外。

3）非付费区客流控制办法。以车站出入口处为控制点。组织车站人员依靠人为控制，减缓乘客进入车站的速度，客流过大，有必要的话，可以关闭部分出入口，来缓解站内客流压力。

七、列车冒进信号的处理

列车冒进信号是指在未经授权的情况下，列车前端任何一部分越过进路防护信号机显示的停车信号。

1. 列车冒进信号后未压上道岔时的处理

（1）司机的处理　确认列车冒进信号的原因、停车位置及与防护信号机的距离、前方无道岔或前方有道岔但未压上等情况后，向控制中心行调报告。通过广播说明情况，安抚乘客。得到行调的退行指示后，根据车站有关人员的手信号，以较低速度退行进站，停于站内列车停车位置标处。待列车退行到站停妥后，根据具体情况开关车门，保证乘客安全上下车，同时向行调报告。

（2）车站的处理　发现列车冒进信号后，确认列车运行前方没有道岔或有道岔但未压上，立即向控制中心行调报告。接到行调准许列车退行回车站的指示后，安排有关人员向司机发出退行信号，指挥列车退行回车站，停于规定位置处。通过广播向站台候车乘客说明情况，取得乘客的配合。维护好站台秩序，防止乘客拥挤、围观、靠近列车，发生危险。

（3）行调的处理　得到列车冒进信号的报告后，立即指示该列车司机停车，不得再移动列车。停止续行列车的运行，将其尽量驶往就近车站停留，避免停在区间。指示列车退行，要求车站做好组织工作，保证列车安全退行回车站。

2. 列车冒进信号后压上道岔时的处理

（1）司机的处理　列车冒进信号，经查看压上前方道岔后，检查是否挤岔或脱轨，立即向控制中心行调报告。不得移动列车，避免未脱轨的造成脱轨的扩大事故。通过广播说明情况，安抚乘客。等待有关人员到达后，进行处理。

（2）车站的处理　得知列车冒进信号后，根据行调的指示，前往现场检查，确认列车轧上道岔，查看道岔破坏程度、列车是否挤岔或脱轨，将道岔锁闭到适当位置。向控制中心行调报告列车停车地点、道岔当前位置、道岔是否破坏、是否影响邻线行车。按照行调的安排，根据具体情况进行清客和列车救援。

（3）行调的处理　得到列车冒进信号并压上道岔的报告后，立即指示该列车司机停车，不得再移动列车，防止扩大事故。停止续行列车的运行，将其尽量驶往就近车站停留，避免停在区间。指示附近车站派人前往现场检查，了解道岔破坏程度、列车是否挤岔或脱轨。如果影响了邻线行车，停止邻线列车的运行。根据事故的严重程度，决定是否清客。根据具体情况确定列车离开现场的方法，如果发生挤岔，按挤岔处理；如果发生脱轨，按脱轨处理。事故列车驶离现场后，对轨道及道岔进行检查和试验，恢复列车运行。

八、接触网悬挂异物的处理

在大风天气下，一些较轻的物体容易被风吹起，悬挂于接触网上。接触网上悬挂的异物有可能影响列车正常行驶，需要动员各方面力量，尽快清除。在清理接触网异物过程中，应特别注意人身安全问题，避免被高压电击伤。

接触网悬挂异物按性质可分为轻飘物体和较大物体。常见的轻飘物体主要有小型、轻薄、容易熔化的塑料袋及较短的丝带类绳带物；常见的较大物体主要有较大塑料袋、气球以及较长的尼龙绳、麻绳等相对粗重的绳带物。

接触网异物按悬挂位置一般可分为承力索处悬挂物、吊弦处悬挂物、接触导线处悬挂物。

接触网异物按对行车的影响可分为对列车运行无影响和有影响两种情形。悬挂于承力索和吊弦位置处的轻飘物体，如果体积较小、长度较短、没有触及接触导线，不容易缠绕在受电弓上，对行车没有影响；承力索和吊弦位置处的悬挂异物，如果体积较大、长度较长、相对较重并且触及接触导线，或是接触导线上的悬挂异物，就容易缠绕在受电弓上，对行车造成严重影响。接触网主要组成如图 9-3 所示。

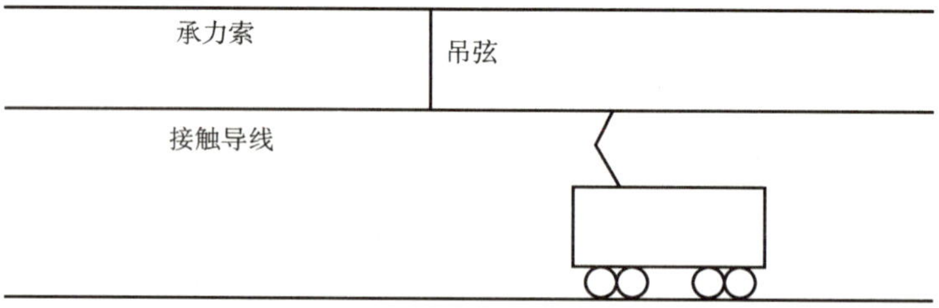

图 9-3　接触网主要组成示意图

1. 司机的处理

（1）确认并报告

1）确认对行车的影响。司机在列车运行过程中发现运行线路的接触网上有异物悬挂时，应减速进行确认，难以确认时，应停车，确认清楚异物悬挂位置和悬挂状态，判断是否影响行车。

2）向行调报告。立即向控制中心行调报告，报告内容主要有：接触网悬挂异物的确切地点，如具体的车站、区间位置；悬挂物的类型、特点、悬挂位置及是否影响行车；根据对本列车行驶的影响，计划采取的处理办法。

（2）接触网悬挂异物不影响行车时　如果经确认，司机可以断定接触网悬挂异物不影响行车时，向控制中心行调报告后，列车按正常速度通过。

（3）接触网悬挂异物影响行车时　司机确认接触网悬挂异物影响行车时，向控制中心行调报告后，可采取如下办法。

1）滑行通过。降低速度，降弓滑行通过异物悬挂地点，再升弓，按正常速度运行。

2）不能滑行通过时。如果列车位于长大坡道处，滑行时很容易造成制动失效，列车失去控制。这类情况不适于采用滑行通过办法，可进行以下处理：司机将列车前弓降下，以较低的速度运行，待前弓越过该悬挂异物后停车。再升起前弓，降下后弓，起动列车，以较低的速度运行，让该悬挂异物越过后弓。然后恢复正常速度运行。

如果不适于用上述办法处理时，列车在接触网异物悬挂地点停车，向控制中心行调报告，请求支援；等待行调指派的有关人员到该处清理异物，通过广播安抚乘客；待接触网异物清除完毕后，恢复列车运行。

2. 清除接触网悬挂异物的组织办法

(1) 现场人员报告

1) 司机。司机在列车运行过程中应注意瞭望，发现接触网上悬挂异物时，应及时报告控制中心行调。

2) 车站接发列车人员。车站人员在接发列车时，发现接触网及受电弓带有异物等异常情况时，迅速向控制中心行车调度员报告。

(2) 行调的处理　控制中心行调接到接触网上悬挂异物的报告后，安排清除异物的工作，在清除过程中，可以停止续行列车的运行，必要时对相关列车进行清客。清除异物时，首先考虑是否需要对接触网断电。遇雷雨天气，因雷电及雨水的导电作用，有触电的危险，必须先将接触网断电后再作处理。其次决定派接触网维修人员还是车站人员进行清除：如果在非行车时间内发生接触悬挂异物，或全线多处悬挂异物，应当由维修部门安排接触网专业维修人员前往清除；如果在行车时间内发生，则可指派车站人员携带必要的防护用品进行清除。

(3) 车站的处理　接到控制中心行调清除接触网异物的指示后，车站立即派人前往现场。清除异物人员应穿戴绝缘手套、绝缘靴、荧光衣，使用规定的绝缘杆，必须两人在场，一人清理，一人防护。如果接触网异物悬挂在区间，离车站较近时，徒步去往区间；距离车站较远时，可搭乘列车进入区间，到悬挂地点停车清除，作业完毕后搭乘列车到前方站下车，再乘其他列车返回本站。

3. 气球挂于地铁接触网的处理案例分析

(1) 事件概况　2005 年 12 月 5 日 8:11，某市地铁列车在 A 站乘客上车完毕，关好车门准备起动。站台保安发现一名男子越过黄色安全线，并手持卡通气球，当即上前要求其退出安全线以保证安全，并告知不能携带气球进入地铁车站，请立即处理掉气球。结果该男子不听劝阻，反而放飞了气球，这只气球向上飞起，挂于接触网上，导致列车晚点 20min。该男子受到了 500 元行政罚款处理。

(2) 事件应急处理

1) 列车停止运行进行清客。列车司机发现接触网上的气球后，向控制中心行调报告，行调立即扣车，并指示车站和列车进行清客。

2) 维修人员停电取下气球。地铁维修人员到达后，先将该区段接触网断电，再使用长杆慢慢将挂于接触网的气球取下，受影响区段恢复正常运营。

3) 组织小交路运营。由于正值上班高峰期，为了避免发生乘客聚集站台，尽快运送乘客，地铁公司组织两列车以小交路折返方式运营，来缓解客流压力。

九、列车分离时的处理

列车分离是指列车因车辆连接状态不良或车钩作用不良而发生的车辆分离（包括车钩缓冲装置破损）。列车分离不论发生在车站还是区间，有关人员均应适当处理，避免乘客恐慌，尽快恢复行车。

1. 司机的处理

司机在列车运行过程中，应时刻注意司机室的有关设备，如发现总风压力表指示的压力急剧下降，就可以判断有可能发生列车分离。乘客发现列车分离时，也可以直接通知司机。列车司机确认列车分离或有列车分离的迹象时，必须停车，并立即向控制中心行车调度员报告。

（1）确认、报告 司机将列车停妥后，立即巡视，仔细检查列车各个部位，查看是否发生列车分离，如果确实发生了分离，确认分离位置。确定列车分离情况后，向控制中心行调报告如下内容：列车车次、停留的准确地点（具体指明车站、区间）、列车分离部位、损坏程度；列车大约载客量、是否有乘客受伤、是否需要救治。

（2）协助清客 通过广播向乘客说明列车故障，安抚乘客情绪，劝告乘客留在列车上，不要惊慌，等待有关人员到达处理。前往分离位置查看是否有乘客受伤，对受伤者提供适当帮助。得到行调清客指示后，等待车站人员到达现场后，立刻协助清客，将列车上所有乘客安全引领到附近车站，以便进行列车救援。

2. 车站的处理

接到列车分离需要清客的命令后，派人携带必要备品到现场，和司机一起进行清客，引导乘客安全返回车站。清客完毕后，在现场协助救援工作。广播通知在站乘客因列车分离造成的延误及运营调整，并向乘客发布有关路段公共汽车的资料。

3. 行调的处理

行调接到列车分离的报告后，指示后续列车停留在车站，如区间有其他列车运行时，应指示尽量驶往就近车站停留，避免停在区间。停止相邻轨道的列车运行。详细了解列车分离及乘客受伤情况，下达清客指示，要求司机和附近车站做好清客和救援工作。清客完毕后，进行现场查勘和公安调查。待查勘工作完成、轨道清理妥当后，即可采取适当措施，将分离的列车移到附近的停车场、车辆段或侧线。行车调度员应随时了解现场救援进度，接到处理完毕的报告后，尽快恢复列车运行。

发生列车分离时，应尽快移走分离列车，但不得连接列车分离部分，应分段移走列车。尽量将尚能开动的列车开走，如果列车有一部分不能开动，必须安排另一列车协助，将不能移动的这部分车拖走或推走。

十、乘客进入轨道的处理

不论乘客以何种方式越过站台黄色安全线或者禁行标识牌进入轨道，均视为乘客进入轨道的事件。一旦发生乘客进入轨道的事件，不仅会影响正常的行车组织，而且极有可能会威胁到人身安全、造成人身伤害。故当发生乘客进入轨道的情况时，行车部门任何人员、均应马上按下距离最近的紧急停车按钮，防止事件地点附近的列车侵入受影响的区段。

1. 乘客进入轨道后迅速返回站台的处理

（1）站务员

1）发现有乘客进入轨道后迅速按下站台上距离自己最近的紧急停车按钮，同时通知行车值班员。

2）劝说并帮助进入轨道的乘客迅速返回站台。

3）乘客返回站台后，将其带到安全地区，并及时通知行车值班员。

（2）行车值班员

1）当得到站务员的通知或者从电视监控器中发现有乘客进入轨道时，若站台上紧急停车按钮还未按下，则迅速按下车控室内紧急停车按钮。

2）立即向值班站长和行调报告。

3）密切监视事件的发展。

4）待站务员汇报乘客返回站台后，向值班站长及行调报告。

5）记录好事件处理的全过程。

（3）值班站长

1）得到信息后，迅速赶往事发现场。

2）在乘客返回站台后，对其进行说服教育工作，并征询派出所的处理意见。

3）向站长和行调进行汇报。

（4）行调

1）得到信息后立即采取措施，防止其他列车进入受影响的区域，同时提醒车站人员切实按下紧急停车按钮。

2）迅速通知控制中心主任调度。

3）通知公司派出所。

4）在值班站长报告事件处理完毕后，检查、确定是否具备行车条件，组织相关部门恢复行车。

2. 乘客进入轨道后跑向区间的处理

（1）站务员

1）发现有乘客进入轨道后迅速按下站台上距离自己最近的紧急停车按钮，同时马上对其警告。

2）通知行车值班员和值班站长乘客进入轨道的股道、跑动的方向、与站台的距离等信息。

3）维护站台乘车秩序，避免乘客围观造成新的乘客进入轨道事件。

4）听从值班站长安排，处理好事件。

（2）行车值班员

1）当得到站务员的通知或者从电视监控器中发现有乘客进入轨道时，若站台上紧急停车按钮还未按下，则迅速按下车控室内紧急停车按钮。

2）迅速通知行调和值班站长，同时密切监视事件的发展。

3）马上通知站务员扣停从本站发往该区间的列车，同时立即通知邻站禁止向该区间发车。

4）通过广播及时疏散事故发生地周围的乘客，防止乘客围观造成新的乘客进入轨道事件。

5）根据值班站长的指示，通知站长、公司派出所等相关部门。

6）随时将事件的发展情况向行车调度员报告，并将行调的信息传达至相关人员。

7）记录好事件处理全过程。

（3）值班站长

1）得到信息后，迅速前往事发现场。

2）通知行车值班员与公司派出所等相关单位进行联系，并告知站长。

3）组织本站的站务员，维护好乘车秩序。

4）在民警不能及时到达的情况下，向行调申请下路轨，在保证安全的前提下跟踪进入轨道的人员，密切监视进入轨道人员的动向，劝说其返回站台。

5）在遵守公司规章制度和保证人身安全的前提下，配合民警进行相关处理。

6）事件处理完毕，在检查现场情况正常、确认线路出清后，向行调报告事件已处理完毕、申请恢复行车，并及时通知站长。

（4）行调

1）得到信息后立即采取措施，防止其他列车进入受影响的区域，同时提醒车站人员切实按下紧急停车按钮。

2）迅速通知控制中心主任调度。

3）及时通知派出所等相关部门。

4）在值班站长报告事件处理完毕后，检查、确定是否具备行车条件，组织相关部门恢复行车。

3. 乘客进入轨道后导致身体受伤、无法返回站台的处理

（1）站务员

1）发现有乘客进入轨道后迅速按下站台上距离自己最近的紧急停车按钮。

2）如果乘客受伤，立即通知行车值班员及值班站长，报告乘客进入轨道的位置、受伤情况等相关信息。

3）维护站台乘车秩序，避免乘客围观造成新的乘客进入轨道事件。

4）听从值班站长安排，处理好事件。

（2）行车值班员

1）当得到站务员的通知或者从电视监控器中发现有乘客落轨时，若站台上紧急停车按钮还未按下，则迅速按下车控室内紧急停车按钮。

2）迅速通知行调和值班站长，同时密切监视事件的发展。

3）通过广播及时疏散事故发生地周围的乘客，防止乘客围观造成新的乘客进入轨道事件。

4）根据值班站长的指示，通知站长、派出所、120 等相关部门。

5）随时将事件的发展情况向行车调度员报告，并将行调的信息传达至相关人员。

6）记录好事件处理全过程。

（3）值班站长

1）得到信息后，迅速前往事发现场，并通知行车值班员告知站长。

2）如果乘客受伤，值班站长应本着救死扶伤的精神，在现场安抚乘客情绪，同时询问乘客是否需要就医。

3）如乘客提出就医要求，值班站长应通知行车值班员，并与派出所及 120 进行联系。

4）组织本站人员，维护好乘车秩序，迅速将伤者移离轨道。

5）事件处理完毕，在检查现场情况正常、确认线路出清后，向行调报告事件已处理完毕、申请恢复行车，并及时通知站长。

（4）行调

1）得到信息后立即采取措施，防止其他列车进入受影响的区域，同时提醒车站人员切实按下紧急停车按钮。

2）迅速通知控制中心主任调度。

3）通知公司派出所和 120。

4）在值班站长报告事件处理完毕后，检查、确定是否具备行车条件，组织相关部门恢复行车。

十一、列车缓解不良或制动故障处理案例分析

1. 某轻轨列车缓解不良故障处理

（1）事件概况　某轻轨列车在 A 站上行站台出站后，司机发现列车实际速度为 8km/h，无法提速。列车又运行约 5m 后，紧急制动。

（2）处理过程

1）司机向控制中心行调报告，同时广播通知乘客。

2）控制中心行调连线检修人员为司机提供技术支援。在检修人员指导下，司机进行简单处理后，列车可以起动，但是速度仍然只有 8km/h。

3）行调指示司机将列车开行至 B 站。

4）行调向全线发布信息，要求各车站广播通报故障延误。

5）行调指示续行的各列车停于车站，或驶入车站停车，避免有列车停于区间。

6）行调向 B 站及列车司机下达在 B 站清客的指示。

7）向乘客说明情况，待列车到达 B 站后清客，B 站做好乘客的退票及安抚事宜。

8）行调安排后续的列车实行小交路折返运行，减少列车运行间隔。

9）行调指示清客后的故障列车驶往存车线等待检修。

10）行调组织开行备用列车，进行运营调整，尽快恢复正常行车。

2. 某地铁列车制动故障处理

（1）事故概况　2006 年 3 月 16 日 14:08，某市地铁公司的 1312 次列车在 A 站乘客上车完毕后，准备开车出站时，发现列车无法缓解，司机立刻下车检查，无法修复，即以 5km/h 的速度运行。列车于 14:16 经 B 站后，于 14:17 停车区间，司机下车进行简单的故障处理。14:20 重新起动列车，仍以 5km/h 的速度于 14:26 运行至 C 站，由车站及司机组织清客。15:04 驶入 D 站存车线，15:30 左右全线畅通，恢复正常运营。

（2）事故原因　发生此次事故的原因为列车制动控制部分故障。该列车刚引进不久，运营时间才半年多，还在磨合期内。

（3）事故应急处理中较好的措施

1）及时通知乘客。对受影响的所有车站及列车，都及时以广播等形式通知乘客列车故障，安抚乘客情绪。通过提出无偿退票等具体处理措施，保证乘客及时换乘其他交通工具，消除了乘客的不满。

2）积极办理退票手续。故障发生后，沿线车站根据乘客的意愿，及时为部分乘客无偿退票，共计退票 571 张。

3）组织小交路运营方式疏散乘客。地铁运营部门启动紧急预案，组织了 3 趟小交路运营模式，对减少乘客候车时间、及时疏散滞留乘客、尽快恢复运营，起到了积极作用。

（4）事故应急处理需改进的方面

1）没有及时处理故障列车，延误时间较长。1312 次列车发生故障后，经过 3 个车站才清客，在近一个半小时内一直以 5km/h 的速度运行，对全线车站、列车均造成了不同影响。

2）没有通知乘客预计延误时间。由于乘客不了解地铁运营方式，不告知乘客故障何时

消除，很容易让乘客以为下一列车很快能到达，就会固执地守在站台等待。这样可能会耽误乘客行程，引发乘客不满情绪。再者可能造成大量人群聚集在车站，一见车来，一拥而上，存在不安全因素。

十二、列车车门不能关闭或无法打开的处理案例分析

列车单个车门故障处置

1. 列车车门不能关闭的处理

（1）事件概况　地铁列车在A站乘客上车完毕后，司机发现车门不能关闭。

（2）处理过程

1）司机向控制中心行调报告，同时广播通知乘客。

2）行调向A站及列车司机下达在A站清客的指示。

3）向乘客说明情况，列车在A站清客，由A站做好乘客的退票及安抚事宜。

4）行调向全线发布信息，要求各车站广播通报故障延误。

5）行调指示司机尝试各种模式起动列车，最后司机用洗车模式起动。

6）行调指示清客后的故障列车驶往存车线等待检修。

2. 地铁列车到站后车门无法打开的处理

（1）事故概况　2007年7月30日8:33，某市地铁列车到达A站后，车门无法打开。列车司机立即进行处理，不能消除故障，只好下车手动打开车门，现场清客。由于部分乘客不愿下车，故障列车载了这些乘客到B站，进车库检修。

由于正值上班高峰期，列车内的乘客数量较大，每节车厢的乘客又只能从一扇手动打开的车门下车，因此清客花费时间较长。致使续行列车停于地铁隧道内长达35min，造成部分乘客出现憋闷头晕等不适，并产生一定的恐惧心理。

（2）事故原因　故障列车投入运营时间不长，设备尚处于调试期。

（3）事故应急处理中较好的措施

1）司机及时手动开门清客。列车司机到站后发现车门故障，无法打开，立即进行紧急处理。在处理无效后，采取手动开门的措施清客。故障列车由8辆车编组，如果将每一扇车门都手动打开，花费时间长，乘客蜂拥挤向已打开的车门，容易造成混乱，也容易引起后面车厢内乘客的焦躁，反而减慢清客速度。因此司机手动打开车门时，每节车厢打开一扇车门，是一种比较好的应急措施，便于乘客有序下车，并迅速安抚乘客情绪。

2）调派备用列车投入运营。由于列车故障造成延误，致使全线不少车站乘客滞留较多，为了缓解客运压力，地铁运营公司就近调派一列备用列车，加快乘客运输。

3）紧急疏散乘客。故障发生后，一部分乘客没有选择其他交通工具，留在车站等待下一趟列车，还不断有乘客进入车站等待乘车，使得部分车站大量乘客滞留。因此部分地铁车站启动紧急疏散应急预案，打开安全通道，让下车乘客直接出站，不用通过闸机，加快乘客出站，缓解乘客拥挤状态。

4）采取适当措施安抚乘客情绪。乘客直接出站后，所持交通卡在下次使用进站前，向站务员说明情况，即可免去票款。

另外，针对此次列车故障对乘客造成的影响，各个车站都向乘客发放了致歉信。

（4）事故应急处理需改进的方面　对续行列车处理不妥，停留在隧道内时间较长，致

使部分乘客产生不适和恐惧。前方发生故障后，作为控制中心的行调，应考虑后续各列车的运行，应尽量使各趟续行列车停在车站或驶入就近车站停留，避免列车停在区间，尤其是隧道内。因为隧道内通风较差，而且地下空间黑暗，容易让乘客产生恐慌和不适。

十三、轻轨接触网故障处理案例分析

1. 事故概况

2006 年 2 月 14 日 6:25，某市一轻轨车站附近上行线接触网突然发生故障，导致全区段的上行线全部断电，上行线列车陷于瘫痪，全线主要车站出现乘客滞留。

2. 事故应急处理

1）利用下行线实行列车往返运行方案。由于下行线仍有电力供应，列车仍然能够正常行驶，轻轨公司立即启动应急预案，利用下行线实行单侧线路列车往返运行方案，对于疏散沿线车站的客流起到了一定的作用。

2）寻求公交车支援。列车往返运行可以缓解一定的客流，但是由于列车运行间隔较长，不能有效疏散滞留乘客。因此，通过与公交部门联系，寻求公交支援，在 10min 之内调动了 56 辆公交车，在较短时间内完成大批乘客疏散。

3）赶在上班高峰前抢修完毕。故障是在 6:25 发生的，接近早晨上班高峰时间，如果不能及时恢复运营，在上班高峰期会有大量人群涌入，有可能造成严重的客流拥堵。轻轨公司积极组织技术人员进行抢修，到 7:04，故障全面排除，全线恢复正常运营，没有影响乘车高峰。

4）加强维护候车秩序。由于故障造成乘客滞留，各站点客流明显增多，轻轨公司制定了相应对策。要求部分行车人员坚守岗位，推迟下班，维持好候车秩序，直到上行线恢复通车后，才可以撤离现场。

十四、轻轨列车停于高架区间应急疏散乘客处理案例分析

1. 事件概况

某轻轨列车驶过 A 站后，于 22:32 突然停于 A~B 间高架区间。车内空调停止运转，室内灯灭了大半。乘客惊恐万状，尖叫、奔跑，有的想砸破玻璃，有的想强行打开车门，有的按压报警器，车内一片混乱。

经控制中心确认，由于停电导致突发停车，需要 1h 才能恢复供电。蓄电池只能维持 45min 的列车内照明及通风，为避免乘客出现缺氧危险，需要尽快疏散。

2. 应急疏散乘客处理

1）列车司机向控制中心报告，并通过广播反复安抚乘客。

2）控制中心向司机、车站下达救援命令，并报警。

3）打开两扇车门，搭起应急梯，在应急梯两侧拉起绳索充当简易护栏。

4）指挥乘客分成两队，按顺序分别走向两扇已开启的车门。

5）协助乘客经应急梯安全走下轻轨列车。

6）使用手电筒照明，带领乘客分作两队，分别走向 A 站和 B 站。

7）到 23:15，将乘客全部成功疏散到 A、B 两站。

扩展阅读

九方面调整提升城市轨道交通应急处置能力

为适应我国城市轨道交通行业快速发展的新形势和应对突发事件的实际需要，做好运营突发事件的应对工作，经国务院同意，国务院办公厅于2015年5月14日正式印发了修订后的《国家城市轨道交通运营突发事件应急预案》（以下简称新《预案》）。

新《预案》依据近年来新制修订《中华人民共和国突发事件应对法》、《中华人民共和国安全生产法》、《生产安全事故报告和调查处理条例》等一批相关法律法规，重点在适用对象、适用范围、组织指挥体系、监测预警、突发事件分级标准和分级响应机制等方面进行了调整和规范，与2005年印发的《国家处置城市地铁事故灾难应急预案》（以下简称原《预案》）相比，内容更加完整，与其他相关应急预案衔接更加紧密，适用对象和范围更加合理，组织指挥架构更加科学，职责分工更加明确，科学性、针对性和可操作性更强。

新《预案》正文由7章构成，分别为总则、组织指挥体系、监测预警与信息报告、应急响应、后期处置、保障措施和附则。与原《预案》相比，新《预案》增加了1个附件，对有关部门和单位职责进行了规定。

（一）扩大了预案的适用对象。新《预案》将应急预案的适用对象从“城市地铁”扩大至“城市轨道交通”，并通过定义，明确城市轨道交通包括地铁系统、轻轨系统、单轨系统、有轨电车、磁浮系统、自动导向轨道交通系统、市域快速轨道系统7大城市公共客运交通系统。

（二）重新界定了适用范围。由于原《预案》在《中华人民共和国突发事件应对法》颁布之前制定，其中“事故灾难”的适用范围既包括运营生产类的事故灾难，也包括地震等自然灾害和恐怖袭击等社会安全事件，概念和分类与应对法中的规定已不相符。新《预案》将适用范围重新界定为城市轨道交通运营过程中发生的因列车撞击、脱轨、设施设备故障、损毁以及大客流等情况，造成人员伤亡、行车中断或财产损失的突发事件，并规定对自然灾害、社会安全事件等其他因素造成的突发事件，依据相应有关国家应急预案执行，并明确了具体衔接要求。

（三）健全了组织指挥体系。新《预案》按照统一领导、属地负责，条块分割、协调联动的原则，明确了国家、地方的组织指挥体系架构及其相应职责。国家层面规定交通运输部负责运营突发事件应对工作的指导协调和监督管理，必要时成立国务院工作组和国家城市轨道交通应急指挥部，统一领导、协调和指挥应急处置工作。地方层面规定城市及以上地方各级人民政府负责运营突发事件的应对工作，明确运营单位是运营突发事件应对的责任主体，并要求根据需要成立现场指挥部、专家组，负责运营突发事件现场具体指挥，专家组提供技术支持。

（四）完善了监测预警机制。新《预案》要求运营单位建立健全城市轨道交通运营监测体系，加大对设施设备和环境状态以及客流情况等的监测力度，定期排查安全隐患，开展风险评估，健全风险防控措施；城市轨道交通运营主管部门加强对运营安全的日常监测和各类风险信息的分析研判，并与其他部门建立定期会商和信息共享机制；此外，新《预案》还增加了预警机制，从预警信息发布、预警行动和预警解除3方面进行了系统规定，并对预警内容提出了明确要求。

（五）规范了信息报告制度。新《预案》规定在运营突发事件发生后，运营单位要及时向当地城市轨道交通运营主管部门和相关部门报告，同时通告可能受到影响的单位和乘客。当地城市轨道交通运营主管部门核实初步认定后，按照国家规定向上级城市轨道交通运营主管部门和同级人民政府报告，并通报同级其他相关部门和单位；对已经或者可能涉及相邻行政区域的，还应当及时通报相邻区域运营主管部门。

（六）完善了事件分级标准和分级响应机制。新《预案》依据《中华人民共和国突发事件应对法》，将运营突发事件划分为特别重大、重大、较大、一般4个等级，并明确了划分标准和各级响应的责任主体。对初判发生特别重大、重大运营突发事件，分别启动Ⅰ级、Ⅱ级应急响应，由事发地省级人民政府负责应对工作；初判发生较大、一般运营突发事件，分别启动Ⅲ级、Ⅳ级应急响应，由事发地城市人民政府负责应对工作。对跨城市运营的城市轨道交通线路，还要求建立跨区域运营突发事件应急合作机制，并明确各级应急响应的责任主体。

（七）提高了后期处置评估要求。新《预案》对后期处置从善后处置、事件调查、处置评估3个方面做了具体要求。在事件调查方面，新《预案》要求运营突发事件发生后，按照《生产安全事故报告和调查处理条例》等有关规定成立调查组，查明事件原因、性质、人员伤亡、影响范围、经济损失等情况，提出防范整改措施和处理建议；在处理评估方面，要求由履行统一领导职责的人民政府及时组织对事件处置过程进行评估，总结经验教训，分析查找问题，提出整改措施，形成应急处置评估报告。

（八）完善了应急保障措施。新《预案》从通信、队伍、装备物资、技术、交通运输、资金等6个方面明确了保障要求，细化了具体保障措施。对通信保障要求建立健全应急通信保障体系，形成可靠的通信保障能力；队伍保障新增了根据需要动员和组织志愿者等社会力量参与运营突发事件的防范和处置工作；技术保障方面要支持先进技术、装备的研发，建立城市轨道交通应急管理技术平台，实现信息综合集成、分析处理、风险评估的智能化和数字化等。

（九）明确了参与应急处置的部门、单位以及相应职责。新《预案》对参与运营突发事件应急处置组织指挥机构成员进行了明确并界定了具体职责。组织指挥机构成员单位主要包括城市轨道交通运营主管部门、公安、安全监管、住房城乡建设、武警等部门和单位，各专业管理部门和单位各自按照自己分管领域各司其职的同时，明确城市轨道交通运营主管部门承担城市轨道交通指导、协调、组织运营突发事件监测、预警及应对职责，安监部门牵头负责突发事件原因分析、调查与处理工作。同时，为加强预案的适用性，各地可根据当地实际情况，对参与单位和职责进行适当调整。

新《预案》颁布实施有利于进一步健全城市轨道交通应急管理体系，加强相关部门和单位的协调配合，完善各级各类应急预案具体内容，实现与城市综合应急管理体系的紧密衔接，切实提升城市轨道交通系统应急处置能力。

复习思考题

一、填空题

1. 处于良好状态的道岔，一侧的尖轨与基本轨__________，另一侧的尖轨与基本轨__________。

2. 发生__________事故后，由于车轮强行挤开与基本轨密贴的尖轨，往往造成尖轨弯曲变形，__________遭到破坏，使得道岔损坏，尖轨不能与基本轨密贴。

3. 火灾发生后，应当快速做出反应，贯彻________________________的原则，积极疏散乘客，进行施救。

4. 根据火灾发生的位置，可分为__________和__________两类。

5. 站台门不能打开时，列车司机需要操作__________进行手动开门，同时向__________报告。

6. 整侧站台门不能关闭时，若使用就地控制盘仍不能关闭站台门，需要使用__________开关，模拟关闭锁紧信号，便于列车进出车站。

7. 列车由于故障在区间停车时，__________应立即报告控制中心行调，然后对列车进行检查，初步判断故障后着手处理，并随时向行调报告__________。

8. __________是指车站在某一时段集中到达、超过车站正常客运设施或客运组织措施所能承担的客流量时的客流。

9. 站务员发现有乘客进入轨道后迅速按下站台上距离自己最近的__________。

10. 站台客流控制办法以____________________为控制点。

二、选择题

1. 发生挤道岔事故后，对列车的处理要根据（　　）具体处理。

A. 列车停留位置　　B. 道岔类别
C. 道岔的编号　　D. 列车的类型

2. 发生挤道岔事故后，若列车停留在道岔上，需要组织压在道岔上的列车顺（　　）缓缓移动，待全部拉过道岔后，由维修部门处理。

A. 列车前进方向　　B. 列车运行反向
C. 道岔方向　　D. 行调指定的方向

3. 发生脱轨事故后，（　　）应立即广播通知乘客，安抚乘客情绪，提醒乘客准备清客。

A. 列车司机　　B. 车站值班站长
C. 行调　　D. 车站行车值班员

4. 发生脱轨事故后，列车司机需向控制中心调度员报告（　　）等信息。

A. 列车的准确位置　　B. 大约载客量
C. 乘客伤亡人数　　D. 是否需要救助

5. 火灾事故报告的主要内容包括（　　）。

A. 火灾的确切地点　　B. 火灾原因的初步判断
C. 火灾蔓延趋势及方向　　D. 现场扑救力量
E. 人员伤亡及救助情况　　F. 设备损失及对铁路行车的影响

6. 发生大客流时，车站应以（　　）为重点，通过适量关闭自动售票机、进站闸机及在出入口实行单向疏导等措施，加强客流监控，缓解客流压力。

A. 出入口　　B. 进站闸机　　C. 站厅

D. 站台的楼梯　　E. 自动扶梯

7. 接触网悬挂异物时，司机向控制中心行调报告的内容有（　　）。

A. 接触网悬挂异物的确切地点，如具体的车站、区间位置

B. 悬挂物的类型、特点、悬挂位置

C. 是否影响行车

D. 根据对本列车行驶的影响，计划采取的处理办法

三、简答题

1. 简述列车发生挤道岔时的处理方法。
2. 简述列车在区间发生脱轨时的处理方法。
3. 简述在地铁车站发生火灾时的处理方法。
4. 地铁列车由于故障，临时停留在隧道内时，如何处理？
5. 列车冒进信号后未压上道岔时，如何处理？
6. 列车运行过程中发现接触网导线上挂有一个气球，并影响行车时，如何处理？

项目十

列车全自动运行

知识要点

1. 全自动运行系统定义及其功能。
2. 列车全自动运行行车组织办法。
3. 全自动运行系统与非全自动运行系统的差异。

项目任务

1. 掌握全自动运行下各行车岗位作业内容。
2. 掌握全自动运行整个作业过程操作要点。

项目准备

1. **场地、工具准备：** 全自动运行桌面系统、模拟沙盘、线路、信号机等行车设备模型、车站模型、列车模型、各种登记表簿、联系电话、调度命令等。

2. **人员安排：** 学生按车站数分组，安排行调 1 人，每站设有行车值班员 1 人、每列车设司机 1 人。

相关理论知识

一、全自动运行系统概述

1. 全自动运行系统定义

全自动运行是基于现代计算机、通信控制和系统集成等技术实现列车的运行自动化。其范围包括：将停车场内列车从休眠中自动唤醒并完成自检、自动完成正线运营、到站精准停车、自动开闭车门、自动发车离站、自动折返、完成运营后自动清客、自动回库、自动休眠、自动洗车等。

2. 列车运行自动化等级

根据 GB/T 32590. 1—2016（轨道交通 城市轨道交通运输管理和指令/控制系统 第 1 部分：系统原理和基本概念），将人工驾驶运行模式、非自动化驾驶运行模式、半自动化驾驶运行模式、无人驾驶运行模式和无干预运行模式分别定义为 GoA0、GoA1、GoA2、GoA3 和 GoA4，见表 10-1。全自动运行系统（FAO）包含自动化等级 GoA3 和 GoA4，即全自动运行系统运行模式包括有人值守下列车自动运行（DTO）和无人值守下列车自动运行（UTO）。

（1）TOS－目视下列车运行　列车运行由司机全权负责，不受任何系统监控，但道岔和轨道可部分由自动设备系统监控。

（2）NTO-非自动化列车运行　司机在司机室观察路况，根据轨旁信号和车载信号控制列车加速和制动，并在发生紧急情况时及时停车。信号系统可断续、半连续或全程监管司机驾驶。列车上或站台上工作人员共同负责列车的安全离站，包括车门关闭。

（3）STO-半自动列车运行　运营工作人员在列车司机室观察路况，并在发生紧急情况时及时停车。列车的加速和制动由设备自动完成。全程由自动设备系统监管。列车上或站台上工作人员负责列车的安全离站。

（4）DTO-有人值守下列车自动运行　列车工作人员不控制列车加速和减速，也不负责在司机室监视路况和紧急制动操作；而列车的安全离站（包括车门关闭）由列车工作人员负责，或由设备自动完成。

（5）UTO-无人值守下列车自动运行　列车在不配置车上工作人员的条件（所有功能均由系统负责实现）下的运行。

表 10-1　列车运行自动化 5 个等级划分

自动化等级	列车运行方式	驾驶模式
GoA0	目视下列车运行（TOS）	无 ATP 防护
GoA1	非自动列车运行（NTO）	ATP
GoA2	半自动列车运行（STO）	ATO
GoA3	有人值守下列车自动运行（DTO）	FAO
GoA4	无人值守下列车自动运行（UTO）	

3. 全自动运行系统主要功能

全自动运行系统将列车司机执行的工作完全由自动化的、高度集中控制的列车运行系统完成。全自动运行系统实现了行车计划自动匹配、列车自动唤醒、自检、列车自动出入库、列车运行工况自动匹配、列车自动运行及停站、自动开关车门/站台门、车门/站台门自动对位隔离、车门/站台门夹人夹物探测、列车自动折返、列车停车精度自动对位、自动跳站、PIS 信息自动发布及自动广播、车载 CCTV 自动联动、运营及故障信息实时在线传输及诊断、列车自动回库休眠、自动洗车等主要功能，并具有常规运行、降级运行和灾害工况等多重运行场景，具备更高的安全性、可靠性、可用性和可维护性。

同时按照 UTO 等级建设的全自动运行系统，在常规驾驶模式的基础上，增加了 FAO（全自动运行）模式，如图 10-1 所示。UTO 等级建设的线路具备完整的驾驶模式，可支持从传统的 CBTC 运营应用模式平滑过渡到全自动运行运营应用模式。

（1）自动化列车运营　车辆配置休眠唤醒单元、整车延时断电控制模块，实现列车的自动唤醒与休眠功能。列车的照明、空调具备智能调节和远程控制功能，满足列车进入正线自动服务的需求。列车具备清扫工况、正线运营工况、车辆段运行工况，在不同情况下自动启用相对应工况。车辆具备全自动运行模式、跳跃模式、蠕动模式、洗车模式。

自动化等级	列车运行类型	定义	列车运行调整	列车停车	关门确认	车站发车	紧急情况的操作
GoA3	无人驾驶	DTO	自动	自动	自动	自动	乘务员
GoA4	全自动无人驾驶	UTO	自动	自动	自动	自动	自动

图 10-1　全自动运行系统功能对比图

(2) 乘客乘降监控　列车具备车门故障对位隔离站台门功能。列车具备远程广播功能，在清客和在关门过程中能够自动广播或远程广播。

(3) 线路检测　线路检测主要是通过障碍物检测系统和脱轨检测系统实现的，如图 10-2 所示。

① 障碍物检测系统。该系统安装于列车前后端，共两套，将采集的视频信息通过车地通信系统传输到 OCC 监控平台，供 OCC 远程调取现场图像。当检测到障碍物时，列车上传报警信息。

② 脱轨检测系统。该系统安装在转向架构架端头、轨道正上方，提供脱轨检测信号，供车辆采取相关措施，从而降低车辆在脱轨后产生的损失和风险。该系统全列配置，每个转向架构架端头配置，单节车配置 4 套检测传感器。当检测到脱轨时，列车自动紧急制动并上传脱轨信息。

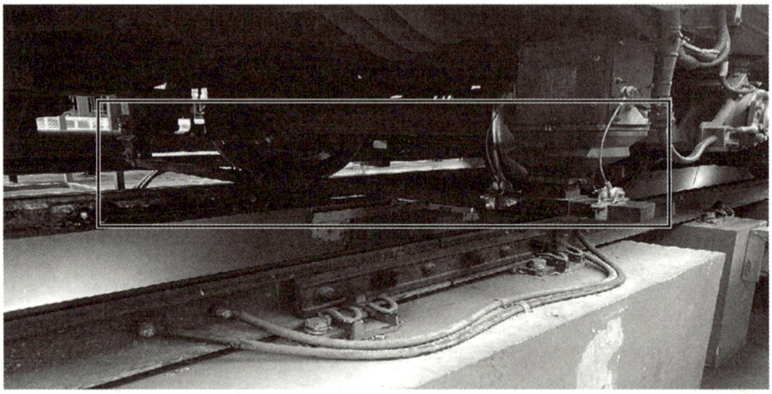

图 10-2　障碍物及脱轨检测装置

(4) 紧急状态监测处理

① 列车配备火灾探测装置，具备信息上传功能，且能够远程复位。

② 每对车门配置乘客紧急对讲装置。

③ 与信号配合，实现车门与站台门故障对位隔离的功能。

④ 每节车厢均配置足量的摄像头，可以清晰地查看车厢内乘客行为和设备设施状态。

⑤ 列车每个车厢配置远程广播装置。

⑥ 列车在损失部分制动力的情况下，能够自动调整列车限速。

⑦ 列车在发生灾害性事故时，具备乘客疏导的应急照明。

⑧ 紧急解锁。紧急解锁装置分 3 个档位，分别是初始位（复位）、紧急解锁请求位（请求）和紧急解锁位（解锁）。

（5）状态监测及上传

① 列车配置走行部状态实时检测装置能够实时检测车辆牵引电动机、齿轮箱、轴箱温度及振动、冲击情况，具备故障预警、报警功能，能够将不同级别的故障分别上传控制中心和车辆段。

② 列车控制及管理系统（Train Control and Management System，TCMS）、车门系统、制动系统、牵引系统、辅助电源系统、通风空调、列车广播、车载无线设备和乘客媒体系统具备自诊断的功能，并具备信息上传功能。

4. 全自动运行系统与非全自动运行系统设备差异

相比于非全自动运行系统，全自动运行系统的信号系统新增设备共计 12 项。

（1）车站及轨旁设备（3 项）

1）人员防护开关（SPKS）：在列车全自动运行时为工作人员提供可靠的安全防护，防止进入人工作业区域或者在人工作业区域起动。信号系统在车控室 IBP 盘或站台区设置人员防护开关及相应表示灯，工作站具有 SPKS 相关表示，SPKS 的具体位置可根据运营需求进行设置。工作人员进入区间时需转动 SPKS，建立相应封锁区域。封锁区域外的列车不进入该区间。封锁区域内的列车制动停车或保持静止状态不发生移动。

2）站台关门按钮：为了实现站台人工关闭车门功能，信号系统在车站站台上设置站台关门按钮。站台值班员人工进行清客确认后或需要关闭车门时，按压站台关门按钮，关闭车门和站台门。

3）应答器：根据需要，在正线折返线、存车线增加用于休眠/唤醒和列车定位的应答器设备。

（2）车载设备（2 项）　车载信号设备需设置辅助驾驶设备用于实现休眠和唤醒等相关控制功能（或通过其他车载设备实现此功能）。

为了提高车载设备的可靠性和可用性，车载 ATO 设备应采用冗余配置，车载信号设备增加与车辆的输入/输出接口，用于实现列车全自动运行控制。

（3）车辆段设备（4 项）　同传统的人工驾驶车辆段方案相比，车辆段内需要增加轨旁 ATP/ATO 计算机设备，在车辆段咽喉区、洗车库、自动控制区域/非自动控制区域的转换轨、停车列检库内增加相应的应答器设备。

同 CBTC（ATP/ATO）车辆段方案相比（已配置轨旁 ATP/ATO 计算机设备），车辆段内需要在洗车库、自动区域/非自动区域的转换轨、停车列检库内增加相应的应答器设备。

在车辆段停车列检库运转值班室或停车列检库内设置人员防护开关（SPKS）及相应表示灯的控制盘，ATS 相关工作站具有 SPKS 相关表示。原则上车辆段自动控制区被划分成若干 SPKS 防护分区，停车列检库库内区域每一条停车列检线（2 个列位）设置 1 个 SPKS；洗车库区域设置 1 个 SPKS；车辆段咽喉区自动控制区域（停车列检库和洗车库区域除外）设置 1 个 SPKS。SPKS 的具体设置位置应可根据运营需求进行调整。

（4）控制中心设备（2 项）　控制中心需要增设车辆管理调度工作站和乘客调度工作

站，用于实现车辆和乘客的相关监视、控制及调度功能。

(5) 试车线设备（1 项）　新增用于全自动运行功能测试用的信号设备及相关应答器等。

CBTC 系统

二、全自动运行系统列车运行组织

1. CBTC 全自动运行系统

(1) CBTC 全自动运行系统概述

1) 系统构成。CBTC 全自动运行系统包括 ATS 子系统、ATP 子系统、ATO 子系统、联锁子系统、数据通信（DCS）子系统和信号维护监测（MMS）子系统等。

2) 发展趋势。CBTC 基于车地通信，可以减少对地面设备的依赖，满足不同编组列车混跑的需求，在 CBTC 技术发展的基础上进一步研究互联互通信号系统关键技术和装备研制，有利于进一步提高信号系统产品的标准化，符合行业发展的整体趋势，CBTC 信号系统构成如图 10-3 所示。

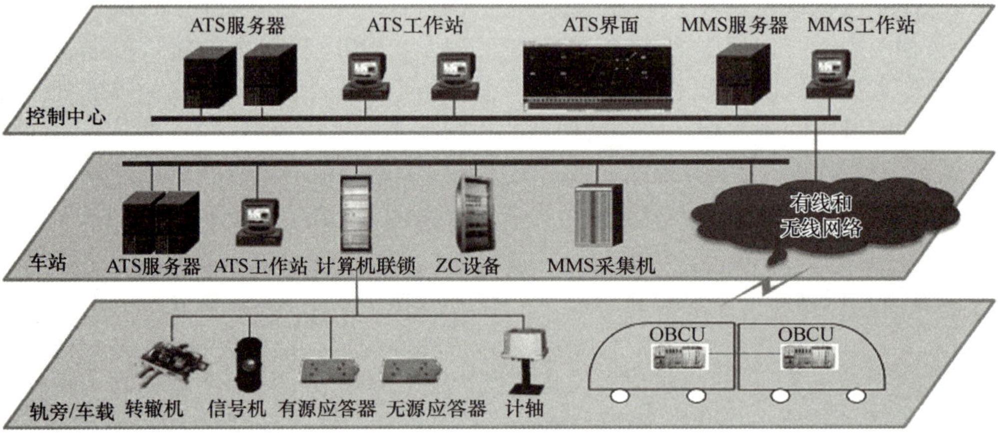

图 10-3　CBTC 信号系统构成

(2) CBTC 全自动运行系统功能

1) ATS 子系统。

① ATS 子系统设备主要包括 ATS 工作站、调度员工作站和时刻表工作站等，如图 10-4 所示。

② ATS 子系统功能包括监视功能、控制功能、列车运行描述、列车运行图/时刻表的管理、列车运用计划及车辆管理、列车运行的调整、列车运行的查询、事件回放、用户登录及权限管理、故障告警、全自动运营。

③ 列车运行径路的确定原理。当列车进入 CBTC 控制区域后，ATS 为列车分配时刻表。ATS 根据列车分配的时刻表确定列车的运行交路。运行交路是列车的总体运行路径，列车在车站发车前，ATS 基于运行交路向联锁发送至下一站的进路命令，联锁为列车办理至下一站的进路。进路是列车当前可用的行进路径。ZC 基于当前行进路径计算移动授权，由车载控制器（OBCU）实施超速防护，如图 10-5 所示。

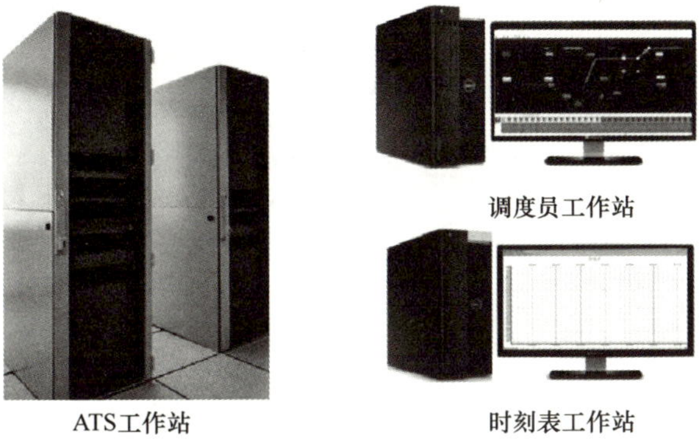

图 10-4　ATS 子系统设备图

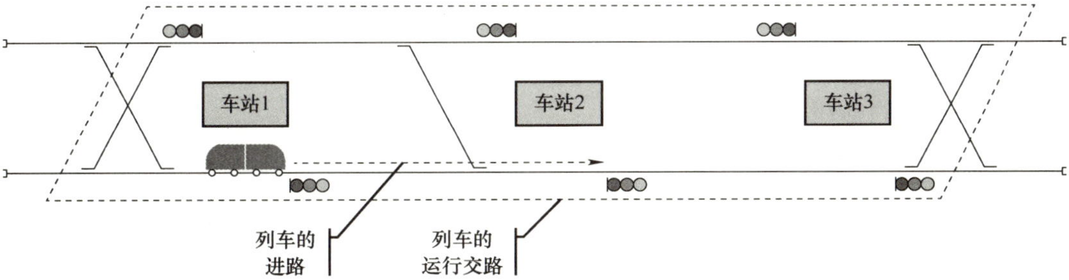

图 10-5　列车运行径路的确定原理图

④ ATS 子系统控制模式的转换。控制中心的 ATS 应用服务器与各集中站的 CBI 和区域控制器（ZC）通信，同时连接线路上所有的车载设备，采集全线的轨旁设备状态以及列车的状态。中心 ATS 控制整个系统运行，当控制中心的 ATS 故障，本地 ATS 服务器激活，与本地的 CBI 及 ZC 通信，采集本控制区域的轨旁设备状态并进行处理，如图 10-6 所示。同时本地 ATS 工作站也会连接到该激活的本地服务器，显示设备信息以及供本地操作员来对本区进行控制。

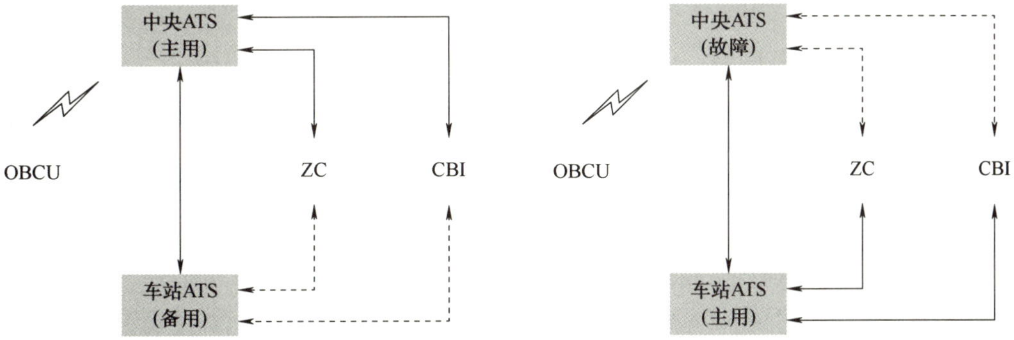

图 10-6　中心和本地控制模式转换原理图

2）ATP 子系统。

① 系统组成：ATP 子系统由地面设备（如图 10-7 所示）和车载设备组成（如图 10-8 所示）。

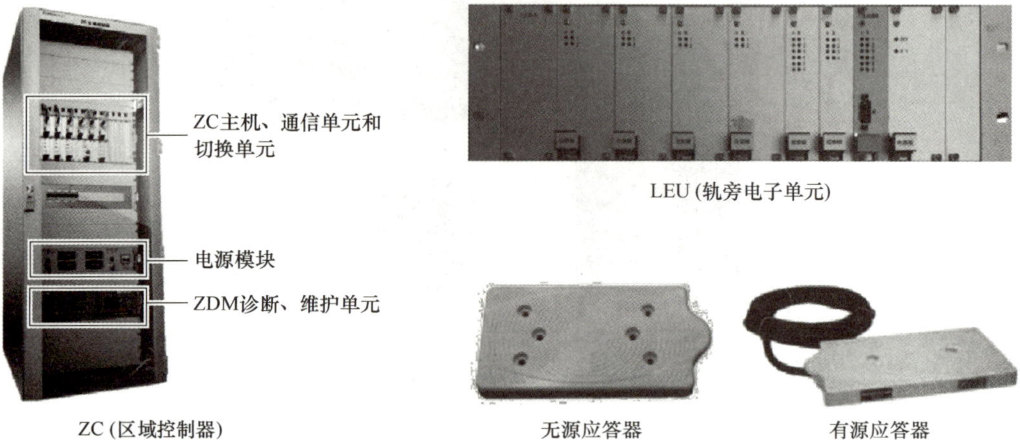

图 10-7　ATP 地面设备图

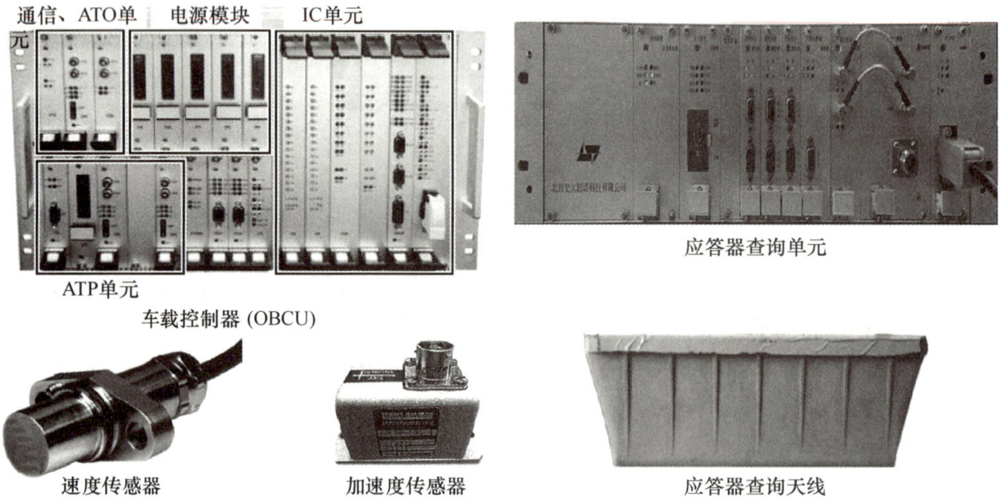

图 10-8　ATP 车载设备图

地面设备包括区域控制器（ZC）、轨旁电子单元（LEU）、无源应答器、有源应答器等。ZC 是 ATP 子系统的核心设备，采用二乘二取二的冗余结构。LEU 用于向有源应答器传输可变信号数据；无源应答器是将自身存储的固定报文信息传输至车载接收设备；有源应答器是应答器用于接收来自 LEU 的可变信号数据，并将其传输至车载接收设备。

车载设备包括车载控制器（OBCU）、应答器查询单元、应答器查询天线、速度传感器和加速度传感器等。OBCU 是 ATP 子系统的核心设备，用于实现列车的测速定位和列车的控制；应答器查询单元用于从地面应答器读取信号数据；应答器查询天线是应答器的天线；速度传感器用于测量列车的速度以及运行距离；加速度传感器用于测量列车的加速度，以补偿车轮空转打滑时速度传感器的测量误差；DMI 用于显示各种驾驶相关信息。

② ATP 子系统功能包括列车驾驶模式、列车速度判定、列车位置判定、移动授权管理、临时限速管理、授权速度判定和超速防护、授权方向判定与防护、紧急制动命令、非命令移动监督、牵引受阻监督、红灯误出发防护、站台安全停靠、站台门管理、站台紧急关闭管

理、车门管理、列车发车授权、车状态监督与防护、系统启动自检及联合自检、工作人员防护开关、诊断维护、进入和退出 CBTC 区域、车地通信、逃生门监督、蠕动控制。

③ 列车超速防护。OBCU 确定移动授权范围内的所有由线路限速和临时限速导致的变速点。OBCU 计算从当前位置不超速到达变速点（包括移动授权终点）的安全制动曲线，然后确定由安全制动曲线、线路限速和列车限速导致的当前位置限速，并取其中最不利的限速作为 ATP 限速。OBCU 比较当前速度和 ATP 限速，如果超过的值大于超速容限就认为超速，如图 10-9 所示。

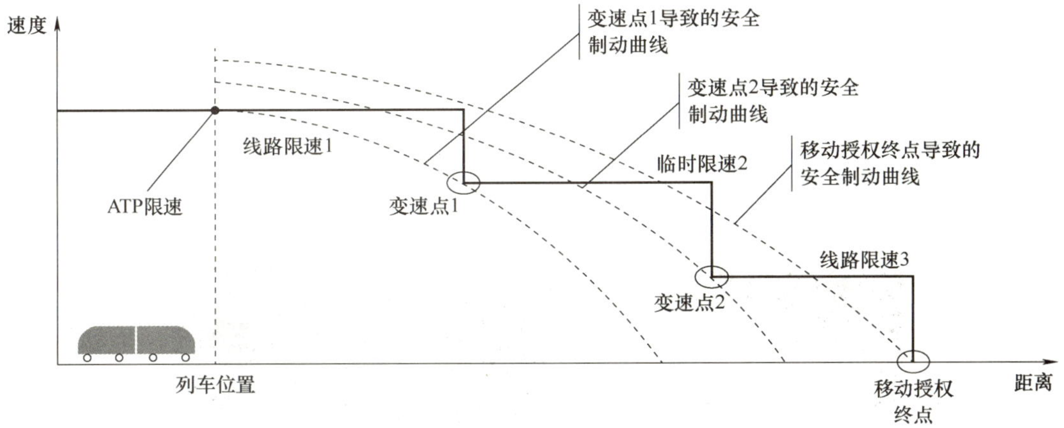

图 10-9　列车超速防护原理图

3）ATO 子系统。

① ATO 子系统由地面设备和车载设备组成。

ATO 子系统的地面设备完全共用 ATP 子系统的地面设备，包括区域控制器（ZC）、轨旁电子单元（LEU）、无源应答器和有源应答器。

ATO 子系统的车载设备完全共用 ATP 子系统的车载设备。在 OBCU 的通信板上运行独立的 ATO 和休眠唤醒应用软件实现 ATO 和休眠唤醒控制。

② ATO 子系统功能包括列车自动驾驶、停车点管理、自动折返、车门/站台门管理、站台扣车、站台跳停、倒计时管理、雨雪模式命令、运行调整、列车休眠唤醒、列车环境监督、工况管理、自动鸣笛、远程控制管理、维护诊断、司机人机接口、自动对站调整、门故障隔离、清客、远程重启。

③ 列车自动驾驶。列车自动驾驶原理如图 10-10 所示。OBCU 确定移动授权范围内的 ATO 停车点。停车点可能是下一个车站或者移动授权终点减去一个固定距离。OBCU 确定停车点范围内由临时限速和预存的运行等级曲线导致的变速点，计算从当前位置不超速到达停车点和变速点的 ATO 制动曲线，确定由 ATO 制动曲线临时限速和预存的运行等级曲线导致的当前位置限速，并取其中最不利的限速作为 ATO 限速，然后根据自动调速算法调整列车速度不断逼近 ATO 限速。

4）联锁子系统。

① 联锁设备包括设备集中站联锁设备和非设备集中站联锁设备。

在设备集中站设置计算机联锁子系统设备，如图 10-11 所示，包括计算机联锁主机、现地控制工作站（与车站 ATS 工作站一体化设置）、联锁维护工作站等设备，实现对信号机、转辙机、站台门、计轴等设备的控制。

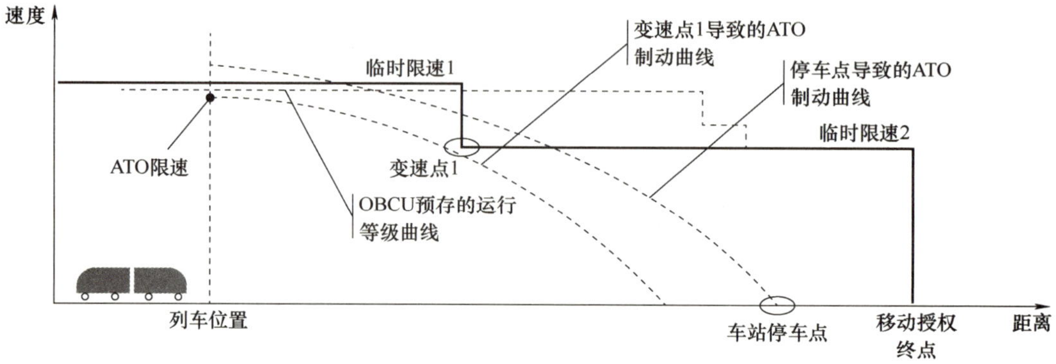

图 10-10　列车自动驾驶原理图

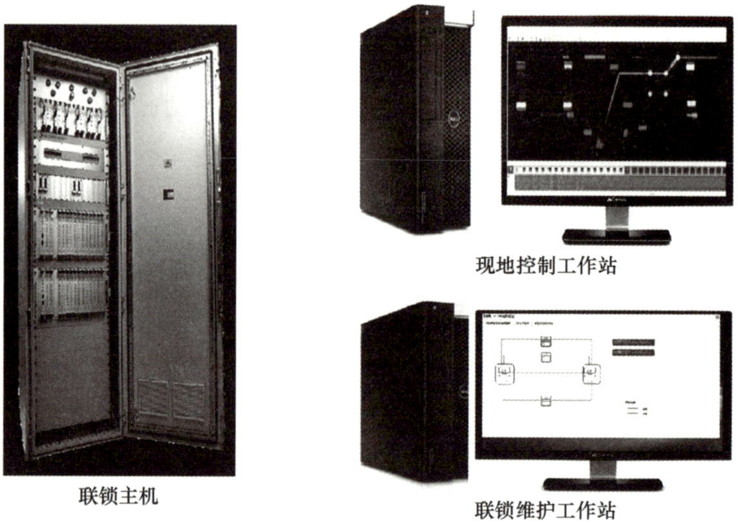

图 10-11　计算机联锁子系统设备

在非设备集中站的信号机、转辙机、站台门、计轴等设备由设备集中站的联锁子系统设备控制，仅设置 ATS 监视工作站实现监控功能。

② 联锁子系统功能包括全站封锁、进路办理、进路锁闭、进路解锁、信号机监控、CBTC 下强制点灯、道岔监控、强扳道岔、轨道区段监控、站台紧急停车监控、SPKS 监控、站台门监控、列车运行方向控制、扣车/取消扣车、站控/遥控功能、临时限速功能、接口功能、故障诊断、信号设备监督和报警功能、操作防护功能。

5）DCS 子系统。

① DCS 子系统包括有线网络系统和无线网络系统。

有线网络系统包括骨干网络设备、本地网络设备、安全网络设备以及网管设备，如图 10-12 所示。

无线网络系统包括 LTE 承载网设备、LTE 核心网设备、LTE 基站设备、LTE 车载设备以及 LTE 网管设备，如图 10-13 所示。

图 10-12 骨干网交换机

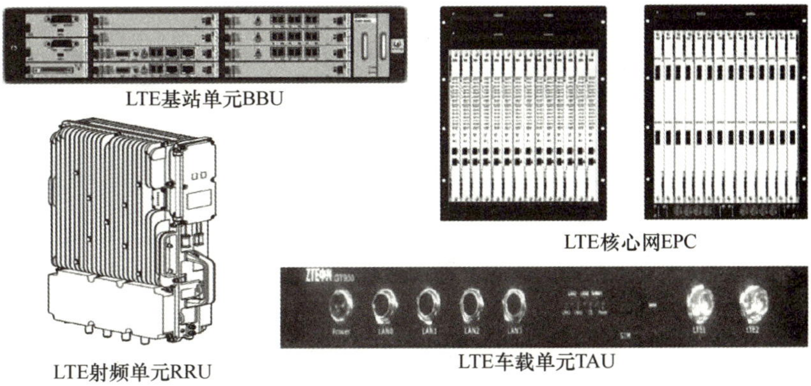

图 10-13 无线网络系统设备

② 骨干网络设备原理。骨干网络的拓扑结构采用高冗余度的双环网，无论是设备还是链路上都实现了冗余设计。在每个集中站以及控制中心、车辆段等其他站点均配置两台 IP 业务交换机。如果一个环中的一台失效，并不影响本站点网络与整个骨干网络的连通性。骨干网络设备采用 3 层高性能业务交换机，所有接口均满足 10M/100M/1000M 以太网标准，传输介质为单模光纤。

6）MMS 子系统。

① MMS 子系统包括维修中心设备、控制中心设备和设备集中站/车辆段设备，如图 10-14 所示。

② 系统功能包括 OBCU、ZC、联锁等控制子系统状态监测；转辙机、信号机、计轴等基础信号设备状态的监测；监测记录和报表。

2. 全自动运行系统正常情况下列车运行组织

城市轨道交通全自动运行系统的使用，从列车在停车场内，自休眠中自动唤醒并完成自检、自动完成正线运营、到站精准停车、自动开闭车门、自动发车离站、自动折返，完成运营后自动清客、自动回库、自动休眠、自动洗车等一系列作业，对车辆段出入段作业、传统 CBTC 模式正线接发车作业、列车折返作业等在信号设备使用、行车岗位作业内容等方面都产生了一定程度的变化。

（1）全自动运行系统下行车岗位要求

1）OCC 调度工作要求。OCC 调度岗位设置比在传统行调工作站、电力调度员工作站、环控调度员工作站、维修调度员工作站基础上，增设车辆调度员工作站、乘客调度员工作站。各监督岗位的职责如图 10-15 所示。

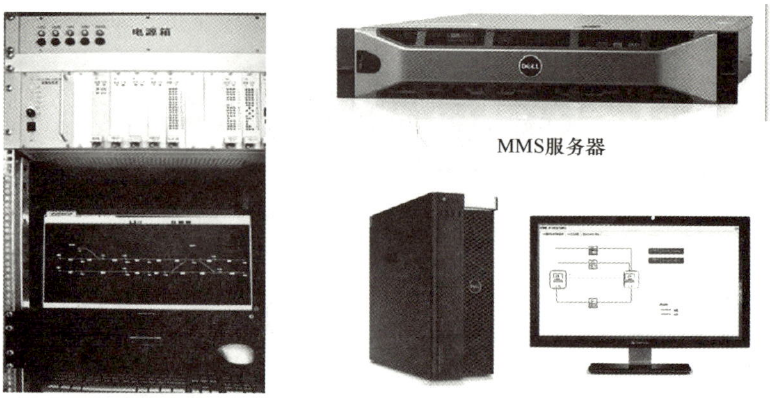

图 10-14　MMS 子系统设备

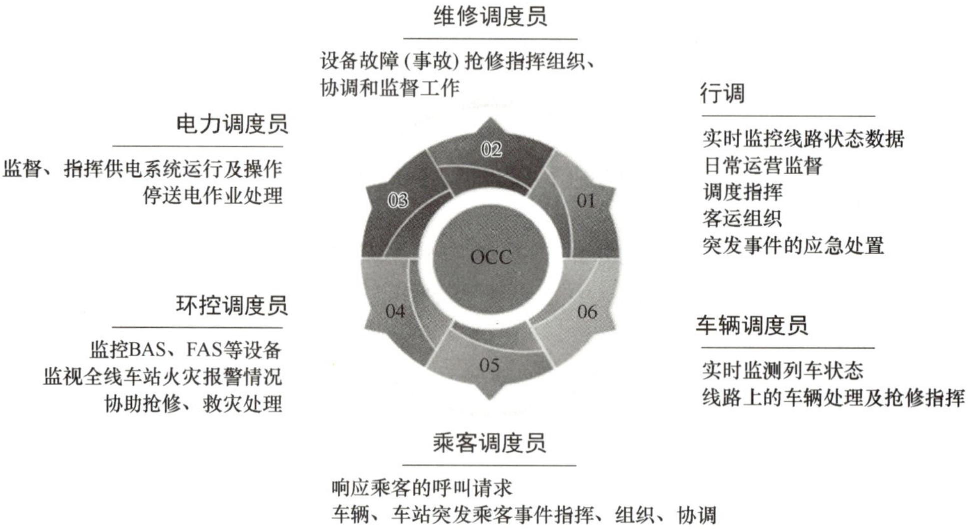

图 10-15　列车自动运行下的 OCC 调度职责

调度指挥从上到下一般分为线网监控级、线路控制级和现场执行级，下级服从上级指挥。各层级根据各自职责任务独立开展工作，并服从 OCC 值班调度长的总体协调和指挥。线路控制级调度员一般有运营调度员（行调、车辆调度员、乘客调度员、车辆段/停车场调度员）、电力与环控调度员和设备维修调度员。现场执行级人员包括值班站长、行车值班员、车辆轮值调度员、正线司机、车辆段/停车场司机及各专业维修工班。

2）乘务工作要求。与传统模式相比，司机岗位工作要求如下：

① 有人值守的全自动运行（DTO）模式。正线设置正线司机班组，负责列车运行监控、列车故障处置、列车乘客服务等工作。车辆段/停车场设置车辆段/停车场司机班组，负责工程车驾驶、调试列车作业、调车作业、场内人工现场办理进路等工作。

② 无人值守的全自动运行（UTO）模式。司机退出司机室，系统设置正线多职能队伍（驻站）负责应急情况下的列车驾驶及车站服务工作，设置正线多职能队伍（巡视）负责列

车巡视以及车厢乘客服务工作。每班至少有 2 名具备电客车驾驶证的人员，且其全线具备电客车驾驶证的在班人员总数至少等于上线列车（加备车）数。车辆段/停车场设置多职能队伍负责工程车驾驶、调试列车作业、调车作业、场内人工现场办理进路等工作。

其中系统自动联动、OCC 远程监控车辆无人化后，司机的部分职责发生了转移，如图 10-16 所示。

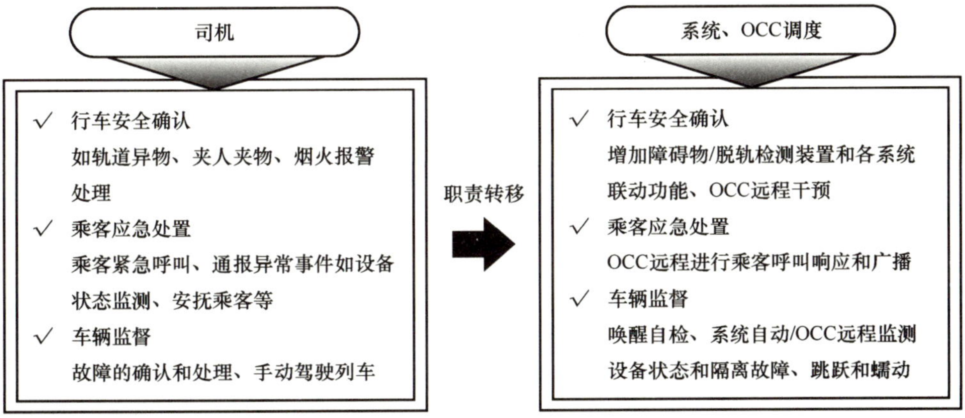

图 10-16　司机部分职责转移图

（2）正常情况下列车运行组织

1）列车驾驶模式。目前我国城市轨道交通 CBTC 全自动运行系统 6 种驾驶模式如下。

① 全自动驾驶（FAM）模式。FAM 模式为在连续式通信控制级别下由 ATP 监控的列车全自动运行模式。在该模式下，ATP 子系统保证列车的运行安全，ATO 子系统实现在正线、车辆段自动控制区域内的列车全自动无人驾驶运行。在 FAM 模式下具备自动进/出站、自动开/关门、自动唤醒/休眠等功能。

② 应急（CAM）模式。CAM 为车辆网络出现故障，或车辆与信号车载设备通信故障时的应急模式。列车以蠕动模式运行时，车辆根据来自信号系统的蠕动命令，控制列车牵引或制动，蠕动模式下列车速度接近 ATP 速度时，车辆进行限速控制。当列车以蠕动模式进站自动停车后，施加紧急制动以防止列车移动，等待人工处理。

③ ATP 监控下的列车自动运行（AM）模式。在该模式下，ATP 子系统保证列车的运行安全，ATO 子系统实现列车在区间的自动运行及站台定位停车。

④ ATP 监控下的人工驾驶（CM）模式。在该模式下，ATP 子系统确定列车运行的最大允许速度，列控员按 ATP 防护速度曲线驾驶列车运行，ATP 子系统实现列车自动防护的全部功能。

⑤ 受限制的人工驾驶（RM）模式。在 RM 驾驶模式下，车载 ATP 限制列车在某一固定的低速（如 25km/h）之下运行，列控员根据调度命令和地面信号显示驾驶列车，列车运行超过该固定的速度时，车载 ATP 设备实施紧急制动，直至停车。

⑥ 非限制的人工驾驶（EUM）模式。EUM 驾驶模式下，车载设备处于切除状态而不监控列车的运行，列控员根据调度命令和地面信号驾驶列车。列车运行的安全由联锁设备、调度人员、列控员共同保证。

2）全自动驾驶模式（FAM）运行。在全自动运行线路每天正式运营开始前，OCC 行调通过行调工作站下载并执行当日派班计划、当日列车运营时刻表，电调值班员负责远程控制或自动控制正线和车辆基地的上电工作。列车能够实现自动唤醒，自动对自身设备进行自检。然后列车根据派班计划按时自动运行至转换轨并接收列车运营时刻表，根据收到的正线工况服务命令进入正线运营服务。车辆系统接收车载信号设备发送的工况指令自动控制照明、空调等设备运行。

① 投入运营前接触轨送电。早间投入运营前，提前一定时间行调工作站上自动弹出接触轨送电提示，行调人工与车站确认接触轨送电区域出清后，通知电调进行送电。

② 列车唤醒。列车在投入运营前由 TIAS 自动或远程唤醒位于休眠区域停车位置的列车。唤醒的整个过程包含（最多唤醒 5 辆电客车，如唤醒失败，TIAS 自动匹配第 1 辆备车出库）：列车上电、各系统自检、ATP 确认系统具备 FAM 模式的基本条件、静态测试、动态测试、自检成功后按照运行图发车。

③ 列车按照运行图出库，进入正线投入运营。TIAS 远程按照运行图自动为列车触发车库门打开，触发出库进路，检查车库门打开等联锁条件满足后，出库信号机开放允许信号，列车出库进入正线投入运营；列车出库有两种方式：自动唤醒后 FAM 出库和司机人工升级 FAM 模式出库。

④ 进站停车。列车以 FAM/CAM 模式进站停车，如自动停在停车窗内，TIAS 显示列车停稳状态；列车在进站、到站、离站时自动触发车辆广播。

⑤ 雨雪模式。FAM 模式下，列车收到中心 TIAS 设置雨雪模式指令时，进入雨雪模式；雨雪模式下列车按最高运行速度不超过 40km/h 行车；FAM 模式下，列车收到中心 TIAS 取消雨雪模式指令时，退出雨雪模式，转为正常模式。

⑥ 折返换端。FAM 模式下的自动折返，站务员应在规定时间内完成清人作业，列车在站台关门或远程关门后，根据运行图进行折返换端作业。

⑦ 清人。当列车收到 TIAS 发送的清人指令后，列车在该站台打开车门不关闭，站务员进行清人作业。清人完毕，站务员须向行调汇报。

⑧ 列车按照运行图返回停车场。每日运营结束后，行调应监控列车按照运行图规定时刻运行至车辆段或停车场。

⑨ 休眠。FAM 模式下，当列车在停车库线、正线存车线、×××站终端折返线停稳在规定位置提供远程休眠和本地休眠功能。

⑩ 本地休眠。司机按下休眠按钮后，车辆延时 30s 为整列车断电，进入休眠状态。

⑪ 洗车。FAM 模式下，列车根据移动授权停稳在洗车库前，根据洗车指令进行洗车作业，洗车结束后，列车自动换端，出清洗车库停车点停稳，根据移动授权运行回库。

⑫ 自动调车。调车作业由车场控制中心根据业务需要进行自动调车作业。

3）非全自动驾驶模式（FAM）运行。

① 司机在车场与派班员办理电客车出乘手续，并按规定于电客车出库前 30min 进行整备作业，具体整备作业内容按《电客车司机作业指导书》中的规定执行。

② 电客车凭车载信号或地面信号进入出场转换轨与行调联系。

③ 电客车入车场时，司机在临近车站广播通知乘客全部下车后关好车门，凭车载信号或地面信号运行进入入场转换轨与 DCC 调度员联系。

④ 电客车在车站停稳后，司机打开司机室门，监视乘客乘降情况，根据运行图/时刻表

规定的时间关车门，当车门关闭后，确认车门、站台门关好、无夹人夹物后凭车载信号或地面信号显示发车。

⑤ 控制权在车站时，地面信号设备故障，值班站长须将故障情况及列车运行情况及时报告行调。

⑥ 当电客车进站时，站务员注意站台门状态，维护乘降秩序，必要时协助司机开关站台门，发现紧急情况及时按压紧急停车按钮或显示停车信号。处理完毕后，显示“一切妥当”信号通知司机。

⑦ 电客车进站停车，当未到停车标停车时，司机确认运行前方无异常后，迅速自行对标停车。电客车进站越过停车标，经行调同意后方可退行对标停车。运行图/时刻表中没有规定通过车站或无调度命令，司机不得驾驶电客车通过车站。行调根据情况安排电客车通过车站或清人时，司机应及时广播通知乘客。

⑧ 列车处于停稳状态时，排除故障，需要转换 RM 模式时，不需要向行调报告；转换 EUM 驾驶模式时，必须得到行调允许方可进行。

⑨ 需取消列车进路或关闭信号时，应先通知司机，在确认列车尚未起动时方可操作。

项目实施

一、全自动运行系统行车组织一般要求

1. 系统应最大程度实现行车指挥和列车运行自动化

系统原则上在正常运行工况下，无须人工介入操作；具备在远程功能的情况下，优先采用远程处置；若远程处置无效或必须工作人员处置时，应安排工作人员现场进行处置。

2. 系统应实现相关服务设备综合自动控制

全自动运行系统应基于运营时刻表，关联列车运行基础设施及客运服务设备设施作业流程，实现列车及相关服务设备综合自动控制。

3. 人员防护开关使用要求

1）人员防护开关一般分为就地级、远程级。就地级设置于站台设备区通道及车辆段/停车场防护区域入口处，远程级设置于车控室及车辆段/停车场调度室。原则上优先使用就地级操作。

2）SPKS 在正线中断抢修、夜间施工（动车作业除外），车辆段/停车场自动化区域施工（动车作业除外）、检修、抢修，自动化区域司乘人员及检修人员上车时使用，使用前需得到授权。

3）SPKS 应遵循“谁使用谁设置”的原则，防护自身安全。由他人协助设置、恢复时，必须做好联控。

4）SPKS 使用时采用挂锁方式，机械锁配置在现场 SPKS 开关箱，不使用时保持开锁状态。站台 SPKS 开关箱固定配置一套机械锁，钥匙由车站保管；车辆段/停车场 SPKS 开关箱按专业配锁，同专业不同地点的锁钥匙通用，不同专业的锁钥匙不通用，钥匙由专业人员随身携带，车辆段/停车场调度室备用一套所有专业的钥匙。

5）正线施工作业时（动车作业除外），由第 1 个进入该防护区域的作业人员设置并挂

锁。作业人员在进入下一个防护区域前，经落轨梯设置防护并挂锁或确认已挂锁。行车值班员确认本站范围内（本站请销点及作业区域涉及本站的）所有作业（含人工挂拆地线、临时下轨行区等作业）均已销点、人员出清后，即可撤除本站所有防护。

6）正线中断抢修时，由现场负责人负责设置SPKS并挂锁，机械锁钥匙随现场负责人移交同步交接。抢修结束后，由现场负责人恢复SPKS，并交还钥匙。

7）司机上自动化区域库内列车时，按出勤顺序先后由后车司机作为前车司机的防护员或由机动人员作为司机的防护员协助设置SPKS，司机上车后需电台联控防护员，恢复SPKS。如遇特殊情况由车辆段/停车场调度员远程协助SPKS的操作。

8）站务员进出站台及附近轨行区，由站务人员操作防护开关。

9）降级列车运行至需使用的SPKS防护区域内，禁止操作SPKS，待降级列车驶离SPKS防护区域，方可操作。

10）车辆段/停车场施工、检修、抢修作业由作业人员各自挂锁，第1个进入该防护区域的作业人员设置并挂锁，后续作业人员确认已挂锁后再自行挂锁。人员出清时，各自撤除机械锁，撤除最后一把机械锁的作业人员恢复SPKS。

4. 人员上下车相关要求

1）DTO模式下，司机在车辆段/停车场内出勤，应于库内动车时间前40min上车。

2）DTO模式下，原则上备用车司机需在备用车上待令。

3）UTO模式下，司机在正线出勤，通过客室门上车。

4）司机上站停列车时，优先从客室门上车；司机及检修人员需要上、下区间及辅助线列车时，车控室设置SPKS防护，确认人员上车后及时取消。

5）车辆段/停车场内司机及其他作业人员上下车要求在车辆段/停车场运作手册中明确。

6）异常情况下，行车调度组织司机上站停列车时，应设置站台扣车。行车调度组织司机上区间列车时，应先设置远程紧急制动。

7）司机登车前，需确认列车处于静止状态，得到行调或车辆段/停车场调度员同意后方可登车。

8）UTO模式下，列车因故停于非疏散平台位置时，驻站司机使用登车梯上车。

9）列车因故停于长大区间时，若故障车为通信列车，行调可组织后续列车出清后，以人工驾驶方式携带司机前往故障车。

5. 正线全自动运行列车监控要求

1）列车在有人值守情况下，原则上由司机对列车进行监护，车辆调度员辅助监护。列车在无人值守的情况下，车辆调度员远程监护列车运行，司机负责列车巡视。

2）DTO模式下，列车上乘客服务由司机监护。当乘客使用应急对讲设备时，由司机负责接通对讲并处置。

3）DTO模式下，若司机发现列车故障应及时汇报OCC行调，待得到行车调度接管列车控制权的通知后，可接管列车控制权处置故障。

4）在危及行车安全、人身安全等紧急情况下，司机可先采取紧急措施并取得列车权，后向行调汇报。

5）UTO模式下，车辆调度员远程监护列车运行，司机负责列车巡视。异常及紧急时，车辆调度员应根据故障现象进行判断，对于远程无法判断或处理的故障，应尽快安排司机现场处理。

6）全自动运行场景下，一旦司机接管列车控制权，相关行车组织要参照对应城市轨道交通线网/线路行车组织管理办法执行。

7）当列车上发生乘客跌倒、摔伤、夹人夹物等紧急情况时，现场工作人员应及时处置。

6. 列车、工程车出回场要求

1）时刻表内列车（轨道车、末班车除外）出回场，优先采用最高等级驾驶模式。

2）转场车、套跑车、过线、工程车、调试车出回场采用最高信号层级下的人工驾驶模式。

3）出入段线、出入场线常态设置封锁区段。出回场批次中的第 1 个车组出回场前，或临时加开车组出回场前等情况下，行调、车辆段/停车场调度员共同确认条件满足后临时解封区段。

7. 全自动运行信号系统防护设置与撤除相关要求

1）全自动运行时，调度员优先通过信号操作指令实现调度指挥意图，然后向相关岗位发布相关书面或口头命令。

2）全自动运行线路调度员应在发生非正常、故障、应急等特殊情况时，第一时间合理运用信号系统设置相关安全防护或确认系统防护自动设置。

3）在非正常、故障、应急等特殊情况消除后，需撤除防护时，调度员应严格确认撤防条件满足后，方可撤除相关防护。调度员在执行撤防命令前，应得到调度长授权，并严格执行双人确认制度。

4）遵循远程信号防护和现场 SPKS 防护相结合的原则，远程防护由行车人员在信号工作站上设置，现场防护由作业人员操作 SPKS 进行防护。

5）原则上车辆段/停车场全自动区域车组停放股道的两端信号机、转换区域两端信号机常态设置封锁，需进行调车、发车等作业时，确认条件后可撤除封锁。

6）原则上正线每日运营结束后，应将信号机的自动排路功能关闭。每日运营前检查，检查结果符合运行标准的区段，应将相应信号机设置为自排状态，局部不满足的区段，应在相关的信号设备上通过信号指令设置安全防护。

二、列车司机站台日常工作

1）监控列车进出站的运行状态及站台广播情况。

2）监控列车对标停车状态，若过标或欠标，跳跃失败及时汇报行调登车处置。

3）监控到站列车乘降作业，关注车门及站台门是否能正常开关。

4）监控车站客流情况，维护站台秩序，组织乘客有序乘降，确保站台安全。

5）关注 PSL、激光探测器主机工作状态、指示灯显示正常。

6）实时接收行调的指令，进行应急处置。遇车站非行车类突发事件时，应急人员需第一时间协助站务员处理。

扩展阅读

破题开路降成本 锐意革新见实效

从检修一线到工程师、技术主管，从初出茅庐的新人成长为今日的“创新达人”，王烟平从运营实际需求出发，不断提高列车的利用率和运行可靠性，有效降低维修成本，均衡人力、物力资源，确保供好车、供足车，被长沙市人民政府办公厅授予“技能大师”称号。

1. 攻关——实现深度维修

作为“王烟平创新工作室”带头人，王烟平带领团队一直致力于长沙地铁车辆电气技术科技攻关和创新，牵头承担的科研项目“长沙地铁电客车电磁阀和继电器便携式检测工装研究”“电客车空调控制器试验台研发”顺利通过验收，极大地促进了长沙地铁车辆电气技术水平的提升，有效保障列车运行安全。

面对技术封锁、资料缺乏，王烟平通过查阅和研究大量芯片技术资料，分析电路结构，成功获取部分电子部件的内部结构，绘制出电气原理图，并利用信号激励等方式对板件故障进行检测，总结出一套行之有效的诊断和维修方法，实现了电客车多个电子部件的芯片级维修，大大节约了维修成本。而这只是他锐意创新的一角。近年来，王烟平一边积极参与技术攻关与创新，一边把专业技术申请国家知识产权保护，获得11项专利，发表10余篇高质量论文。

2. 突破——创新检修模式

地铁列车的检修关乎运营安全，建立起系统的作业标准变得迫切。为规范检修人员作业标准，王烟平主持或参与编制了地铁1~5号线列车日检、双周检、三月检、年检、架修等规程，创新了地铁列车检修模式，制定了三日检和均衡修规程。

在列车质量趋于稳定后，围绕双周检、三月检、年检检修规程，他编制了一套数万字的均衡修规程，通过充分掌握列车可靠度和零部件的故障周期，调整列车检修周期来创造合适的维修条件。而在列车日常检修过程中，从日检到AB检，再到双日检，直到三日检，检修模式结合实际不断优化调整，实现了人力物力优化，在管理上发挥最大效能，进一步缩短列车维修停运时间、提高列车利用率和运行可靠性，有效降低了维修成本。

3. 传承——推进人才孵化

作为一名高技能人员，王烟平还担任公司兼职培训师，他牵头编写城市轨道交通技能人才培训教材《车辆检修工》，并开展了多次业务技能培训，取得了良好的培训效果，获得同事一致好评。

工作之余，他还积极利用工作室开展电子维修工具使用培训，以“面对面”精心讲解和“手把手”悉心指导，车辆检修一线年轻员工在培训中，快速掌握电子维修工具的使用和电路板集成电路芯片的拆卸与焊接方法，电子技术的理论知识和实操技能都得到夯实。现如今，工作室逐渐成为青年技能人才的培养基地和创新项目的“孵化园”，为供好车打下了坚实基础。

滴水石穿，非一日之功。从普通技术工人到技术创新能手，在王烟平身上，是新时代高技能人才的缩影，他以自己勇于创新、持之以恒的精神在平凡的岗位上精彩绽放，由“工”变“匠”，也把创新的种子种到更多人的心中，为长沙地铁的安全运营贡献智慧与力量。

复习思考题

一、填空题

1. 全自动运行系统（FAO）包含自动化等级 GoA3 和 GoA4，即全自动运行系统运行模式包括________________和________________。

2. ATO 子系统由________________和________________组成。

3. SPKS 应遵循________________的原则，防护自身安全。

4. 司机上自动化区域库内列车时，按出勤顺序先后由________________作为前车司机的防护员或由机动人员作为司机的防护员协助设置 SPKS。

5. UTO 模式下，司机在正线出勤，通过________________上车。

二、选择题

1. 人员防护开关一般分为（　　）。

A. 就地级　　B. 远程级　　C. 中央级　　D. 车站级

2. UTO 模式下，列车因故停于非疏散平台位置时，驻站司机由（　　）上车。

A. 客室门　　B. 登车梯　　C. 疏散平台　　D. 司机室

3. UTO 模式下，（　　）远程监护列车运行，司机负责列车巡视。

A. 行调　　B. 车辆调度员　　C. 行车值班员　　D. 驻站司机

4. 时刻表内列车（轨道车、末班车除外）出回场，优先采用（　　）。

A. RM　　B. CM　　C. CAM　　D. FAM

5. 目前我国城市轨道交通 CBTC 全自动运行系统驾驶模式包括（　　）。

A. FAM　　B. ATO　　C. CM　　D. EUM

三、简答题

1. 列车运行自动化等级如何划分?

2. ATS 子系统控制模式如何转换?

3. 地面 ATP 子系统设备包括哪些？车载 ATP 子系统设备包括哪些?

4. 简述列车自动驾驶的原理。

5. 简述 ATO 子系统的功能。

6. 简述全自动驾驶模式（FAM）的运行流程。

7. 简述非全自动驾驶模式（FAM）的运行流程。

参 考 文 献

［1］ 李志成，王晓飞. 城市轨道交通行车组织［M］. 2 版. 北京：中国科学技术大学出版社，2017.
［2］ 牛凯兰，牛红霞. 城市轨道交通行车组织［M］. 北京：机械工业出版社，2017.
［3］ 马成正. 城市轨道交通运营管理专业实训项目标准化指导书［M］. 成都：西南交通大学出版社，2017.
［4］ 操杰，应夏晖. 城市轨道交通调度指挥工作［M］. 北京：人民交通出版社股份有限公司，2017.
［5］ 吴海军，柴小春. 城市轨道交通客运组织［M］. 重庆：重庆大学出版社，2013.
［6］ 付兵，廖理明. 城市轨道交通 CBTC 信号系统［M］. 北京：西南交通大学出版社，2016.
［7］ 李建国. 城市轨道交通系统概论［M］. 3 版. 北京：机械工业出版社，2019.
［8］ 黄浩勇. 城市轨道交通信号联锁与 ATS 系统［M］. 北京：西南交通大学出版社，2016.
［9］ 毛保华. 城市轨道交通系统运营管理［M］. 2 版. 北京：人民交通出版社股份有限公司，2017.
［10］ 邵伟中，宋博，刘纯洁. 城市轨道交通运营组织［M］. 2 版. 北京：中国建筑工业出版社，2003.
［11］ 徐新玉，耿幸福. 城市轨道交通行车组织基础［M］. 北京：人民交通出版社股份有限公司，2016.